그림책을 활용한

세계시민교육

현은자 · 김현경 · 박현경 · 오정옥
윤현민 · 조은숙 · 최혜정 공저

학지사

머리말

전 세계가 지구촌이 되어 가면서 우리는 전 세계에서 일어나는 온갖 일을 실시간으로 보고 있다. 끔찍한 사건, 사고, 홍수나 가뭄, 쓰나미 같은 이상 기후와 환경 문제, 테러와 내전과 국가 간의 분쟁 소식은 하루도 빠짐없이 신문 지면과 인터넷과 뉴스를 통해 전달된다. 자극이 지속되면 그것에 대한 감각기능이 둔감해지는 것처럼 이제 우리는 웬만한 소식에도 놀라거나 슬퍼하거나 동정하지 않게 되었다.

세계시민교육은 전 세계가 하나의 공동체임을 깨닫고 서로의 협력을 통해 지속 가능한 환경(sustainable environment)을 이루어야 한다는 필요성에서 시작되었다. 세계시민교육은 처음에는 고등교육에 적용되었으나 점차 교육 대상이 하향화되어, 이제는 초등교육과 유아교육에서도 부분적으로나마 실시되고 있다. 이제 세계시민교육에서의 초점은 그 필요성에 대한 인식이 아니라 방법론에 있다고 할 수 있다. 즉, 어떤 교육 방법이 글로벌 이슈에 대한 학습자의 지식의 증진뿐 아니라 태도와 행동에서의 변화를 이끌어 낼 수 있을 것인가를 진지하게 고민해야 한다.

모든 인간은 이야기를 듣고 말하기를 좋아한다. 듣고 말하는 이야기를 통해 인간은 자신의 경험으로부터 의미를 발견한다. 다시 말해 누구도 이야기 없이는 자신을 드러내거나 말할 수 없으며 다른 사람을 이해할 수도 없다. 이것이 바로 스토리가 가진 힘이며 이것 때문에 우리는 다른 장소와 다른 시대에 살았던 사람들의 이야기를 들어도 공감할 수 있는 것이다.

그렇다면 좋은 이야기 혹은 서사(narrative)란 무엇일까? 한 문장으로 요약하면 좋은 이야기란 문학적 장치를 통해 인간의 삶을 진실하게 반영하는 것이라고 할 수 있다. 좋은 이야기는 독자의 상상을 불러일으켜 캐릭터의 생각과 감정을 공유하게 함으로써 그 이야기에 참여하게 한다. 독일작가 미카엘 엔데의 『끝없는 이야기』에서 주인공 바스티안이 자신이 읽던 책 속의 '어린 여제'가 간절히 찾는 사람이 바로 그 책을 읽고 있던 독자, 자신인 것을 깨닫고 그 이야기 안으로 들어가게 되는 장면과 클로드 부종의 그림책 『아름다운 책』에서 형과 같이 그림책을 읽던 동생 토끼가 그림책 안의 토끼들과 함께 사나운 동물들을 압도하며 즐거워하는 모습은 독자를 끌어당기는 이야기의 매력을 보여 준다.

이렇듯 좋은 이야기는 독자로 하여금 이야기의 캐릭터에 공감하게 하고 더 나아가 우리로 하여금 그 이야기에 참여하도록 한다. 그래서 이야기가 인간의 생각과 행동에 미치는 힘에 대해 많은 학자가 연구해 온 것은 지극히 당연한 일일 것이다. 좋은 예 중의 하나가 하버드 대학교의 소아 정신과 교수, 로버트 콜스(Robert Coles)가 쓴 『이야기의 소명: 교육과 도덕적 상상력 *The Call of Stories: Teaching and the Moral Judgement*』에 실려 있다. 그는 '문학과 의학' 이라는 세미나에서 의대생에게 서양의 고전과 현대 문학작품과 의사 출신 작가들의 책을 읽게 한 후 이야기가 대학생들의 도덕적 상상력을 변화시키는 놀라운 사례들을 소개하며 이렇게 말하였다.

> "어린이들과 정신치료 작업을 계속해 오면서 나는 내가 문학을 가르치는 것이 정신치료에 도움이 된다는 것을 깨닫게 되었다. 그것은 삶이 얼마나 복잡하고, 역설적이며, 모호하고, 숙명적일 수 있는지, 그리고 내가 정신의학과 정신분석학, 사회과학 세미나 등에서 배운 개념적 범주들이 세계를 보는 유일한 수단이 아니라는 것을 상기시켜 주었다 (Coles, 1989, pp. 7–9)."

콜스는 이야기가 그로 하여금 어린이 환자들을 이해하고 관계 맺는 능력을 향상시켜 주었을 뿐 아니라 자신이 환자의 문제를 공격적으로 공식화하기보다는 주어진 한 개인의 구체적인 이야기에 더 많은 관심을 갖도록 도와주었다고 말한다(p. 64).

그림책은 글과 그림이 어우러져 이야기를 전달하는 책이다. 그림책이라고 하면 대부분 영아나 유아를 위한 도서로 생각한다. 그러나 '그림책' 으로 불리우는 책의 형태는 매우 다양하다. 어린이들이 태어나서 처음 접하는 놀이책이나 영아책부터 성인 독자를 겨냥한 책까지 형태와 장르도 다양하다. 그래서 그림책이라는 도서는 독자의 연령에 의해서가 아니라 책의 소통방식에 따른 분류라고 보는 것이 좋을 것이다.

문학작품이 그렇듯이 그림책도 이 세계가 어떠한 곳인지를 보여 준다. 작가에 따라서 그들이 보여 주고자 하는 세계가 다를지는 몰라도 모든 작가는 어린이 독자들에게 이 세계가 어떤 곳인지를 보여 주고자 한다. 다른 도서 형태보다 훨씬 적은 지면에 글과 그림, 다시 말하여 청각적인 동시에 시각적으로 이야기를 말하는 그림책은 그 소통방식이 매우 독특하다고 볼 수 있다. 시각적 요소를 든다면 그림은 물론이고 앞표지와 뒤표지, 면지, 안표지, 곁 텍스트(peritext), 글자체(typography)의 디자인을 고려해야 한다. 텍스트도 그림과의 어울림을 고려한 언어를 사용하게 된다. 이렇게 글과 그림은 다양한 방식으로 어우러져 의미를 생성하며 이러한 그림책 언어는 독자에게 읽기의 즐거움을 선사한다. 캐릭터, 플롯, 배경, 분위기, 주제, 시점 등이 글 언어와 그림 언어의 협업에 의해 생성되는 그림책은 그림책 읽기에 능숙한 독자뿐 아니라 어린이들에게 읽는 즐거움을 더해 준다.

역량 있는 국내 작가들의 활발한 창작 활동과 우수한 해외 그림책의 번역 작업에 힘입어 매년 좋은 그림책들이 출간되고 있다. 그림책은 즐겁고 아름답고 풍성한 세계를 보여 주기도 하지만 전쟁, 죽음, 아동 노동, 기아, 노숙자, 환경오염, 가난 등 현대 사회의 어두운 현실도 드러낸다. 그러나 어린이 독자를 위해 그려진 그림책은 비록 어둡고 고통스러운 현실을 보여 주고 있을지라도 미래의 가능성을 열어 놓는다. 그리고 그 문틈으로 우리는 희망을 발견한다. 그것이 우리 아이들이 만들어 갈 더 나은 미래다.

성균관대학교 아동학과 대학원 졸업생으로 이루어진 집필진은 우리

아이들의 현재와 미래를 위해 이 작업을 시작하였다. 세계시민교육이라고 하면 영어교육부터 떠올리는 한국의 교육 상황에서 영어교육보다 더 시급한 것이 있음을 알리고자 하였다. 그것은 우리와 같은 육체와 성정을 가진 사람들, 우리의 가깝고 먼 곳에 있는 이웃들의 작은 이야기에 귀를 기울이게 하고 온 인류를 연결하고 있는 관계망 속에서 우리 자신과 그들을 보게 하는 것이었다. 지구 전체를 보호하고 아끼는 책임감은 우리 이웃에 대한 공감과 사랑과 보살핌에서 비롯된다는 것을 알려 주고 싶었다. 이웃의 이야기가 나의 이야기가 되지 못할 때 TV와 인터넷이 보여 주는 생생한 사진과 영상은 볼거리는 될지언정 우리의 마음과 행동을 움직이지 못하기 때문이다.

책의 1부는 세계시민교육의 개념과 내용이 무엇인지, 그리고 세계시민교육을 위해 그림책을 어린이들과 어떻게 나눌 수 있는지의 방법론을 담았으며, 2부에서는 선정된 그림책의 구체적인 활용 방법을 문화간이해교육, 인권교육, 평화교육, 환경교육, 국제협력교육으로 나누어 소개하였다. 이 책은 우리의 어린 세대들이 가깝고 먼 이웃을 사랑하는 온전한 인격체로 자라나기를 원하는 예비교사와 현장의 교사들에게 작은 도움이 될 수 있을 것이다. 끝으로 원고의 교정과 편집 작업을 묵묵히 감당해 주신 학지사의 편집부 여러분들과 5년이란 긴 시간 동안 이 원고의 완성을 기다려 주신 학지사 김진환 사장님께 깊이 감사 드린다.

2013년 푸르름이 가득한 계절에

집필진을 대신하여 현은자

차 례

Part 1

세계시민교육의 이론적 배경

01 세계시민교육의 필요성
02 세계시민교육의 개념과 내용
03 세계시민교육과 그림책
04 그림책을 활용한 세계시민교육의 접근 방법

chapter 01

세계시민교육의 필요성

'세계화'는 1990년대를 시점으로, 본격적으로 어떤 주제와도 비교할 수 없을 만큼 다양하고 방대하게 연구되고 있다. 그러나 '세계화'는 이미 익숙한 개념이 되었음에도 불구하고 정확하게 정의하기는 힘들다. 정치, 경제 및 사회 문화적 영역에서 연구자의 관점에 따라 다양하게 정의되고 평가되며, 심지어 그 기점에 대한 논의도 다양하다. 톰린슨(Tomlinson, 1999)은 그의 책 『세계화와 문화 *Globalization and Culture*』에서 탈영토화 개념을 강조한다. 탈영토화란 "문화와 지리, 사회적인 영토 사이에 '자연스러운' 관계의 상실"로서 세계화의 문화적 조건이다. 사람들은 자기 지역의 경계선을 벗어나 일상적인 경험의 장을 넓혀 가고 있다. 각 개인에게 미치는 괄목할 만한 세계화의 효과는 정보통신의 발달로 인해 커뮤니케이션이 확장된 점에서 볼 수 있다. 커뮤니케이션 미디어는 지구를 하나의 통신망으로 연결하여 사람들의 생활의 폭을 확장시켰으며 세계에 대한 참여의 폭을 대폭 증가시키고 있다.

좀 더 구체적으로 세계화의 양상을 열거하면 다음과 같다. 첫째, 20세기 후반부터 급속히 발달한 교통은 인간의 삶을 하루 생활권으로 연결하고 있으며 인터넷을 통한 정보통신망은 세계 구석구석에서 일어나는 모든 사건을 거의 동시에 유통시키고 있다. 둘째, 세계의 많은 국가가 민주주의와 자유시장경제 체제를 보편적인 정치, 경제의 생활양식으로 수용하고 있으며, 이는 자본, 기술, 상품, 서비스의 국경 없는 자유로운 이동을 활발하게 하여 세계화의 가속화를 유도하게 되었다.

세계화를 통한 상호연결성과 상호의존성은 나름의 장점을 가지고 있지만 그 과정에서 많은 문제점이 발생하고 있다. 자유경쟁 체제하에 있는 개발도상국에서는 다국적 기업의 과대 이윤 창출로 빈곤이 심화되고 있고, 선진국에서는 경제적 불평등이 증가하여 실업과 고용 불안으로 인한 보호 무역과 이민 정책의 강화가 요구되고 있다. 10억 명이 넘는 사람들이 아직도 1달러 미만의 돈으로 생활하고 있으며 그들은 전화를 걸어 본 적도, 태어난 곳을 벗어나 본 적도 없다. 20억 명 이상의 사람들은 식수, 초등교육, 공공의료, 도로, 전기, 항만 같은 기본적인 사회 기반 시설이 부족한 환경에서 살고 있다(Chanda, 2007).

이러한 전 지구촌의 세계화는 각 개인이 개별 국가의 편협한 이해관계를 떠나 보편적 가치를 지향하는 의식과 태도를 함양시키고, 새로운 국가관, 세계관 및 세계시민으로서의 자질 향상이 필요함을 보여 준다(유재경, 2008: 296-315). 세계화의 가속화로 세계시민으로서의 개개의 구성원에 대한 자질 육성이 강조되고 있는 것이다.

그렇다면 이 시점에서 세계시민, 즉 'citizen of the world'로 생각하고 행동한다는 것은 무엇을 의미하는가? 세계시민이라는 용어는 '코스모폴리탄'으로 바꾸어 말할 수 있다. 왜냐하면 '코스모폴리탄'의 어원은

'world' 를 나타내는 그리스어 kosmos와 'city' 를 말하는 polis로부터 유래하기 때문이다. 위키피디아(Wikipedia) 사전에 따르면 코스모폴리탄이란 "다문화적 인구를 품는 도시나 장소, 사람 혹은 전통적인 민족 시민권으로부터 유래된 지리학적 구분을 삼가는 세계시민" 이라고 정의되어 있다. 세계시민이 된다는 것은 직접적인 지역(예, 아프리카)이나 민족에 대한 관심으로만 한정되지 않고, 세계적 소속감, 관계성, 책임감 등을 인식하고 이러한 광범위한 관심을 일상생활의 실천영역으로 통합할 수 있는 문화적 성향을 가지는 것이다.

세계시민으로서의 자질은 선험적으로 얻을 수 있거나 학교 교육으로만 습득할 수 있는 것이 아니다. 인간의 삶 속에 내면화시키고 이해시키려면 유연한 사고가 가능한 유 · 아동기부터 세계시민교육이 시작될 필요가 있다(변연지, 2010). 유아기부터 세계시민교육이 필요한 이유는 이것만이 아니다. 일반적으로 세계를 경험한다는 것이 세계를 이리저리 여행하며 그곳 사람들을 만나고 이국문화를 경험하는 것이라고 생각하는 경향이 있다. 그러나 세계화의 경험은 먼 곳을 여행해야만 얻을 수 있는 것이 아니다. 오히려 세계화의 경험은 가정에서부터 얻을 수 있다고 말할 수 있다. TV나 컴퓨터와 같은 미디어와 디지털 커뮤니케이션 기술을 통해 유아는 우리와 같이 매일 세계에서 일어나는 크고 작은 사건들을 접하고 있다. 가까이는 교실의 영어 원어민 교사와 도시권과 농촌에서 점증하는 다문화가정도 유아들에게 세계화의 경험을 제공한다.

그렇다면 구체적으로 세계시민은 어떠한 자질을 가져야 하는가(Cogan & Derricot, 2000)? 세계시민으로서 문제를 조망할 수 있는 능력, 사회 내에서 협력하여 일하며 자신의 의무와 책임을 다할 수 있는 능력, 문화적 차이를 이해하고 존중할 수 있는 능력, 비판적으로 사고할 수 있는 능력, 비폭력적으로 갈등을 해결하려는 의지, 환경을 보호하기 위해 실천할 수 있는 능력 및 의지, 인권을 존중하려는 노력, 지역적 · 국가적 · 세계적 차원에서 정치에 참여하려는 의지와 노력 등을 가져야 한다.

모든 교육이 그러하듯이 세계시민교육도 학교 교과과정에서 단기간의 수행으로 효과를 볼 수 있는 것은 아니다. 민주시민교육이 그렇듯 세계시민교육도 영 · 유아기부터 시작하여 사회인이 될 때까지, 필요하면 그 이후에도 지속되어야 하는 것이다.

가정과 유아교육기관에서 쉽게 접할 수 있는 그림책은 유아기부터의 세계시민교육을 위한 좋은 자료가 될 수 있다. 그동안 그림책은 유아의 언어교육, 미술교육, 음률교육, 사회교육, 창의성교육, 다문화교육 등 유아교육과정의 모든 영역에서 교육활동을 구성하고 실행하는 과정에서 사용되어 왔다. 수준 높은 해외의 그림책이 활발히 번역되고 최근 국내 그림책 작가들도 타문화와 인물을 그린 좋은 작품을 창작하면서, 그림책은 세계시민교육을 위한 매력적인 교수매체가 되고 있다. 유아들은 그림책을 읽으며 다른 국가와 타문화를 이해하고 등장인물과의 감정이입을 통해 그들의 경험을 공유하게 된다. 그림책을 통한 '감정이입' 경험은 문학의 힘으로 인해 가능한 것이며 한 인간이 세계의 시민으로 성장하는 데 필수적인 경험이라 할 수 있다.

혹자는 TV나 인터넷과 같은 영상 미디어가 유아들의 경험의 지평을 넓혀 주는 데 더 효과적인 매체가 될 수 있다고 할지 모른다. 그러나 영상 미디어와 그림책, 이 두 매체는 매개된 경험을 제공한다는 면에서는 유사점이 있지만, 상호작용의 측면에서 매우 큰 차이가 있다. 불특정 다수를 대상으로 한 영상 이미지로서의 대중매체는 관객에게 일방향 상호작용을 요구하지만 성인과 유아가 같이 보는 그림책은 읽기 과정에서 독자가 주도성을 가지며 유아와 성인 간의 상호작용을 가능케 한다.

1990년대부터 국내 출판계가 그림책에 눈을 돌리기 시작하면서 전문적인 그림책 번역가와 작가들도 등장하고 있다. 그 덕분에 시중에서 좋은 외국 그림책과 창작 그림책을 어렵지 않게 구할 수 있으며, 이러한 그림책 중에는 세계시민교육을 위한 주제나 소재를 담고 있는 작품들을 다수 발견할 수 있다.

이 책의 1부에서는 영 · 유아기와 아동기에 적합한 세계시민교육의 목표와 내용 그리고 그림책의 가치와 그림책을 활용한 세계시민교육의 교수법을 살펴보고, 2부에서는 세계시민교육의 각 영역을 가르칠 수 있는 그림책 활용의 예를 소개하고자 한다.

chapter 02

세계시민교육의 개념과 내용

1. 세계시민교육의 개념

세계시민교육(global citizenship education)은 역사적으로 오랜 발전 과정을 통해 다양한 차원과 내용을 가지게 되었으며 강조점을 어디에 두느냐에 따라 국가마다 다양한 명칭으로 불린다. 따라서 세계시민교육의 개념을 정의하기에 앞서 관련된 용어인 '다문화교육' '국제이해교육'의 정의와 성격을 살펴보도록 한다.

먼저, 다문화교육(multicultural education)은 우리가 가장 자주 접하는 용어로서, '다문화'란 성, 인종, 계층, 장애자, 종교 집단의 다양한 문화를 일컫는다(Banks, 2008). 다문화교육은 다양한 인종이 함께 사는 사회에서 어떻게 그들과 함께 조화롭게 살 수 있을 것인가에 초점이 맞추어져 있다.

다문화교육과 비교되는 용어로 국제이해교육(education for international understanding)이 있다. 다문화교육은 그들의 지역과 국가 안에서의 개인

과 문화 집단을 강조하는 반면, 국제이해교육은 전 세계적인 문제와 글로벌 맥락 안에서 상호연관성을 강조한다. 그리고 이러한 상호의존성에 대한 이해를 증진시키기 위해 세계적인 관점, 문화간이해, 세계 문제 및 이슈 그리고 세계 체제 등에 대한 교육을 포함한다(유네스코아시아 · 태평양국제이해교육원, 2003).

이에 비해 세계시민교육은 세계화 시대에 세계시민으로서 살아가는데 필요한 자질, 즉 세계시민성을 기르는 교육이다. 여기서 세계시민이란 개인과 국가 중심의 사고에서 벗어나 세계적인 관점에서 사고할 줄 알며, 나와 다른 문화, 인종, 민족, 종교를 존중하여 다양한 사람과 함께 더불어 살면서 전 지구적 · 인류적 문제에 관심을 갖고 모두 함께 잘 사는 세상을 만들기 위해 책임 있게 능동적으로 참여할 줄 아는 사람을 말한다(한국해외원조단체협의회, 2009). 세계시민성은 이와 같은 세계시민으로서의 자질을 말하는 것이다. 이러한 세계시민성을 키우기 위해 세계 여러 나라가 공통으로 겪는 세계 문제 및 쟁점에 대한 학습과 문화, 생태, 경제, 정치 그리고 기술적으로 상호 연결되어 있는 지구 체제에 대한 학습이 필요하다는 측면에서 세계시민교육은 국제이해교육과 유사하다. 그러나 세계시민교육은 국제이해교육에서 더 확장된 개념으로서 전 세계 인류가 함께 잘 살기 위해 전쟁이나 착취를 하지 않고 서로 존중하며 살기 위해 다른 나라의 문화와 역사, 인종, 습관 등을 이해하는 수준에서 머무르는 것이 아니다. 세계 이해를 초월하여 학습자가 세계시민으로서의 표준을 내면화하고 개인의 이익을 넘어선 적극적인 자세로 세계 문제에 대한 해법을 찾고 세계 전체를 위한 이상적인 자질을 육성하는 것에 주안점을 둔다(김현덕, 2007: 59-74).

즉, 세계시민교육이란 세계를 하나의 전체적인 사회로 보고 다른 나라와 다른 문화에 있는 사람들이 상호의존하고 있다는 인식을 길러 주고, 인권이나 자유와 같은 보편적인 가치의 함양과 국경을 초월하는 인류 전체의 사회적 문제들을 확인하고 그 해결방안을 모색해 가는 능력, 참여, 가치를 육성하고자 하는 것이라고 볼 수 있다.

교육대상의 수준에 따라 살펴보면 유아를 대상으로 한 세계시민교육은 유아들이 한국의 국민이면서 동시에 세계시민으로서 지구촌 의식을 갖는 것이라고 할 수 있다. 좀 더 구체적으로 서술한다면 "유아들이 국경을 넘어선 지구촌 사회에서 인류공동체적인 책임을 가지고, 문화적 다양성을 존중하며, 평화적인 갈등 해결과 환경보호, 인권존중 등의 지식과 참여를 형성하며, 실질적으로 실천할 수 있도록 하는 것" 이다(교육과학기술부, 2008). 이러한 정의는 유아를 대상으로 한 것이지만 일반적인 세계시민교육의 정의와 크게 다르지 않기에, 초등학교 수준에도 적용될 수 있다. 다만 연령별로 아동의 발달 수준 및 교육과정에 따라 구체적인 교육목표와 교육내용을 정하고 그에 적합한 교수–학습 방법을 활용해야 할 것이다.

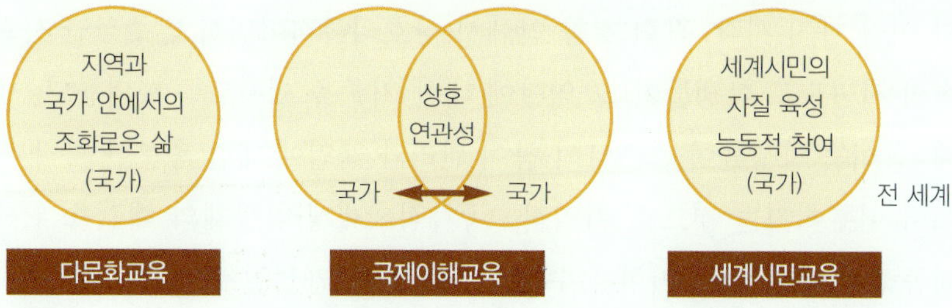

그림 2-1 다문화교육, 국제이해교육, 세계시민교육의 개념도

2. 세계시민교육의 목표

국제사회의 일원으로서 상호의존성을 인식하고, 인류 전체의 사회적 문제들을 확인하고, 그 해결방안을 모색해 가는 능력, 가치, 참여를 기르기 위한 세계시민교육의 목표를 구체적으로 살펴보면 다음과 같다.

킹혼(Kinghorn, 1979)은 세계적 시각 및 관점 인식, 세계적 상황과 발전에 대한 인식 발전, 문화 간 인식 발전, 세계 체계의 특징과 매커니즘 등 세계의 역동성에 대한 지식을 발전시켜 세계 및 인류가 직면한 문제를 인식하도록 하는 것이라고 주장하였다.

사회과 교육을 통해 세계시민교육에 접근한 크니프(Kneip, 1986)는 세계시민교육의 목표를 지식(knowledge), 능력(ability), 가치(valuing), 참여(participation)라는 네 가지 범주로 나누어 제시하였다. 첫째, 지식은 역사적 전망을 제공하고, 유형과 체제에 대해 인식하도록 하며, 사회참여를 위한 기반이 된다. 둘째, 능력은 기회와 상황을 만들어 학생들에게 지적 능력과 가능성을 독려하고 특정 능력과 기술을 획득하여 다른 것에 적응하는 능력을 향상시켜 주기 위한 것이다. 셋째, 가치는 사회과 교육의 여러 가지 시각, 관련 경향 안에서 상호의존적이면서 민주적인 사회 속의 시민으로 학생들이 그 역할에 대한 기준을 세우도록 도와준다. 넷째, 참여는 학생들이 스스로의 참여 권리와 책임에 대한 충분한 자각 속에서 이루어지는 것으로 지역적 · 국가적 · 세계적 문제의 해결을 위해 행동하게 할 수 있는 기회와 수단을 제공할 때 완성될 수 있다.

결론적으로 세계시민교육의 목표는 국경의 한계를 넘어 세계가 상호의존하고 있다는 전 지구적인 시각으로 인류의 생활상을 들여다보는 자세를 가지고, 문화, 인권, 환경, 평화 등 지구상의 공동의 문제에 대한 관심을 증대시켜 인류공동의 문제해결에 함께 참여하고 해결해 나가려는 자세와 능력을 지니도록 하는 것이라 할 수 있다. 이를 위해서 세계 다양성에 대한 인식과 다양함 속에서 살아가기 위한 보편성 이해를 위한 지식의 습득 그리고 함께 살아가는 능력, 가치, 참여하는 태도를 학습하고 가르쳐서, 주체적인 세계시민으로서의 자질을 형성하는 것이 세계시민교육의 궁극적인 목표라고 할 수 있다.

3. 세계시민교육의 내용

이와 같은 세계시민교육의 목표를 이루기 위해 교육과정에 포함되어야 할 내용은 주제와 각각의 주제를 구성하는 내용요소로 나누어 볼 수 있다.

먼저, 세계시민교육에서 다루어야 할 주제에 대해 나딩스(Noddings, 2004, 변연지, 2010에서 재인용)는 경제와 사회정의, 지구보호, 사회적 · 문화적 다양성, 평화교육을 들었고 유네스코아시아 · 태평양국제이해교육연구원(2003)은 다문화 이해, 세계화 문제, 인권존중, 평화로운 세계, 지속 가능한 발전을 제시하였으며, 도어와 윌리엄스(Dower & Williams, 2002, 변연지, 2010에서 재인용)는 사회정의와 평등, 다양성, 세계화와 상호의존, 지속 가능한 발전, 평화와 갈등을 제시하였다. 김향원(2002: 73-90)은 세계역사와 문화, 세계관 변화, 현재 지구촌의 이슈와 문제 및 그 해결책, 전 지구적인 정치적 · 경제적 · 환경적 체제에 대한 내용이 필요하다고 하였다. 허영식(2003: 31-64)은 세계시민교육 내용을 지구적 세계관, 인권과 다양성 존중, 배려와 평화적 갈등해결로 제시하였고, 전희옥(2006)은 인권존중, 세계평화, 타문화 이해, 세계적 문제로 나누었다.

학자 간에 다소의 차이는 있지만 세계시민교육은 공통적으로 다문화 이해, 상호의존성, 환경문제, 인권문제, 평화문제와 같은 주제를 포함한다고 볼 수 있다. 이를 바탕으로 이 책에서는 세계시민교육에서 다룰 핵심 주제로 문화간이해, 인권, 평화, 환경, 국제협력을 선정하였고, 구체적인 내용은 다음과 같다.

그림 2-2 세계시민교육의 주제

1) 문화간이해

이 세계에는 수많은 문화가 존재한다. 이러한 다양한 문화에 대한 이해는 세계적 차원의 함께 사는 공동체를 만들 때 필수적인 것이다. 즉, 세계 문화의 특징은 문화 간의 차이점과 유사점을 근거로 한다는 점에 주안점과 강조점을 두는 것이 문화간이해의 중심 내용이다. 이를 통해 각기 다른 인종과 성, 언어, 계층 등 이해하고 존중하도록 유도하여 아동과 그 가족의 삶을 긍정적으로 변화시킴으로써, 아동이 세계시민이 가지는 공동의 목표를 향해 생활하고 의사소통하는 지식과 기술 그리고 참여하려는 태도를 지니도록 한다.

2) 인 권

인간의 가장 기본적인 권리인 인권은 자신에 대한 존귀함을 기본으로 타인에 대한 소중함을 함께 인식하는 것이다. 다른 사람에 대한 편견과 차별 의식을 갖지 않으며 개인, 사회, 국가적으로 자유와 평등을 구현하여 세계시민으로 성장하는 데 필요한 권리의식을 함양함으로써 함께 살아가는 태도를 배양시킬 수가 있다.

3) 평 화

평화는 누구나 소망하는 인류보편적인 가치임에도 불구하고 세계 도처에서 크고 작은 분쟁은 끊이지 않고 있다. 오히려 비평화적인 이슈들이 다양화 · 복잡화되고 있으며, 이들의 내면에는 세계의 경제, 사회, 문화, 역사적인 맥락이 복합적으로 작용하고 있다. 오늘날 평화의 개념은 소극적 · 직접적인 것으로부터 점차 적극적 · 간접적 · 구조적 · 문화적인 것으로 확대되고 있다. 이는 세계를 하나의 공동체로 인식하였을 때, 평화가 부재하는 원인을 세계의 구조적인 측면에서 찾아볼 수 있기 때문이며, 평화의 실현을 위해서는 상호연결성을 바탕으로 한 서로의 협력이 필요하기 때문이다. 따라서 아동이 세계시민으로서 평화와 관련된 문제를 지구촌 의식을 가지고 바라볼 수 있도록 도와야 한다.

4) 환 경

환경은 지역이나 국가적인 경계 없이 세계시민 모두의 공동유산이기에 이에 대한 책임이 요구된다. 환경에 대한 의식을 개인과 국가적 차원에서 지구촌으로 확대하고 발전시켜 나가야 한다. 개인의 소유가 될 수 없는 환경을 함께 사용하고 함께 보존해야 하는 것으로 인식되어야 한다. 이제 우리는 세계시민으로서 지구촌에 대한 공동체 의식을 갖고 환경의 지속 가능한 발전과 보존으로 미래를 내다보아야 할 것이다.

5) 국제협력

교통 및 통신의 발달로 정치, 경제, 사회 등 모든 분야에서 우리의 삶이 세계의 모든 나라와 밀접한 관련이 있으며 상호 교류하고 협력하며 살고 있음을 이해한다. 그리고 세계화 현상으로 인해 발생하는 전쟁, 빈곤, 환경 등의 문제를 해결하기 위해서도 세계의 여러 나라 사람들의 협력이 필요하고, 이를 위해 설립된 국제기구와 시민단체(NGO)의 종류를 알고 이들의 역할에 대해서 알 수 있다. 이를 통해 유아 및 아동이 세계시민으로서 자신을 인식할 수 있고 세계의 이웃을 위해 할 수 있는 일들에 관심을 갖는다.

이와 같은 주제를 중심으로 세계시민교육의 내용을 구성할 때 히터(Heater, 1990)는 지식 · 기능 · 가치를 고루 함양할 수 있도록 구성해야 함을 언급하였고, 크니프(Kneip, 1986)는 지식 · 기능 · 가치 · 사회참여를 통합하여 균형 있게 선정해야 함을 언급하였다. 또한 영국의 시민단체인 옥스팜(Oxfam)에서도 어린 학습자를 위한 세계시민성 교육에 대하여 지식 · 기능 · 가치 · 참여를 중심으로 구체적인 내용 틀을 제시하고 있다. 이들은 공통적으로 '지식'에서는 각 내용에 관한 사실적 · 개념적 · (일반화 차원의) 객관적 지식의 인식을 위한 내용 선정과 '기능'에서는 다양한 관점을 인식하는 능력, 정보활용능력, 탐구능력, 의사결정 능력, 비판적 사고능력 등을 개발할 수 있도록 해야 한다고 주장하였다. 그리고 '가치 · 참여' 영역의 경우 보편적 가치를 존중함은 물론 자기이해를 바탕으로 타인을 고려할 수 있는 시민육성에 초점을 두어야 하며, 마지막으로 학습한 내용을 생활에서 실천하고 참여할 수 있도록 내용을 조직해야 한다는 점을 강조하였다.

이상의 선행연구에 기초하여 세계시민교육의 다섯 가지 주제(문화간 이해, 인권, 평화, 환경, 국제협력)의 내용을 구성하는 핵심 구성요소로 지식, 기능, 가치, 참여를 선정하였고 각 주제별로 구성요소가 균형 있고 통합적으로 선정될 수 있도록 하였다.

우선 세계시민교육의 내용을 구성하는 데 있어 가장 기본이 되고 많이 다루어지는 것은 지식학습이다. 세계시민교육에 대한 지식학습은 사실(facts), 해석(interpretation), 개인의 역할(personal role)과 같은 영역을 포함하고(Heater, 1990), 이 책의 다섯 가지 주제인 문화간이해, 인권, 평화, 환경, 국제협력과 관련하여 그 내용을 구체적으로 구성하였다.

사실 위주의 지식학습 외에 가시적이면서 세계시민으로서의 자질 형성 과정을 스스로 인식하게 해 주는 것이 기능과 참여의 학습이다. 기능학습을 통하여 세계시민교육이 살아 있는 교육이 될 수 있으며 지식, 기능, 가치의 학습을 통해 세계시민의 태도를 형성할 수 있기 때문에 두 영역의 관계는 밀접하다고 할 수 있겠다. 특히 기능 영역은 스스로 하는 적극적인 학습이기 때문에 태도 형성에 큰 영향을 미칠 수 있다.

유아와 초등학교 수준의 세계시민교육의 기능은 거창한 수준의 기능을 의미하지는 않지만, 반드시 필요하며 별도의 기능 훈련이 필요하다. 일상생활의 경험이나 방송 · 인터넷을 통해 얻게 되는 방대한 정보를 수집하고 조직하여 이해하고 이를 다시 자신의 정보로 정리하는 절차가 필요하다. 이때 모든 정보는 그 배경과 맥락을 가지고 있으므로 학습자 스스로 이를 고려한 자료의 선택 방법을 학습해야 한다. 기능학습은 '현재를 올바로 선택하는 능력 향상과 일맥상통하며, 세계에 대한 관심을 바탕으로 한 탐구능력과 합리적 의사결정 능력, 갈등해결 능력을 기르는 학습이 필요하다.

한편, 다른 연구자들의 내용영역 분석에서 가치에 대한 내용이 언급되어 있는데 가치는 인간의 존엄성과 보편성과 상대성을 이해하는 것, 공감하고 배려하고 인류애를 바탕으로 한 행복추구, 책임감으로 종합될 수 있다. 여러 학자의 연구나 내용요소들을 살펴볼 때 세계시민교육에서 가치의 학습은 매우 중요하고, 세계시민성을 완성시키기 위한 가치의 학습 내용 또한 매우 다양하다. 김향원(2002)은 인류애, 인권 존중, 자유와 평등, 정의, 관용, 창의성, 개방성, 투명성, 공정성, 다원성의 용인, 문화의 상대성, 세계 공동체 의식, 인간 가치의 존중을 말했다. 전희옥(2006)은 자기이해, 타인이해, 보편적 가치의 존중을 가치 영역의 내용요소로 보았다.

가치의 학습은 중요하지만 직접적이기보다는 주로 다른 학습상황 속에서 잠재적으로 이루어지는 경우가 많다. 그러나 세계시민교육에서는 학생의 가치관이 세계시민성과 가장 큰 관계가 있기 때문에 학습내용으로 선정하여 구체적으로 학습이 이루어질 필요가 있다.

마지막으로 세계시민교육의 가치를 내면화한 후 적극적인 사회참여를 통해 이를 실천에 옮기는 참여의 영역은 세계시민교육의 가장 궁극적인 목표라고 할 수 있다. 그러나 유아나 초등학생이 세계시민교육을 받았다고 해서 바로 세계 수준의 활동을 할 수 있을 것이라고 기대하는 사람은 없을 것이다. 그러므로 유아나 초등학교 수준의 세계시민교육의 태도 영역은 자발적인 참여 의지를 바탕으로 내 주변의 사회현상에 참여하는 태도를 기르는 데 가장 큰 의의를 둔다. '자선은 집에서 시작된다(Charity begins at home).'[1]라는 싱어(Singer, 2002: 159, 변연지, 2010에서 재인용)의 말처럼 개인의 자발적인 노력에서 남을 생각하는 마음으로 나

---

1) 다른 사람들을 돕기에 앞서 가족부터 보살피라는 뜻.

표 2-1 지식 · 기능 · 가치 · 참여 범주에 따른 내용 구성요소

범주	구체적인 내용
지식 (Knowledge)	개인 · 지역 · 국가 정체성, 인권, 평화, 세계 지리, 타문화 이해, 세계 역사, 경제관계, 국제관계, 전쟁과 갈등, 테러리즘, 발전문제, 자원 · 에너지, 난민, 종교, 인종 및 소수자, 정보화와 세계화, 환경과 인간, 환경문제, 생태계 문제
기능 (Ability)	정보의 수집 · 처리 능력, 효과적인 주장, 상호협력, 정보의 이해, 자료 해독 능력, 비판적 사고 · 검토, 갈등해결 방법, 합리적 선택, 문제해결 능력, 최선의 선택, 미래에 대한 계획과 추측
가치 (Valuing)	보편성, 인간의 존엄성, 행복, 차별과 편견, 인류애, 다양성 · 상대성 인정, 상호협력, 개방성, 창의성, 공감과 배려, 관용, 생명의 소중함, 지속 가능성
참여 (Participation)	시민참여활동, 차별과 편견 없는 태도, 실제 삶과의 관계 갖기, 적극적인 참여, 자발적인 태도, 실천, 스스로 계획하고 실천, 보존하려는 태도

아가야 하며, 유아나 초등학생에게 강조해야 할 내용도 이런 기초적이고 실천 가능한 내용에서 시작되어야 한다.

교육내용을 유아 · 초등학생에 따라 수준별로 제시하기 위해서는 주제를 중심으로 한 기능, 가치, 참여 범주의 내용을 누리과정, 초등학교 교육과정 영역과 연계하여 내용을 구성할 수 있다. 누리과정의 사회생활 영역인 나를 알고 사랑하기, 가족과 함께 생활하기, 이웃과 더불어 생활하기, 사회 현상에 관심 가지기를 중심으로 유아에게 밀접하고 이해하기 쉬운 지식을 가르치기 위해 기능과 가치 · 참여를 기를 수 있는 내용으로 교육과정을 구성할 수 있다. 초등학생의 경우는 저학년(1~2학년)은 유아와 마찬가지로 기본적인 지식범주의 내용을 중심으로 구성하고, 중학년(3~4학년)은 기능, 고학년(5~6학년)은 가치 및 참여 영역을 보다 더 강화하여 교육내용을 구성할 수 있을 것이다. 특히 초등학교 시절에 개인의 가치가 형성되므로, 이때 세계시민교육 중 올바른 가치의 학

습이 특별히 강조되어야 할 것이다.

요약하면, 아동을 위한 세계시민교육은 아동이 교사 및 전문가와 함께 세계시민교육 활동을 통해 우리가 살고 있는 세계에 관심을 갖고 지구촌 사회를 살아가는 데 필요한 세계시민으로서의 자질을 기르도록 하기 위한 것이다. 이를 위해 세계시민교육에서 다루어야 할 핵심내용으로 문화간이해, 인권, 평화, 환경, 국제협력의 다섯 가지 주제를 선정하였다. 2부에서는 연령별로(유아 · 초등) 각 주제와 관련 있는 지식, 기능, 가치, 참여의 네 가지 요소를 추출하기에 적합한 그림책을 예시하고 이를 활용한 교수-학습법과 교육 프로그램을 소개하였다.

chapter 03

세계시민교육과 그림책

1. 그림책의 가치

1) 심미적인 경험

그림책은 아동문학의 모든 장르를 거의 다 포함하는 도서 형태일 뿐 아니라 글과 시각적 이미지가 상호작용하여 그것의 총합보다 더 많은 의미를 창조하는 고유한 예술 형태다. 그림책의 글은 속으로 읽는 것이 아니라 성인이 유아에게 소리 내어 읽어 주는 것을 전제로 하므로 산문이라 하더라도 리듬감과 운율, 적절한 어휘와 문장 수준, 아름다운 문체로 써야 한다. 그림책의 그림은 종종 글보다 더 많은 메시지를 전달하기도 하며 글보다 더 강력한 정서적인 반응을 불러일으킨다. 그림의 요소인 선, 색, 형태, 명암, 질감, 레이아웃은 이야기의 내용과 분위기를 전달하며 독자에게 긴장, 흥분, 슬픔, 공포, 기쁨의 감정을 불러일으킨다. 덧붙여 도서의 디자인과 외양도 독자의 감정에 영향을 미친다. 도서의 디자인에는 대개 앞표지와 뒤표지, 면지, 속표지, 서체, 레이아웃 등이 포함된다. 이 밖에도 그림책은 종이의 질과 색, 두께, 크기, 제본 상태, 무게 등 인쇄 매체로서의 물리적 특성을 가지며 이러한 특성은 그림책을 영상 매체와 구별 짓게 하는 데 가장 중요한 요소가 된다.

2) 공 감

그림책의 독특한 의사소통 방식과 형태적 특징은 그림책을 읽는 아동들이 다른 나라 사람들을 이해하고 그들과 공감할 수 있도록 돕는 데 효과적으로 작용할 수 있다. 그 좋은 예가 다문화 그림책이다. 다문화 그림책은 미국을 비롯한 다른 다문화 사회에서 일찍부터 다문화교육을 위한 교육 매체로 인정되고 있으며(Beaty, 1997), 그중 많은 책은 뛰어난 예술성으로 인해 그림책의 그림작가에게 수여하는, 국제적으로 인지도가 가장 높은 칼데콧 상을 수상하기도 하였다. 특히 미국에서는 1970년대부터 그러한 현상이 두드러졌다. 뮤리엘 필링스와 톰 필링스는 알파벳 그림책인 『잼보는 안녕이란 뜻이야 *Jambo Means Hello*』(1974)를 출판하였다. 이 책의 배경은 동아프리카이고 아프리카에서 쓰는 키스어와 힐리어를 사용하고 있다.

이 밖에도 여러 편의 아프리카 옛이야기들이 칼데콧 메달의 수상작이 되었다. 흑인 부부인 레오 딜런과 다이안 딜런은 아프리카 민화를 재화한 『모기는 왜 귓가에서 앵앵거릴까?』(1975)와 마가렛 머스그로브가 글을 쓴 『아산티에서부터 줄루까지: 아프리카 전통들 *Ashanti to Zulu: Afri-can Traditions*』(1976)로 칼데콧 메달을 받았다. 제랄드 맥더멋은 전통적인 푸에블로 인디안 이야기인 『태양으로 날아간 화살』(1974)에 그림을 그렸으며, 폴 고블은 『야생마를 사랑한 소녀』(1978)에서 인디안 소녀를 그렸고 마고 지마크는 유대 이야기의 재화인 『우리 집은 너무 좁아』(1977)에 그림을 그렸다. 1971년부터 1977년까지 칼데콧 상을 수상한 책은 거의 모두 전통적인 이야기를 개작한 것이었다.

아동문학교육자들은 만일 교사들이 유아들에게 다른 문화권의 주인공들이 어떻게 살아가는지에 관한 이야기를 읽어 준다면 유아들이 그들과 쉽게 동화될 수 있고 유대감을 가질 수 있다고 주장한다(Beaty, 1997). 그들의 전통과 관습뿐 아니라 먹고, 입고, 자고, 노는 일상사에 대해 알아가는 것은 다른 문화권의 어린이들을 이해할 수 있는 효과적인 방법이 된다. 그리고 그러한 경험은 마치 다른 문화에서 온 어린이들이 같은 교실에 있는 것 같은 효과를 낳을 수 있다(Beaty, 1997).

키퍼(Kiefer, 1995a)는 비록 책에 있는 주인공이 어린이라 할지라도 유아들은 그들을 모델로 삼는 것에 어려움을 느끼지 않는다고 말한다. 어린이들은 이야기책의 인물을 좋아하며, 만약 그 이야기가 그들에게 호소력이 있다면 그 이야기를 자꾸 다시 듣고 싶어 한다. 어린이들은 자신이 좋아하는 이야기 안의 인물들을 사랑하게 되므로, 이야기 안에서 다른 문화권의 성인이나 어린이들을 자주 접한 아이들은 우리 사회에서 그들을 쉽게 받아들이게 된다.

3) 유대감

책을 읽은 어린이들이 책의 인물과 유대감을 가지게 되는 것을 '책의 인물과 유대감 갖기(book—character bonding)' 혹은 '책과 유대감 갖기(book bonding)' 라고도 부른다. 교사는 어떤 특정한 문화에 기초한 이야기를 어린이들에게 읽어 줌으로써 그들이 책 속의 인물들과 유대감을 갖게 하고, 책을 읽은 후 그 내용과 관련되는 교육활동에 유아들을 참여시킴으로써 더 효과적으로 유대감을 형성할 수 있도록 도울 수 있다. 특히 독후 활동으로 종종 진행되는 극놀이 활동은 유아들이 다른 문화권 사람들의 역할을 해 보게 함으로써 그 인물과 유대감을 갖도록 도울 수 있다.

게다가 그림책은 아동이 받아들일 수 있는 긍정적인 방법으로 시각적 이미지를 사용한다(Beaty, 1997). 미술품의 재생산에서 진보를 거듭하고 있는 출판 기술은 원화의 색감을 거의 그대로 재생하는 데 성공하고 있으며 그에 따라 뛰어난 그래픽과 디자인의 그림책들이 출판되고 있다. 다문화 그림책의 경우, 책의 등장인물과 같은 인종적 배경을 가지고 있는 그림 작가들의 그림책은 사실적으로 그려지는 경향이 있으며, 이러한 시각 이미지에서의 사실성은 독자를 그 이야기로 쉽게 끌어당긴다. 그리고 그림책을 읽은 후의 적절한 교육활동을 통해서 교사는 유아들이 책의 인물들과 유대감을 형성하도록 도울 수 있다.

그러나 그림책은 바로 그 생생한 이미지가 주는 정서적 자극으로 인해 논란거리가 되곤 한다. 토시 마루키의 『*Horoshima No Pika*』을 그 예로 들 수 있다. 이 책은 히로시마와 나가사키에 떨어진 핵폭탄으로 인한 피폭의 결과와 그 참혹함을 다룬 책이다. 처음 세 페이지에서는 갈색과 청색 주조의 차분한 분위기에서 평화로운 도시의 모습과 일상적인 생활을 영위하는 시민의 모습이 그려진다. 그들은 미군의 공습에 준비하고 있으나 책에서 전쟁의 원인이나 미군 공습의 이유는 설명되지 않는다. 세 번째 페이지에서는 부모와 딸이 밥상을 둘러싸고 아침밥을 먹는 장면이 그려져 있으며 바로 다음 페이지부터는 핵폭탄 투하로 인한 파괴와 살상의 장면이 붉은 색 주조의 그림으로 이어진다.

키퍼(1995b)는 이 책을 학급에서 교사가 읽어 주는 모습을 관찰하였다. 처음에 교사들은 이 책을 읽어 주기를 주저하였다. 그러나 처음 크게 읽어 주고 난 후 아동들은 평소 때보다 훨씬 조용해졌다. 크게 읽어 주기 이후에 있었던 평소의 열정적인 분위기 대신 아이들은 적게 말하고 질문도 적게 하였다. 어떤 아이가 왜 그 폭탄을 '작은 소년(little boy)'이라고 불렀는지 물었고 다른 아이는 폭발 당시 왜 아래에 있던 빌딩이 파괴되지 않았는지 이해하려고 애썼다. 교사가 그 책을 다 읽어 준 후에 어린이들에게 작가가 그 책을 그리고 쓴 이유에 대해 이야기하였고 한 아이는 "그가 피를 토하고 머리카락이 빠지고 보라색으로 바뀌기 시작할 때 그림이 너무나 슬프게 보였어요."라고 말하였으며 다른 아이들은 "그 책은 다시 읽지 마세요."라고 조용히 말하였다.

사실 많은 성인은 혼란스러운 주제나 민감한 이슈를 다룬 그림책들을 잘 읽어 주려고 하지 않는다. 그 결과로 많은 초등학교 학급의 교사들은 논쟁을 최소화할 수 있는 그림책만을 사용하려고 한다. 그럼에도 키퍼(1995b)는 이와 같은 그림책이 학급에 큰 영향력을 발휘하며 어린이의 깊은 정서적 반응을 이끌어 낼 수 있다고 믿는다. 이러한 그림책을 통해 우리는 그림책이라는 예술의 고유한 의미 생성 능력을 알게 된다.

만약 아동이 타문화권의 사람들과 유대감을 갖게 되면 그들에게 부정적인 편견을 가지고 자라지 않게 될 것이다. 좋은 다문화 그림책은 어린이들이 세상 어느 곳에 사는 어떤 어린이들에 대해서도 감정이입을 할 수 있도록 하고 유대감을 형성할 수 있도록 한다.

그러나 성인이 읽는 한 권의 소설이나 논픽션이 그러하듯이 한 권의 그림책이 그 문화나 국가에 관한 모든 것을 알려 줄 수는 없다. 그러므로 유아와 함께 다양한 주제의 책이나 같은 주제를 다루는 여러 책을 함께 읽으면서 각각의 작품이 가지는 시점과 세계관의 차이를 비교해 볼 수 있도록 돕는 것이 필요하다.

2. 세계시민교육을 위한 그림책 선정

1) 그림책의 선정 기준

세계시민교육을 위한 그림책을 선정하기 위해서는 크게 문학성, 정확성, 그림의 예술성 그리고 관점 바꾸기를 고려해야 한다.

(1) 문학성

세계시민교육을 실시하기 위해 그림책을 수집하고자 할 때 우선적으로 고려해야 하는 것은 그림책의 문학성이다(Bishop, 1992). 사실 이 기준은 책의 평가 기준에서 가장 우선되는 것이지만 교육기관에서는 자주 문학성보다는 교육적 유용성을 우선하여 그림책을 평가하는 경향이 있으므로 이를 강조할 필요가 있다. 픽션 그림책의 문학성은 어린이들이 유대감을 형성하기 쉬우며 기억에 남는 주인공, 신선하고 구성이 잘 된

믿을 만한 줄거리, 이야기의 분위기와 고유성에 기여하는 배경, 교훈적이지 않으며 감동을 줄 수 있는 주제, 독자들이 자신의 삶과 세계에 관해 통찰력을 얻을 수 있는 관점 등에서 나타난다. 이 중에서 가장 중요한 것은 주인공이라고 할 수 있다.

유아와 아동을 주요 독자로 하는 그림책에는 대부분 아동이 주인공으로 등장한다. 그러나 아동이 독자와 비슷한 연령의 주인공으로 등장한다 하더라도 독자들이 그들과 아주 다른 문화권에서 성장하고 있는 등장인물과 연대감을 형성하며 그들의 생각과 느낌을 공유할 수 있는 것은 문학을 통해 가능한 것이다. 끊임없이 이어지는 내전과 식량 부족으로 굶주림에 고통 받는, 우리의 상상을 뛰어넘는 질곡의 삶을 사는 난민 어린이의 이야기가 자유롭고 풍요로운 사회에서 살아가는 아동의 공감을 얻을 수 있는 이유는 이야기가 가진 힘 때문이다.

현대의 인도를 배경으로 한 『자이, 자유를 찾은 아이』(폴 티에스 글, 크리스토프 메를랭 그림, 김태희 옮김, 사계절출판사, 2005)는 아동 학대를 다룬 그림책이다. 어린 아이지만 가난 때문에 노예노동을 하게 되는 자이는 마법사의 기질을 발휘하여 마법의 양탄자를 만들게 된다. 자이는 이 멋진 양탄자로 주인의 딸에게 인정을 받으려 하다가 오히려 두들겨 맞게 된다. 학대받으며 살아가던 자이는 어느 날 쇠사슬을 몰래 풀고 자유를 찾아 탈출한다. 이 작품은 21세기 초 인도의 대도시 길거리의 모습을 보여 주면서 동시에 어린이 불법 노동 현장을 고발한다. 또한 악, 불평등, 구속과 대비되는 선, 평등, 자유와 같은 인류 보편의 가치를 자이라는 한 인도 소년의 이야기 안에서 형상화하여 독자의 공감을 얻고 있다.

다른 한편, 세계시민교육과 관련된 이슈를 다룬 그림책이 충분치 않다

보니 교사들은 어떤 문화의 고유한 모습을 보이는 책일 경우 문학성이나 심미성을 고려하지 않고 택하는 경향이 있다. 또한 환경 문제나 인권을 주제로 다룬 그림책 중에는 교훈 주기에 급급한 작품들도 있다. 그 나름대로 아동에게 지식과 간접적인 경험을 제공할 수는 있겠으나 그림책도 예술적 경험을 제공하는 매체이므로 그러한 교훈은 자연스럽게 이야기 속에 녹아 있어야 한다. 독자에게 감동을 주지 못하는 작품은 문학이 아니라 선전의 도구가 되어 버리기 때문이다.

(2) 정확성

타국의 문화와 이야기를 그리는 그림책이라면 논픽션은 물론, 픽션에서도 정확성은 매우 중요한 선정 기준이 된다. 그것을 평가하기 위해서는 글, 그림 작가의 배경, 자격, 관점을 조사해야 한다. 예를 들어, 그 작가는 어느 정도로 그 문화의 인사이더(insider)라고 할 수 있는가, 그 문화에 대해 쓸 자격을 갖출 지식이나 경험을 가지고 있는가, 그 작가가 쓴 다른 책들에 대한 독자와 비평가들의 평가는 어떠한가, 작가가 인사이더의 관점에 대한 친근감을 제공하는 이야기를 쓸 수 있는가 등을 조사하는 것이다.

이런 측면에서 『잃어버린 아이들』(메리 윌리엄스 글, 그레고리 크리스티 그림, 노성철 옮김, 사계절출판사, 2006)은 좋은 예가 된다. 이 책은 수단에서 발발한 내전으로 집과 부모를 잃은 채 난민이 되어 여러 나라를 떠도는 아이들에 대한 이야기다. 글을 쓴 메리 윌리엄스는 2000년 국제구호위원회에서 일했고 2001년 '잃어버린 아이들을 위한 재단'을 설립했던 경험을 바탕으로 자신이 실제로 겪은 일을 책에 담았다. 그리고 그림 작가인 그레고리 크리스티는 1977년 『발 냄새나는 곰 아저씨』, 2006년 『잃어버린 아이들』로 아프리카계 미국인에게 주는 상인 코레타 스콧 킹 아너상을 두 차례나 받기도 하였다.

(3) 그림의 예술성

그림책에서는 그림의 예술성도 중요한 고려사항이 된다. 예술성에서는 그림 작가의 고유한 개성과 창의성, 글의 내용과 표현 양식(style)의 조화 등이 중요한 평가 요소가 된다. 1980년대부터 칼데콧 상을 수상한 도서 중에 예술성에서 우수한 평가를 받은 다문화 도서가 많이 포함되어 있으며 이러한 작품들은 세계의 이해교육을 위해 좋은 자료가 될 수 있다.

(4) 관점 바꾸기

세계시민교육의 내용 중에는 '관점 인식', 즉 다른 사람이 우리 자신과 다른 인간관과 세계관을 가지고 있다는 것을 인식하는 것이 포함된다. 플로렌스 페리 하이드와 주디스 하이드 길리랜드가 글을 쓰고, 테드 르윈이 그림을 그린 『아메드의 비밀의 날 *The day of Ahmed's secret*』(1990)은 다른 나라에 사는 사람들의 관점과 세계관을 이해하는 데 도움을 주는 책이 될 수 있을 것이다. 이 작품에 등장하는 아메드는 이집트의 카이로시에 살고 있는 소년으로서 아버지와 함께 가족의 생계를 책임지고 있다. 그의 하루 일과는 당나귀가 끄는 수레에 무거운 가스통을 싣는 것부터 시작하여 카이로 시내의 가정에 배달하고 귀가하는 것이다. 하루 동안 일어난 일을 담은 이 이야기에서 독자는 제목과 같이 저녁에 가족들을 만나 비밀을 고백할 수 있기를 고대하는 아메드의 모습에 호기심을 갖게 된다. 아메드는 배달을 하던 중에 점심을 사서 오래된 성벽에 기대어 먹으며 아버지가 그 도시에 대해 들려준 이야기를 생각한다. 그는 나일강과 사하라 사막 사이에 있는, 그 도시를 둘러싸고 있는 몇 천 년 된 벽을 자랑스럽게 바라본다. 그리고 거리에서 자신보다 더 어린 아이가 빵을 배달하는 것을 보고 자신은 그 아이보다 더 크고 힘이 세서 어려운 일을 하고 있다는 것에 자부심을 갖는다. 저녁에 집에 돌아온 아메드는 마침내 그의 비밀을 가족들에게 털어놓는다. 그는 숨을 크게 쉰 후, 흰 종이에 자기 이름을 써서 가족들에게 보여 주며 "이것 보세요. 이제 나는 내 이름을 쓸 줄 알아요(Look, I can write my name)."라고 말한다. 그의 얼굴은 자랑스러움으로 빛나고 있다.

어찌 보면 이 작품은 어린 나이에도 식구들을 부양하느라 매일 힘든 노동에 내몰리는, 가난한 나라에 사는, 혜택 받지 못하는 한 어린이의 이야기다. 아동권리 찾기 주장에 익숙한 선진국 사람들의 눈에 아메드는 학교 교육을 받을 권리를 빼앗긴 불쌍한 소년으로 여겨질 수 있다. 그러나 그 문화에서 그들과 함께 몇 년을 살았던 작가는 이 작품을 쓰게 된 이유를 이렇게 설명한다. "아메드는 자신이 가족을 부양할 수 있는 능력이 있다는 것을 자랑스러워하며, 정신적으로 건강하고 자기 존중감이 높은 소년이다. 자신의 문화와 전통에 대한 자부심과 책임감, 가족 간의 강한 연대감은 그를 신체적 · 정신적으로 성숙한 소년으로 만들었다. 아메드와 같은 또래의 선진국 청소년의 정신건강 상태를 비교해 본다면 과연 선진국 청소년들의 자아 정체감은 아메드만큼 확고할까?"(Gilliland, 1995) 개인주의가 발달한 서양에서는 예외 없이 가족과 공동체가 쇠퇴

하고 있고, 많은 아동과 청소년들이 정신질환에서부터 섭식장애, 약물 및 알코올 중독, 폭력, 범죄, 자살, 자살시도와 같은 스트레스성 증후군을 앓고 있다. 사람들은 예전에는 그들을 지지해 주던 가족이나 친구, 이웃의 지원을 이제는 기대할 길이 없는 처지에 놓였다. 이러한 현상은 우리나라에서도 예외가 아니어서 가정 파괴나 불화, 빈곤으로 인해 길거리를 떠도는 아이들, 그러다가 온갖 범죄에 빠져드는 아이들, 우울증에 시달리는 아이들, 자살하는 아이들이 중요한 사회적 이슈가 된 지 오래다.

분명히 아동의 교육받을 권리는 무엇보다도 인간의 존엄함에 이르는 가장 위대한 열쇠다. 지구상의 모든 어린이가 읽고, 쓰고 지식을 습득할 수 있도록 교육의 혜택을 누려야 함에는 의심의 여지가 없다. 이 작품이 특별한 이유는 문자의 의미를 발견하고 자신의 이름을 쓸 수 있게 된 한 소년의 기쁨과 자긍심이 자신의 문명과 문화에 대한 자긍심과 서로 엮어져 있다는 데 있으며 그것을 함께 기뻐해 줄 가족이 건재하다는 점에 있는 것이다.

마지막으로 좋은 그림책만큼 중요한 것은 그림책에 대한 교사의 지식과 태도라고 할 수 있다. 교사가 아동에게 그 책을 어떻게 소개하고 어떻게 활용하는가에 따라 아동의 문학적 경험의 깊이와 폭은 달라진다. 우선 교사 자신이 그림책을 교재로서 대하는 것이 아니라 진정으로 즐길 수 있어야 하며 문학작품에 대한 아동의 풍부한 반응과 사고를 격려하는 교수–학습 방법을 익혀야 할 것이다. 덧붙여 세계시민교육의 각 이슈에 대한 사전조사와 지식이 갖추어져 있다면 효과적인 교육이 이루어질 것이다. 이에 대해서는 4장에서 구체적으로 다루기로 한다.

chapter 04

그림책을 활용한 세계시민교육의 접근 방법

1. 그림책을 활용한 세계시민교육

우리는 아동이 세계시민으로 성장하도록 그림책을 활용할 수 있다. 그림책은 세계시민에게 필요한 다양한 지식을 담고 있을 뿐 아니라 등장인물과 연대감을 형성하고 그들의 생각과 느낌에 공감하면서 가치를 내재화할 수 있게 한다. 나아가 세계시민으로서 지금 내가 할 수 있는 일들에 대해 관심을 갖게 하고 참여할 수 있도록 안내한다.

그림책에서 다루는 세계시민교육의 내용은 지식, 기능, 가치 · 참여로 나뉜다. 이 중 '지식' 은 가장 기본이 되며 범위가 넓다. 훌륭한 세계시민이 되기 위해 필요한 지식은 가장 기초가 되는 자아정체성에서부터 시작하여 타자에 대한 이해, 현세대의 세계문제(기아, 전쟁, 에너지 문제 등)에 대한 원인과 파급효과, 해결방법에 대한 지식까지 매우 광범위하다. 이러한 지식을 기초로 하여 비판적 사고, 합리적인 선택 및 문제해결 방법에 대한 기능을 훈련한다. 보편성과 다양성에 대한 가치, 지속 가능한 발전에 대한 가치를 내재화하여 구체적으로 참여하도록 안내한다.

세계시민교육의 네 가지 구성요소는 어떤 단계나 위계가 있다기보다 네 가지 요소가 상호작용하면서 이루어진다. 지식이 기반이 된다고 하지만 여러 사실을 다양한 관점에서 사고할 수 없다면 세계시민으로서의 가치와 태도를 함양하기 어려울 것이다. 마찬가지로 아무리 세계시민으로서의 지식과 기능을 갖추고 지향해야 할 가치를 알지만 행동하지 않는다면 세계시민교육은 무의미해질 것이다. 따라서 그림책을 활용한 세계시민교육의 프로그램에는 네 가지 구성요소가 모두 포함되어야 한다.

세계시민교육 프로그램은 교사에 의해서 다양한 방식으로 계획될 수 있다. 한 가지 주제를 집중적으로 다루는 프로그램(예: 소중한 인권)이나 다양한 주제를 하나의 프로그램 안에 모두 포함하는 경우다. 이때 하나의 수업 안에 지식, 기능, 가치 · 참여가 부분적으로 이루어질 수도 있고 모두 포함될 수도 있다. 예를 들어, 『잃어버린 아이들』(메리 윌리엄스 글, 그레고리 크리스 그림, 사계절출판사, 2006)이란 그림책을 통해 수단 난민의 실태를 알고, 난민이 된 사람들에 대한 공동체 의식과 인권의 가치를 되새길 수 있다. 또한 난민이 된 원인 및 결과에 대한 비판적 사고과정을 통해 그들을 도울 수 있는 구체적인 방법에 대한 아이디어를 얻어 실재 난민들을 돕기 위한 방법들을 실천할 수 있다. 이러한 모든 과정에 대한 자료가 한 권의 책에 모두 담겨 있는 경우 한 번의 수업 안에 네 가지 영역이 모두 이루어질 수 있다. 그러나 모든 수업 안에 네 가지 영역이 모두 담기지 않을 수도 있다. 기초적인 정보를 기반으로 세계시민으로서의 감수성을 일깨우는 책으로 시작하여 해당 이슈에 대한 반성적 사고를 통해 가져야 할 가치와 태도를 점검하고 실제적인 참여방법에 대해 모색하는 방향으로 점진적으로 나아갈 수 있다. 예를 들어, 『세상에서 가장 아름다운 나의 마을』(고바야시 유타카 글 · 그림, 길지연 옮김, 미래아이, 2006)을 읽고 전쟁으로 잃어버린 것이 무엇인지를 알게 되었다면, 『여섯 사람』(데이비드 맥키 글 · 그림, 김중철 옮김, 비룡소, 1997)을 읽고서 전쟁의 원인을, 『적』(다비드 칼리 글, 세르주 블로크 그림, 안수연 옮김, 문학동네, 2008)을 통해 전쟁을 끝내기 위한 가치와 태도를 점검할 수 있다. 이후 『평화는요』(토드 파 글 · 그림, 예림당, 2006)를 통해 삶에서 평화를 추구하며 사는 방법에 대한 아이디어를 얻을 수 있을 것이다. 이렇게 네 영역이 점차 확대되며 세계시민으로서의 자질을 형성해 나갈 수 있다. 이 책에서는 전체의 프로그램 형식이 아닌 그림책 위주의 활동안을 제시하고자 한다. 다양한 형태의 프로그램 안에서 융통성 있게 활용하기를 기대한다.

2. 그림책을 활용한 세계시민교육의 수업 절차

그림책을 활용한 세계시민교육의 수업 절차는 [그림 4-1]과 같이 네 단계로 나뉜다.

그림 4-1 그림책을 활용한 세계시민교육의 수업 절차

1) 도 입

다루고자 하는 주제에 대한 경험이나 선행지식을 점검하고, 책에 대한 관심을 유발할 수 있는 활동을 할 수 있다. 책에 등장하는 실물이나 그림, 사진 자료를 제시하여 주제에 대한 관심을 확장할 수 있다. 이야기의 배경이 되는 나라나 사건에 대한 정보를 간략히 알려 주며 아동들의 의견을 들어 보는 활동을 통해 해당 주제에 대한 관심을 갖도록 한다.

2) 그림책 읽기

그림책을 활용한 세계시민교육에 있어서 가장 주요한 부분은 책 읽기라고 할 수 있다. 교사는 먼저 그림책의 내용을 전반적으로 이해한 다음, 이야기가 주는 강점은 무엇인지를 파악해야 한다. 이야기의 중간에 예측하거나 토의할 수 있는 곳은 어디인지, 전반적으로 어떻게 읽어 주어야 하는지를 사전에 고려해야 한다. 특히 그림책은 글과 그림이 유기적으로 결합된 예술 형태를 갖춘 책으로 글과 그림의 메시지를 읽어 낼 수 있어야 한다. 교사는 글과 그림의 관계는 어떠한지, 그림 읽기를 위한 안내는 어떻게 해야 할지를 미리 살펴보아야 한다. 수업 인원수에 따라 가장 효과적으로 전달할 수 있는 방법을 고려하여 큰 책(big book)으로 제시하거나 멀티미디어를 이용할 수 있다.

그림책 읽는 과정은 앞표지부터 뒤표지까지 글과 그림을 읽어야 한다. 그림책의 크기, 책 모양, 종이의 질감 등 그림책의 모든 부분을 세세히 살펴보아야 한다. 작가는 왜 이렇게 만들었는지 책의 요소를 하나하나 살펴보아야 한다. 그중 표지 읽기는 제목, 작가, 출판사, 표지 그림의 정보를 읽고 본문에 대한 내용을 상상하거나 유추해 볼 수 있다. 선택된 그림책이 탐색하는 주제와 어떤 관련성이 있는지 연관지어 생각해 보고, 그림책에 대한 긍정적인 기대를 가질 수 있다. 면지의 경우 과거에는 제본의 과정에서 필요한 페이지였지만 현대의 그림책은 표지에서 시작된 이야기가 면지와 속표지를 거쳐 본문으로 연결되는 경우가 있다. 앞면지와 뒷면지가 서로 다른 이야기를 전하는 경우도 있으므로 면밀히 살펴보아야 한다. 그림책의 문학적 분위기를 전달하기 위한 단순한 색의 면지라도 그 느낌을 나눌 수 있다. 표제지 또는 약표제지(제목만 있거나 그림이 함께 있는 경우), 헌사 페이지 등은 이야기의 서곡과 같은 것이다. 이야기를 예측하며 분위기, 문학 장르 등에 대한 안내를 받을 수 있다. 본문 읽기에서는 전체적으로 글과 그림에서 표현하는 작가의 의도와 주제를 파악해 보는 읽기의 과정을 거친다. 등장하는 인물이나 배경, 사건의 흐름을 기억하고, 자신의 주변 세계와 연계하여 보다 폭넓은 사고를 발전시킨다. 즉, 많은 정보를 담고 있는 논픽션 도서인 경우 책에서 제공하고 있는 정보를 모두 전달할 필요는 없다. 꼭 알아야 하는 정보에 중점을 두어 읽어 준다(차후에 개별적으로 자세히 읽기를 할 수 있도록 지도한다). 이때 사진 또는 도표 등을 중심으로 정보를 전한다. 책의 텍스트를 그대로 읽을 수 있지만, 교사가 핵심적인 내용을 요약하거나 쉬운 말로 풀이하여 설명한다. 아동의 사전지식 또는 경험과 연결하거나 확장시키며 읽어 준다. 여러 주제를 한 그림책에서 모두 다루고 있을 경우 그중 몇 개의 주제를 선택하여 활용하도록 한다. 같은 주제를 다루고 있는 여러 그림책을 활용할 수도 있고, 픽션과 논픽션을 함께 사용할 수도 있다. 무엇보다도 그림책을 읽으며 내용에 대해 이야기 나눌 때 다루고 있는 이슈에 대해서 교사 자신의 의견을 강요하거나 제시하지 않고 충분히 아이들의 반응을 수용할 수 있어야 한다. 열린 사고를 지향하며 아동들의 다양한 생각과 의견을 듣고 나누도록 한다.

3) 전 개

그림책을 깊이 있게 이해하고 세계시민의 정서를 함양하여 행동으로 참여하기 위한 활동을 할 수 있다. 이러한 내재화 과정은 책의 내용을 토대로 세계시민으로서 자신이 지향하는 가치와 취해야 할 태도에 대해 점검하고, 어떻게 참여할지를 구체적으로 논의하는 과정이라 할 수 있다. 유치원과 어린이집에서는 각 활동영역(언어, 미술, 음률 등)과 통합하여 이루어질 수 있다. 언어활동은 저널 쓰기, 일기 쓰기, 시 쓰기와 같은 쓰기 영역과 토의 · 토론의 말하기, 듣기 영역을 포함한다. 미술활동은 그림 그리기, 만들기, 찰흙놀이, 종이 접기 등의 창작활동을 통해 스스로 생각하고 표현하는 즐거움을 느낄 수 있도록 한다. 활동 과정에서는 오감을 자극하는 인상적인 경험을 할 수 있도록 해야 한다. 음률활동은 글과 그림의 리듬을 음악적으로 표현해 보고 심미적인 활동을 자극하는 것이다. 동극활동은 등장인물의 심리를 파악해 보거나 책에 대한 감정을 이입하여 극으로 표현해 보는 것이다. 동극과 유사한 역할놀이는 가상적인 상황에서 주인공이 되어 문제상황에 대해 어떻게 행동할지를 표현하는 것으로 자신의 이상, 의견, 행동 등을 평가해 볼 수 있고, 문제나 상황을 깊이 이해할 수 있게 된다. 초등학교에서도 각 학과목(국어, 미술, 음악 등)과의 통합된 활동을 계획할 수 있다.

활동의 구성 인원에 따라 여러 학습방법이 이루어질 수 있다. 개인의 경우 편지 쓰기, 관점 바꿔 쓰기 등과 같은 자신의 가치와 태도를 점검하고, 새로운 지식을 확인하는 활동을 할 수 있다. 소집단의 경우 이슈가 되는 사건에 대한 토론이나 가상극, 사례조사 등을 할 수 있다. 또는 구체적인 참여방안으로 전시회 또는 캠페인 열기를 할 수 있고, 게임을 통해 각 주제에 재미있게 접근한다.

4) 마무리

마무리에서는 전체적인 수업에 대한 감상을 나누거나 자신의 작품을 발표 또는 감상할 수 있다. 활동의 결과를 스스로 평가하거나 또래, 성인의 평가로 이어질 수 있다. 수업 자체에 대한 평가로 어떤 점이 재미있었는지, 아쉬운 점은 없었는지, 이후에 하고 싶은 활동은 없는지 이야기 나눈다. 활동시간에 만든 작품의 성격에 따라 문학성과 예술성, 문제해결 방법에 대한 아이디어의 타당성 및 창의성에 대해 평가한다. 평가는 활동 이후의 사고와 능력에 영향을 미친다. 결국 세계시민교육의 개념을 이해하는 것에서부터 평가의 과정은 서로 순환하는 관계 속에서 영향을 주고, 이러한 과정이 반복되었을 때 그림책을 활용한 세계시민교육의 효과가 극대화될 것이다.

3. 교사들을 위한 제언

'교육의 질은 교사를 뛰어넘지 못한다.' 는 말은 교육계에서 불문율과도 같은 말이다. 이는 교육과정의 최종 실행자인 교사가 어떤 자세와 가치로 문제에 접근하며 학생들을 대하느냐에 따라 매우 중요한 차이를 나타내기 때문이다. 그림책을 활용한 세계시민교육을 실행함에 있어서 교사들이 기억해야 할 다섯 가지를 제언하고자 한다.

1) 총체적 이해를 위한 배경지식 쌓기

세계시민교육에서 다루고 있는 교육 내용을 살펴보면 여러 가지 문제가 연관된 경우가 많다. 예를 들어, 제3세계의 빈곤문제는 정치 · 경제적 문제가 복잡하게 얽혀 있다. 이 때문에 단순하게 접근하기보다 인권, 경제적 · 사회적 불평등, 지구촌 환경에 대한 보살핌 등 관련된 이슈들 간의 상호연관성을 고려한 총체적인 이해를 기반으로 접근하여야 한다. 이를 위해 교사는 입체적으로 이슈들을 살펴보고 정확한 지식을 갖추어야 할 필요가 있다.

아무리 잘 쓰여진 것이라 하더라도 분량에서 제한적인 그림책으로는 각 이슈에 대한 충분한 내용을 전달하기 어렵다. 교사는 논픽션과 다큐멘터리 필름 등과 같은 다양한 자료를 통해 배경지식을 얻는 것이 필요하다. 특히 타문화에 대한 정확한 정보 습득을 위해서는 그 문화권에서 사는 사람들이 쓴 책들을 읽어 볼 것을 제안한다. 예를 들어, 인도의 신분제에 관한 그림책, 『손대지 말아야 하는 사람들, 불가촉천민』(로랑스 캉텡 글, 카트린 레세르 그림, 정영리 옮김, 아이세움, 2005)을 아동에게 소개하기 전에 교사가 인도의 카스트 제도에도 속하지 못했던 최하층 계층인 불가촉천민의 가족사를 자전적 소설로 쓴 『신도 버린 사람들』(나렌드라 자다브 글, 강수정 옮김, 김영사, 2007)을 읽어 보는 것은 유익할 것이다.

각 분야별로 도움이 될 만한 책은 다음과 같다.

그림 4-2

『손대지 말아야 하는 사람들, 불가촉천민』
(로랑스 캉텡 글, 카트린 레세르 그림, 정영리 옮김, 아이세움, 2005)

그림 4-3

『신도 버린 사람들』
(나렌드라 자다브 글, 강수정 옮김, 김영사, 2007)

〈표 4-1〉 교사들을 위한 분야별 도서

분 야	서 명	저 자	출판사
인권	그들은 자유를 위해 버스를 타지 않았다	러셀 프리드먼	책으로여는세상
	불편해도 괜찮아	김두식	창비
	나는 어린이 노동자	국제앰네스티 일본지부	현암사
	왜 세계의 절반은 굶주리는가?	장 지글러	갈라파고스
	가난한 사람들을 위한 은행가	무하마드 유누스, 알란 졸리스	세상사람들의책
평화	19년간의 평화 수업	콜먼 맥카시	책으로여는세상
	어린이와 평화	박기범	창비
	집으로 가는 길	이스마엘 베아	북스코프
환경	불편한 진실	앨 고어	좋은생각
	녹색시민 구보씨의 하루	앨런 테인 더닝, 존 라이언	그물코
	종이로 사라지는 숲 이야기	맨디 하기스	상상의 숲
문화간 이해	다문화교육-이론과 실제-	크리스티나 베넷	학지사
국제 기구	세계화, 전지구적 통합의 역사	나얀 찬다	모티브북
	아틀라스 세계는 지금	장 크리스토프 빅토르	책과 함께

2) 세계시민으로서의 책임감 깨닫기

세계시민교육을 시행할 때 식량난과 식량지원 문제, 핵폐기물 처리 문제 등과 같은 다양한 글로벌 이슈를 접하게 된다. 인권, 환경, 평화 등의 세계문제가 국가적인 차원을 넘어 지구적인 차원에서 해결되어야 한다. 이를 위해 개인의 행동이 어떻게 지구촌에 영향을 미치는지를 이해하며 지구촌에 대한 의무감을 가르치고, 아동의 행동을 스스로 평가할 수 있도록 해야 한다. 아동에게 이러한 의무가 세계시민인 나의 책임이며 우리 모두의 책임임을 깨닫게 해야 할 것이다. 이때 글로벌 이슈가 나의 문제가 아닌 다른 나라 혹은 다른 지역의 문제로 대상화되거나 타자화되는 분절적 사고방식을 주의하여야 한다. 세계화와 신자유주의로 인한 글로벌 약자와 소수자의 입장을 공감하며 그들의 입장에서 생각할 수 있어야 한다. 그들의 문제가 아닌 나의 문제로 여길 수 있도록 교사는 세계적인 시각을 갖고 모든 문제에 대한 상호연계성 및 상호의존성을 깊이 이해할 수 있도록 안내해야 한다.

3) 다양한 장르의 그림책 함께 활용하기

좋은 그림책은 세계시민으로서 우리가 가져야 할 지식의 내용과 가치, 참여의 모습을 알려 준다. 그림책은 세계의 이슈로 접근하고 그것에 참여하게 돕는 매개체다. 이때 픽션과 논픽션을 함께 사용하는 것은 해당 주제에 다차원적인 접근을 할 수 있도록 도와준다. 픽션은 독자의 흥미와 관심을 유발할 뿐만 아니라 주인공들의 삶에 대해 공감하며 세계시민으로서의 감수성을 갖게 한다. 논픽션은 문제상황에 대한 실태나 원인, 해결방법에 대한 구체적인 지식을 전달한다. 한 권의 책 안에 두 가지 요소가 모두 포함되어 있는 그림책도 있지만, 같은 주제를 전하고 있는 픽션과 논픽션 그림책을 모두 활용함으로써 보다 깊이 있게 접근하는 것이 필요하다.

4) 교사 스스로의 가치관과 태도를 성찰하기

로젠탈(Rosenthal)과 제이콥슨(Jacobson)의 '피그말리온 효과(Pygmalion effect)'의 연구 이후, 교사의 기대와 가치가 학생과의 상호작용과 성취 결과에 영향을 미친다는 사실은 이미 알려진 바다. 이에 로렌스-라이트풋(Lawrence-Lightfoot)은 교사를 '편견을 가진 심판관(judges of deviance)'으로 부르기도 한다(Lightfoot, 1983). 특정 인종이나 국가 혹은 낮은 사회경제적 수준에 따라 낮은 기대감을 갖거나 부정적인 태도를 보이는 것은 그 집단에 대한 부정적 편견에 기초한 것이다. 교사들은 모든 인종과 다양한 집단의 학생에게 동일한 수준의 긍정적인 기대감을 갖고 있는지 자신을 점검해야 한다. 만약 자신이 가진 편견을 깨닫게 되었다면 왜 그런 편견을 갖게 되었는지를 성찰하는 것도 중요하다. 또한 세계시민 의식이 자기 자신을 기반으로 하거나, 특정 단체, 자기 자신이 속한 국가의 이익을 우선시하고 있지는 않는지 점검할 필요가 있다. 특히 개발도상국의 문제를 시혜의 관점에서 접근하지 않으며, 자국의 이익을 지나치게 강조하지 않도록 해야 한다. 진정한 세계시민은 국적을 초월하여 인간 생명에 대한 존중과 지구의 모든 생물과 자연의 아름다움을 포용해야 한다. 메리필드(Merryfield et al, 1997)는 교사들이 세계적 시각을 갖추기 위해 자신의 정체감과 문화적 유산 그리고 다른 문화권 사람들과의 과거 경험 그리고 지역과 세계에서 누리는 자신들의 특권에 대해 깊이 생각할 수 있는 자기 연구(Self-knowledge)를 제안하고 있다. 덧붙여 교사의 문화 간 경험이나 문화교류 기술의 연마 등을 통해서 지속적으로 교사 자신이 세계시민으로의 가치관과 태도를 점검하여야 한다.

5) 일상적이고 가까운 것부터 시작하기

세계시민으로서 산다는 것은 민주적 제도 안에서 스스로의 권리와 책임을 자각하며 행동하는 것을 의미한다. 단순히 여러 문제와 쟁점을 아는 것에 머무는 것이 아니라 창조적인 대안을 제시하며 행동해야 한다. 특히 세계시민교육에 있어서 아동들이 문제해결을 위해 행동하게 하고 행동할 수 있는 기회와 수단을 제공하는 일은 매우 중요한 일이다. 종이 절약을 위한 작은 노력에서부터 중국 사막에 나무 심기 운동에 참여하기, 전기 절약하기, 빈곤아동을 돕기 위한 성금하기, 빼빼로데이에 빼빼로 대신 친구 이름으로 기부하기 등 다양한 형태로 실천할 수 있도록 안내해야 한다. 일회성으로 그치지 않기 위하여 지속적으로 소식을 전해주는 일도 필요하다. 가장 일반적인 참여로 '모금'에 참여하는 경우가 있다. 모금참여 시 '우리와 그들'로 나누고, 그들보다 나은 우리의 우월감이 동기가 되는 실천이어서는 안 된다. 또한 돈으로 문제를 해결할 수 있다는 사고를 갖지 않도록 주의하여야 한다. 이러한 문제점을 피하기 위해선 근본적인 원인과 해결법에 대한 비판적 사고와 자기 성찰적 접근이 필요하다.

세계시민교육의 지향점이 세계가 서로 의존하여 공존하고 있는 하나의 사회라는 인식을 갖고 인류가 처한 여러 문제를 인식하고 대안을 모색하고자 하는 것이다. 최근 세계시민교육은 점차 세계시민의식과 이를 해결하기 위한 참여를 강조하고 있다. 이러한 경향은 과거의 다문화교육이나 국제이해교육에 비해 세계시민으로서 살아가는 자질, 즉 세계시민성의 육성에 초점을 두고 있다는 점에서도 잘 드러나고 있다. 즉, 세계시민교육은 가치관의 변화를 수반하며, 나아가 이를 실천하려는 태도를 기르는 데 그 핵심이 있으며, 그림책은 이러한 측면에서 아동을 대상으로 한 세계시민교육에서 매우 효과적인 매체라고 할 것이다.

지금까지 그림책을 통한 세계시민교육의 개념, 목표와 내용에 대해 살펴보았다. 이어서 세계시민교육을 문화간이해, 인권, 평화, 환경, 국제협력의 부분으로 나누어 그 개념을 정리해 보고, 그림책을 활용한 교육의 목표와 내용 그리고 구체적인 활동방법을 알아보도록 하겠다. 이를 위해 각 주제와 관련된 그림책을 소개하고 그림책을 활용한 교육활동의 예를 제시하였다.

Part 2

그림책을 활용한 세계시민교육의 실제

chapter 05

세계시민 문화간이해교육

1. 문화간이해

1) 국제이해교육과 문화간이해교육

문화간이해교육(cross-cultural awareness)은 각기 다른 인종과 성, 언어, 계층 등을 이해하고 존중하도록 유도하여 아동과 그 가족의 삶을 긍정적으로 변화시킴으로써 다양한 문화의 세계에서 아동이 공동의 목표를 향해 생활하고, 의사소통하는 지식, 태도, 기술을 가질 수 있도록 준비하는 교육이다(Bennett, 2007).

문화간이해교육은 1964년 런던에서 개최된 제1차 유네스코 총회에서부터 주창된 국제이해교육에 뿌리를 두고 발전한 개념이다. 유네스코의 국제이해교육 내용은 다음과 같이 세 가지로 요약해 볼 수 있다(강순원 외, 2003). 첫째, 세계화 시대는 국경이 무력해지며 지구 전체가 하나의 생활권으로 서로 연결되는 지구적 사회화(global socialization) 현상이 나타나므로, 세계화의 구조와 성격, 상호연관성에 대한 교육을 강화해야 한다. 둘째, 세계화 시대에 국제이해교육은 함께 살기 위해서(living together) 해결해야 할 문제(issue)가 무엇인지를 밝혀 주고, 이 문제들을 해결하려면 어떠한 가치의식(value consciousness)과 태도(attitude)를 가져야 할 것인지를 교육해야 한다. 셋째로 세계화 시대가 삶에 미치는 중요한 변화는 다문화사회(multicultural societies)의 형성이므로, 다문화사회에서 함께 사는 세계시민을 육성하기 위해서는 타문화에 대한 이해교육을 대대적으로 실시해야 한다.

2) 유네스코 문화다양성협약

국제이해교육에서 있어서 '문화간이해교육'의 대두는 매우 중요한 의미가 있다고 할 수 있다. 국제이해교육에서 타문화에 대한 이해가 중심적인 역할을 담당하는 영역으로 자리를 잡게 된 것은 유네스코가 1990년대 초부터 문화다양성의 원칙을 제시하면서 다양한 문화를 유지 · 발전시키며, 함께 사는 공동체를 만들어야 한다고 강조해 온 것이 중요한 계기가 되었다.

2001년 제31차 유네스코 총회에서 채택된 문화다양성협약에는 이러한 부분이 잘 나타나 있다. 이를 살펴보면 다음과 같다.

'문화다양성협약(Protection and Promotion of the Diversity of Cultural Expressions)' 제31차 유네스코 총회(2001)

제1조: 문화다양성

인류의 공동 유산 문화는 시간과 공간을 초월하여 다양하게 나타난다. 이러한 다양성은 인류를 구성하는 집단과 사회의 정체성과 독창성을 구현한다. 생물다양성이 자연에 필수불가결한 요소인 것처럼 문화다양성은 인류에게 교류, 혁신, 창조성의 근원으로 작용한다. 그런 의미에서 문화다양성은 인류의 공동 유산이며 현재와 미래 세대를 위한 혜택으로써 인식되고 보장되어야 한다.

제3조: 발전을 위한 요소로서의 문화다양성

문화다양성은 모든 이에게 개방된 선택의 범위를 넓혀 준다. 발전을 위한 근간 중에 하나인 문화다양성은, 단지 경제성장의 관점이 아니라 좀 더 충분한 지적 · 감성적 · 윤리적 · 정신적 존재를 위한 수단으로 이해되어야 한다.

제10조: 범지구적 창조 및 보급 역량의 강화

현재 문화상품 및 서비스는 교역과 유통에 있어 불균형을 직면하여 모든 국가, 특히 개발도상국과 전환기에 있는 국가들을 대상으로 국제협력과 연대를 강화하여 국가적 · 국제적으로 생존력 있고 경쟁력 있는 문화산업을 설립하는 것이 필요하다.

유네스코의 문화다양성은 무엇보다 여러 종족 집단이 가진 언어문화가 소멸하지 않도록 보호하는 것과 또 여러 집단 간의 이질적 문화가 충돌하지 않도록 대화와 협력을 해 나감으로써 유지됨을 포함하는 개념이다. 이후 유네스코 문화다양성 관점은 세계적 관점에서의 문화 관련 교육에 기본적 관점으로 수용되었다.

한편, 우리나라에서 세계적 차원의 문화적 다양성이란 개념이 사용되기 시작했던 것은 1990년대 문민정부가 시작되면서 세계화가 강조되고 이것이 정부의 교육 개혁안에 반영되어, 일선 학교현장에서는 '국제이해교육(global education, international education, education for international understanding)' 이라는 이름으로 다문화이해교육이 함께 시행되면서부터였다.

3) 문화간이해교육의 개념 구분

(1) 다문화교육, 국제이해교육과 세계시민교육에서 본 문화간이해교육

문화간이해교육이란 용어는 급격한 세계화의 흐름에 따른 우리 사회의 변화에 따라 대두된 것으로서 아직 그 개념이 합의되지 않은 상태다. 더구나 기존에 교육현장에서 주로 이루어져 왔던 다문화교육(multicultural education)이 반편견교육, 국제이해교육, 세계이해교육 등과 혼용되어 온 것이 사실이다.

하지만 이러한 용어상의 혼란을 굳이 부정적으로 볼 필요는 없을 것이다. '문화간이해교육' 의 개념의 전제는 고정된 개념이 아니라 유동적이고 가변적이기 때문이다. 이는 '문화간이해교육'의 개념이 바라보는 시각이나 강조점에 따라 발전 · 파생될 수 있음을 의미한다. 혼용되고 있는 이 용어들에 대해 좀 더 자세히 살펴보자.

다문화교육은 '한 국가 내' 에서 존재하는 다양한 문화적 차이나 갈등을 해소하기 위해 여러 문화를 존중하는 교육을 통해 더불어 잘 사는 것을 목적으로 한다.

한편, 국제이해교육에 있어서 자주 언급되는 타문화에 대한 이해는 타지역의 사람들이나 그들의 문화에 대한 이해 증진을 목표로 한다고 볼 수 있다. '국가 간'의 경계를 인정한 상태에서 인류평화를 위해 서로의 오해와 갈등을 줄이기 위하여 '이해'를 중요시한다.

서로 다른 배경으로 출발한 다문화교육과 국제이해교육은 그 목적과 교육내용에서도 차이를 보인다. 이에 대해 뱅크스(Banks, 1994)는 다문화교육은 동일 국가 내에서의 다양성(diversity), 평등(equity), 정의(justice)에 초점을 맞추고 있고, 국제이해교육은 세계적인 차원에서 이들 주제들에 대해 초점을 맞추고 있다고 하였다.

다문화교육은 한 사회 내 다양성을 인정하는 다양한 관점의 증진을 중요하게 여기고, 국제이해교육은 타 지역에 사는 사람이나 그들의 문화에 대한 이해 증진을 토대로 세계 여러 나라 사람들과의 상호관련성을 이해하는 것에 초점이 있다고 할 수 있을 것이다.

한편, 세계시민교육에서의 문화간이해교육은 보다 확장된 개념으로 국가 간의 경계를 넘어서서 전 세계인에 대해 공동체적인 시각을 갖고 세계인으로 함께 살아가는 삶을 살도록 돕는 교육(김현덕, 2000)이라고 할 수 있다.

(2) 다문화교육과 문화간이해교육

다문화교육의 시작은 원래 미국과 같은 다민족국가에서 여러 민족 간의 갈등 해소와 동질성 강조를 위해 시작되었다고 할 수 있다. 다문화교육의 첫걸음은 보통 문화적 충격으로 시작된다. 낯선 것을 만나면서 자신을 돌이켜보고, 익숙한 것을 낯설게 보는 것이다.

이에 비해 세계시민교육에서의 문화간이해는 세계적인 차원에서 다양한 문화를 이해하고 존중함을 갖도록 하여, 이를 통해 세계문화의 개념을 갖고 세계시민으로서의 의식과 실천을 하는 것을 중심 내용으로 하고 있다고 할 것이다.

한편, 다문화교육의 개념 역시 점점 발전하고 있다. 초기에 단일 국가 내에서의 타문화에 대한 이해와 수용을 강조하던 것에서 발전하여 최근에는 점점 세계시민으로서 공동체적 인식을 기반으로 나아가고 있다. 그 대표적인 학자가 베넷(Bennett)으로 그는 다문화교육의 핵심가치를 세계공동체에 대한 책임, 지구에 대한 존중, 문화적 다양성 인정, 인간 존엄성과 보편적 인권으로 두고, 이를 달성하기 위한 다문화교육의 목표를 학생들의 이해, 행동, 가치관 태도 등을 개발하는 것에 초점을 두고 제안하였다(Bennett, 2007).

이 점들을 고려할 때 다문화교육 역시 세계시민교육의 관점에서 문화간교육으로 접근할 것으로 판단된다.

최근 유치원이나 학교에서 이루어지고 있는 다문화교육은 다문화 배경을 가진 이들에게 한국어 교육과 한국 문화에 대한 이해를 통해 한국 사회에 잘 적응하는 준한국인을 만드는 것을 기본 원칙으로 하는 경우가 많다고 할 수 있다(정영근, 2000: 1-20). 하지만 이것은 자칫 문화 간의 상호존중보다는 특정 문화로의 흡수라는 일방성의 우려가 많아, 세계시민으로서 평화롭게 공존하는 것을 추구하는 문화간이해교육으로의 정립이 필요하다 할 것이다.

(3) 반편견교육과 문화간이해교육

유아교육현장에서 문화간이해교육과 밀접한 연관을 가지고 있었던 것은 반편견교육(anti-bais education)이다. 반편견(anti-bias)이란 편견에 대응하여 이해하고 수용하는 능력을 길러 주는 것이다.

김영옥(2002)은 반편견교육이란 공정하지 못하고 한 쪽으로 기울어지거나 치우친 생각 및 어떤 사물에 대한 싫어함, 두려움을 통해 나타나는 견해나 경향을 극소화하는 교육으로, 자신의 정체감에 대해 긍정적으로 생각하기, 다양성을 가진 사람과 편안하고 감정이입적인 상호작용을 하도록 촉진하기, 편견에 대한 비판적 사고 기르기, 편견에 대하여 행동하기 등이 포함된다고 하였다.

반편견교육은 다민족 국가인 미국의 다양한 사회 · 문화적 편견을 배경으로 제기된 교육 접근 방식으로서(박찬옥, 1998) 미국의 심각한 사회문제인 인종편견에 대한 관심에서 시작되었다고 할 수 있다. 기존의 다문화교육이 성, 인종, 다른 문화적 집단 등과 관련된 다른 문화에 대한 긍정적인 태도를 기르는 데 목적이 있다고 할 때, 반편견교육과정(anti-bias curriculum)은 다문화교육의 긍정적인 의미를 포함하며 더 나아가 다문화교육과정이 변질되기 쉬운 관광적 교육과정(tourist curriculum)을 경계하는 개념을 포함하는 것이었다(Derman-sparks & The Task Force, 1989; 김혜연, 1997: 220-237에서 재인용). 여기서 관광적 교육과정이란 음식, 전통의상, 가정용품과 같은 문화유물이나 축하 행사를 통해 문화를 배우고, 이를 통해 타문화에 대한 흥미를 강조함으로써 마치 여행자가 타국을 이해하듯이 이국적인 내용을 강조하는 것을 의미한다.

반편견 교육은 타민족 문화나 인종만에 국한하지 않고 한 국가, 사회 내에서 존재하는 모든 종교, 성별, 능력, 사회계층, 직업을 포괄한다는 측면에서 문화간이해교육과는 차별점을 지닌다고 할 수 있다.

하지만 반편견교육이 아동의 고정관념, 편견, 차별적 행동에 관심을 기울인다면, 문화간이해교육은 다른 나라에 대한 문화적 정보를 제공함으로써 자신과 타인의 것이 내용과 본질 면에서 어떻게 다른가에 대해 경험을 풍부하게 한다. 이를 이해하고, 이들과 소통하려는 태도를 기름으로써 함께 살아가기 위한 노력에 관심이 있다고 할 수 있다.

(4) 사회교과영역과 문화간이해교육

문화간이해교육은 학교교육현장에서 사회과교육과 밀접한 연관을 가진다. 미국 NCSS(The National Council for the Social Studies)에 의하면 사회교육의 주요한 목적은 상호 의존적인 세계 안에서 문화적으로 다양하고 민주적인 사회의 시민으로서 공공선을 위해 지식 있고 이성적인 능력을 계발하도록 돕는 것이라고 하였다(NCSS, 1993: 213-223).

우리의 경우, 교육인적자원부(2007a)에서 펴낸 『교사와 유아를 위한 유아사회교육 활동자료』에서는 유아사회교육의 목표를 NCSS의 관점에 기초하여 ① 개인적인 발달, ② 사회적 시민능력, ③ 사회적 지식 습득, ④ 다양성에 대한 이해와 존중, ⑤ 세계적 시민의식으로 설정하고 있다. 이들 중 세계시민교육에서 문화간교육과 밀접한 연관이 있는 것은 '다양성에 대한 이해와 존중' '세계적 시민의식' 부분이라고 할 수 있다.

이 부분만 자세히 살펴보면 '다양성에 대한 이해와 존중'은 사회교육을 통해 사회적 · 문화적으로 다양한 사회에서 어울려 살 수 있는 태도를 기르고, 서로 다른 생각과 신체적인 차이 그리고 다른 행동 등에 대한 이해를 증진시키는 데 목표를 두는 것이다.

또한 '세계적 시민의식'은 유아들이 세계시민으로서의 감각을 발달시켜 나갈 수 있도록 돕는 것에 목표를 둔다.

한편, 유아를 대상으로 한 우리나라 누리과정에 의하면, 사회관계영역은 자신을 존중하고 다른 사람과 더불어 생활하는 능력과 태도를 기르는 것에 목표를 두는데, 이에 따른 다섯 가지 하위 목표 중, 특히 '우리 동네, 우리나라, 다른 나라에 관심을 가진다' 부분이 문화간이해교육과 밀접한 관계를 가진다고 할 것이다(교육과학기술부, 2013).

이처럼 유아사회교육의 중요한 목표가 '유아가 사회생활을 성공적으로 해 나가기 위해서 필요한 적절한 지식, 기술, 태도를 발달시켜 나가도록 하는 것'이라고 할 때, 유아를 둘러싼 사회가 전 지구적 차원으로 확대된 현대사회에서 세계적 시민교육과 문화간이해교육은 유아사회교육의 중요한 영역으로 점점 자리매김하게 될 것으로 보인다.

우리의 경우, 초등학교 이상의 사회과에서 문화간이해교육을 실시하기 위해서 교사가 기울일 수 있는 노력에 대해서는, 유네스코 아시아 · 태평양 국제이해교육원에서 언급한 국제이해교육을 사회과에서 실시하기 위한 교사제언 부분(강순원 외, 2003)에 잘 나와 있다. 이를 정리해 보면 다음과 같다.

첫째, 세계 문제 또는 문화를 개별적으로 가르치기보다 세계문제 간의 상호연계성, 문화 간 상호관련성에 초점을 맞추어 가르치도록 한다. 둘째, 최근 국제적인 쟁점, 문화간 갈등 등에 대한 역사적 유래를 찾아본다. 셋째, 세계 문제 및 문화를 아동 개개인의 일상생활과 연결시켜 본다. 마지막으로 문화 간 차이를 인내하고 인정하도록 가르친다 등이다.

2. 세계시민교육과 문화간이해

1) 문화간이해교육의 필요성

우리나라의 경우 최근 국제적 · 인적 교류가 날로 확대되어 2011년 체류 외국인이 140만 명에 이르게 되었다(통계청, 2013). 이는 한국 사회가 다인종, 다문화 사회로 급속히 진전하고 있음을 보여 주는 것으로, 갈수록 증대되는 국제교류활동과 함께 문화간이해교육의 필요성을 말해 주고 있다.

우리나라는 역사적으로 단일민족이라는 자부심을 강조해 왔다. 하지만 이것은 역으로 국제결혼가정 자녀들에게는 한국인으로서 정체성을 갖기 힘들게 하는 요인이 되고 있다. 정두용, 신은숙, 정득진(2000)은 국내에 거주하는 외국인 이주민들에 대한 문제를 다룰 때 한국 사회가 문화의 단일화 및 획일화에서 벗어나 자기의 문화적 정체성을 지키면서도 타문화를 받아들여 문화의 다원화와 다양화를 추구할 필요가 있다고 지적하였다.

다문화교육은 문화의 유사성과 차이점에 대한 이해가 나타나기 시작하는 만 2세부터 시작해야 한다고 많은 학자가 주장하였다. 실제 유아기의 자기중심적 사고라는 발달 특성으로 인해 자신의 문화잣대로 다른 문화를 판단하는 자기문화중심주의의 기초가 형성될 수 있으므로, 유아기에 다양한 문화를 이해하고 존중할 수 있는 교육이 필요하다고 할 것이다.

또한 유아기는 자신의 생김새, 성, 인종 등 사람과 사람 사이의 차이점에 대해서 인식하는 시기이며, 이러한 인식을 기초로 하여 다문화교육을 실시하는 데 가장 적절한 시기다(김영옥, 1997).

또한 이숙재, 장영희, 김혜실, 김정화(1999: 95-110)는 다문화교육을 통하여 인종적 태도나 행동을 바람직하게 발달시킬 수 있는데, 다른 인종에 대한 긍정적인 연상과 의미부여의 기회를 제공하는 것, 특히 다문화 도서 등을 활용한 다양한 인종과 민족집단으로부터 긍정적 대리 경험의 기회를 제공하는 것 등이 의미가 있다고 보았다.

이러한 연구들은 문화간이해교육이 어린 연령인 유아기부터 이루어져야 하며, 가치관의 형성 시기에 있는 아동기에 세계 여러 나라 문화에 대한 이해를 높이고 다른 문화를 존중하는 태도를 신장시키는 것이 매우 중요하다는 점을 뒷받침하는 것이라고 할 것이다.

2) 문화간이해교육의 목표

문화간이해의 기본 전제인 타문화에 대한 수용성의 획득은 다른 문화를 열린 마음으로 수용하려는 태도에 대한 훈련을 필요로 하는데(정두용 외, 2000: 376), 이러한 문화학습 능력 역시 배우고 익혀서 향상시킬 수 있다는 믿음이 문화간이해교육의 기본 전제라고 할 수 있다.

유네스코 아시아 · 태평양 국제이해교육원(2003)에 의하면, 문화간이해교육은 다문화사회에서 함께 살아가면서, 다른 사람들이 나와는 전혀 다른 관점을 가질 수 있다는 것을 이해하는 것이 중요하다. 다양한 문화에 대한 객관적 학습을 통해 자신의 문화는 물론 타문화에 대한 통찰력

을 얻을 수 있다. 유네스코 아시아 · 태평양 국제이해교육원에서 제시한 문화간이해교육의 목표를 지식, 기능, 가치로 나누어 옮기면 다음과 같다(강순원 외, 2003).

❃ 지식

- 자신의 문화 외에 적어도 한 가지 이상의 타문화에 대해 알고 이해할 수 있다.
- 세계의 주요 지리와 문화에 대해 일반적인 지식을 갖고, 이들의 통합 · 분리와 관련된 이유와 과제에 대해서 이해할 수 있다.
- 다른 문화권의 구성원들이 세상을 다른 관점에서 본다는 것을 알고 이해할 수 있다.
- 문화가 변한다는 사실을 알고 이해할 수 있다.
- 모든 문화를 연관시키는 보편성이 있다는 것을 알고 이해할 수 있다.
- 한 가지 이상의 문화적 정체성을 가질 수 있다는 것을 알고 이해할 수 있다.
- 문화와 의사소통이 밀접하게 관련되어 있다는 것을 알고 이해할 수 있다.
- 문화가 국경을 넘는다는 것을 알고 이해할 수 있다.
- 문화가 지리와 역사로부터 영향을 받는다는 것을 알고 이해할 수 있다.

❃ 기능

- 문화의 주요 사건과 동향을 분석 · 평가할 수 있다.

- 세계의 여러 문화를 분석하고, 이들이 자신의 생활과 관련을 맺고 있다는 것을 인정할 수 있다.
- 문화의 다양한 관점을 비교하고 이들을 이해할 수 있다.
- 타문화 사이의 공통성과 다양성을 조사한다.
- 타문화를 왜곡하지 않고, 그 문화권의 사람들이 만족할 만한 방법으로 그들의 관심, 입장, 가치관을 말할 수 있다.

✽ 가치 · 참여(실천, 행동적 목표)

- 타문화 학습을 중요하게 여긴다.
- 문화의 다양성을 적당히 인내한다.
- 타문화권의 사람과 의사소통하는 방법을 찾으려고 노력한다.
- 보편적 인권에 대한 가치를 중요하게 여기고 이를 행동으로 나타낸다.
- 타문화권에서 온 사람들을 만나고 그들에게서 배운다.

한편, 김영옥(2002)은 유아를 위한 다문화교육의 목표를 다음과 같이 제시하였다.

- 각 가정, 사회 집단, 국가에는 다양한 문화와 가치, 태도 및 행위가 있다.
- 지구상에는 다양한 구성원이 모두 함께 살고 있다.
- 지구상의 다양한 구성원들은 모두 공통점을 가지고 있다.
- 지구상의 다양한 구성원들은 고유한 특성을 지니고 있다.
- 우리는 공동체 사회를 위해 함께 노력하고 협력한다.

또한 김영옥(2002)은 목표에 따른 하위 영역을 지식, 기술, 태도 세 가지로 나누어 제시하였다. 지식 영역은 타문화 및 국가를 이해하고 세계 문제에 대한 관심과 인식을 갖는 것이며, 기술 영역은 조사, 비교, 분류, 해석 등 자료 처리, 의사소통, 창의적 문제해결력을, 태도 영역은 타문화에 대한 친밀 관심, 수용 그리고 참여의식을 갖는 것이다.

앞에서 제시한 목표를 참고로 하여 세계시민교육의 문화간이해교육의 목표를 지식, 기능, 가치 · 참여 세 영역으로 구분하여 제시하면 다음과 같다.

여기서 유아 수준과 초등 수준의 구분은 우리나라 누리과정과 초 · 중등학교 사회교과교육을 참조하였다. 누리과정의 경우 사회관계 영역에서 '세계 여러 문화에 관심 가지기' 부분에 문화간이해교육에 해당된다고 할 수 있다. 이는 '세계 여러 나라에 대해 관심을 갖고, 서로 협력해야 함을 안다.' 와 '다양한 인종과 문화를 알아보고 존중한다.' 로 세분화된다(교육과학기술부, 2013).

한편, 초등학교의 경우 저학년 통합교과인 '슬기로운 생활' 에서 '활동 중심의 ~하기(알아보기, 재어 보기, 놀이하기 등)' 로 활동을 통해 개념을 이해하는 것으로 발전하였다가, 초등학교 중 · 고학년이 되면서 '사회' 교과서에서 실재로 사실, 개념 등을 직접적으로 탐구하는 형태로 나타나는 것을 참조(교육인적자원부, 2007c)하였음을 밝힌다.

✻ 유아수준

가. 지식

① 자신의 문화 외에 타문화나 국가에 대해 알고 이해할 수 있다.

② 세계 문화의 여러 현상과 갈등에 대해 관심을 가진다.

나. 기능

① 타문화 사이의 공통성과 다양성을 조사할 수 있다.

② 타문화를 왜곡하지 않고 그들의 관심, 입장, 가치관을 말할 수 있다.

③ 타문화와 관련한 주요 사건들에 대해 조사, 정리할 수 있다.

다. 가치 · 참여

① 타문화 학습을 중요하게 여긴다.

② 타문화에 대해 친밀감, 관심, 수용하려는 자세를 갖는다.

③ 타문화권의 사람과 의사소통하는 방법을 찾으려고 노력한다.

④ 타문화권의 사람과 혹은 타문화와 적극적으로 만나고 협력한다.

✽ 초등수준

가. 지식

① 세계의 주요 지리와 문화에 대해 지식을 갖고 이들의 통합 분리에 대한 배경지식을 갖는다.

② 다른 문화권의 구성원들이 세계를 다른 관점에서 본다는 것을 알고 이해한다.

③ 문화가 변한다는 사실을 알고 이해할 수 있다.

④ 모든 문화는 연관시키는 보편성이 있다는 것을 알고 이해할 수 있다.

⑤ 한 가지 이상의 문화적 정체성을 가질 수 있다는 것을 알고

이해할 수 있다.

⑥ 문화와 의사소통이 밀접하게 관련되어 있다는 것을 알고 이해할 수 있다.

⑦ 문화가 국경을 넘는다는 것을 알고 이해할 수 있다.

⑧ 문화가 지리와 역사로부터 영향을 받는다는 것을 알고 이해할 수 있다.

나. 기능

① 세계의 여러 문화를 분석하고, 이들이 자신의 생활과 관련을 맺고 있다는 것을 인정할 수 있다.

② 문화의 다양한 관점을 비교하고 이들을 이해할 수 있다.

③ 타문화를 왜곡하지 않고, 그 문화권의 사람들이 만족할 만한 방법으로 그들의 관심, 입장, 가치관을 말할 수 있다.

다. 가치 · 참여

① 문화의 다양성을 내가 불편하더라도 인내하고 받아들이려고 한다.

② 문화적 차이를 떠나 보편적 인권에 대한 가치를 중요하게 여기고 이를 행동으로 나타낸다.

3) 문화간이해교육의 내용

아시아 · 태평양 유네스코 교육위원회에서 제시한 '문화간이해(Cross-Cultural Awareness)'에 대한 그 구체적인 설명은 다음과 같다(김신일 외, 2001).

첫째, '문화 다양성(Diversity of Cultures and Values)' 영역에서는 세계에는 자신들과는 다른 여러 다양한 문화와 가치관이 있고, 이것은 그들의 전통과 경험, 역사에 깊은 뿌리를 내리고 있다는 관점을 다룬다. 예컨대 이슬람 국가의 여성들이 외출 시 차도르라는 베일을 쓰는 것 같이, 특이해 보이는 이들의 관습도 전통과 역사적인 뿌리에 기인하므로 인정하고 존중한다는 것이다.

둘째, '문화 비교(Comparison of Diverse Cultures and Values)' 영역에는 여러 문화를 상호 비교하여 공통점과 차이점을 찾아내고 세계문화에는 공통점이 많이 존재한다는 점을 발견하는 내용이 포함된다. 예를 들면 새해를 기념하는 것은 어느 문화나 비슷하지만 그 시기에 있어서 중동지역 이란은 1월 1일이 아니라 봄의 시작인 3월 21일이라는 점을 통해 보편성과 차이성을 확인하는 것이다.

셋째, '타문화 관점에서 자기 문화 조망(Perception of One's Own Culture From Other Vantage Points)' 영역에는 자기 문화를 올바르게 이해할 수 있도록 타인이나 타문화의 입장에서 자기 문화를 조망하는 내용이 포함된다.

넷째, '문화 간 상호작용과 세계문화 형성(Connections and Borrowing of Cultures and Contributions of a Great Variety of Cultures to World Culture)' 영역에서는 세계 역사상 문화 간의 접촉, 교환, 상호의존 현상이 끊임없이 있었고 이를 통해 오늘날의 세계문화가 형성된다는 내용을 포괄한다. 특히 모든 문화는 세계문화 형성에 기여한다는 점을 강조하여야 한다. 예를 들면 스파게티는 몇백 년 전 마르코 폴로가 중국에서 가져온 국수가 이태리식으로 변형되었다가 국제적인 음식으로 되었다. 이러한 사실은 문화 간 상호작용과 그 결과를 보여 주는 사례라 할 수 있다.

다섯째, 타문화를 수용하는 자세로는 '문화상대주의(Cultural Relativism)'적인 관점을 강조한다. 즉, 문화에는 우열이 없으며, 모든 문화는 그 문화 자체의 논리에 따라 그 문화의 맥락에서 이해되어야 한다는 것이다. 즉, 흔히 경제적으로 미발전한 나라라고 생각되는 아프리카의 문화도 가치가 있고, 그 존재를 인정해야 한다는 것이다. '자문화중심주의(문화적 국수주의)'나 자신의 문화는 열등하고 무조건 선진국의 문화만 선호하는 '타문화중심주의(문화적 사대주의)' 적인 관점들을 거부한다.

여섯째, '전통 및 자기 문화의 보전과 재발견(Conservation and Rediscovery of the Traditions of One's Own Culture)'이다. 세계화적 관점이란 세계문화가 획일적으로 되는 것이 아니라 문화의 고유성 자체가 세계문화를 풍요롭게 하고, 열린 다양성을 통하여 발전한다고 보는 것이며 이를 통해 우리의 문화를 보는 것이다.

이와 같은 내용은 문화간이해교육이 문화다양성의 인정과 문화정체성의 확립을 바탕으로 이루어짐을 의미하는 것이다. 다시 말해, 문화간이해교육이 다른 나라 문화를 이해하고 인정하는 학습뿐 아니라 타인의 관점에서 세상을 바라보며, 다른 나라 사람들도 우리와 똑같은 욕구와 필요를 가지고 있음을 인정하는 세계적 시각에 대한 교육도 포함됨을 의미한다고 할 것이다.

4) 세계시민교육 관점에서의 문화간이해교육의 학습방법

(1) 접근 방법

문화간이해교육은 세계시민교육의 중심을 차지한다. 그것은 타문화에 대한 접근과 교육이 학생들의 흥미를 유발하는 데 유용하기 때문이기도 하지만, 무엇보다 세계화와 함께 우리 사회가 점점 다문화사회로 변하고 있기 때문이다. 정보사회에 들어서면서 멀티미디어의 연결과 초고속 정보통신망의 확산으로 인해서 어떤 민족이나 공동체도 더 이상 고립하여 독자적으로 존재할 수 없게 되었다. 따라서 다른 문화에 대한 이해는 자기 나라, 자기 문화를 이해하는데도 필수적으로 요구되고 있다. 이는 문화 간의 상호교류를 통해서 다른 문화를 이해해 감으로써 공통문화 영역을 확대해 나가는 것을 의미한다. 또한 문화는 삶의 양식이고 사고방식의 체제이기 때문에 상대주의적 관점에서 이해되어야 한다.

문화간이해교육은 이러한 문화의 속성을 이해하여 문화갈등을 극복하고 다양한 문화에 대한 정체성을 올바로 인식하고 이를 실천하려는 교육이다.

최근에는 이러한 문화적 다양성에 대한 인식이 태도나 가치의 측면에서 더 나아가 개인이 갖춰야 할 역량으로까지 인식되기도 한다. 피터슨(Peterson, 2004)은 이를 '문화지능'이라고 하였는데, 자신과 교류하는 상대의 문화적인 가치 기준과 태도에 적절하게 반응하여 행동할 수 있는 능력이라고 할 수 있다.

그렇다면 세계시민교육의 입장에서 문화간이해교육의 접근 방법은 어떻게 되어야 할 것인가? 세계시민교육이 세계 상호 관련성의 입장에서 이에 대응할 수 있는 지식, 기술, 가치를 습득하는 과정이라고 할 때 문화간이해교육은 지역별 국가 차원이 아닌 세계를 단위로 문화를 생각한다. 또한 다양성과 문화적 상대주의를 인정함과 동시에, 더 나아가 평화로운 세계문화를 만들기 위한 실천에 기여할 수 있어야 한다.

한편, 이러한 세계시민교육에서 문화간이해교육은 과정 중심 통합적 방법을 통해 전 지구적 차원의 상호연관성을 이해하는 것이 효과적이라고 할 것이다.

또한 세계 문제가 나의 문제임을 인식하는 것이 세계시민의 첫걸음인 것처럼(김현숙, 2006), 다문화와 관련된 내용에 대해 자신의 삶의 가치를 표현하고 이를 변화시키는 것까지를 교육과정에 포함해야 한다.

(2) 교수-학습 방법

김영옥(2002)은 유아를 위한 다문화교육의 교수-학습 단계를 여섯 가지로 설정하였는데 이는 다음과 같다.

- 보고 듣고 경험하기
- 타문화에 대해 친밀감 느끼기
- 타문화에 대해 편안함 갖기
- 연계성 느끼기
- 공감/감정 이입하기
- 인식과 행위를 통합하기

이러한 교수-학습 단계는 문화간교육에도 그대로 적용될 수 있다 할 것이다. 한편, 문화간이해교육은 그림책을 매체로 한 수업에서 매우 효과적으로 수행할 수 있다고 할 수 있다. 그림책은 타문화를 간접적으로 이해하는 데 매우 적합하다. 또한 그림책 읽기 과정에서 흔히 일어나는 주인공에 공감하고 감정이입하기라는 문학적 행위는 타문화에 대한 친밀감과 편안함을 갖도록 하는 데 도움을 주며, 나의 문화와 타문화에 대한 연계성을 느끼도록 하기 때문이다.

문화간이해교육을 실시할 때 경계해야 할 부분이 있다. 정형화(stereotyped)와 관광주의(tourism)다. 문화란 고정되어 있는 것이 아니라 항상 변화하고 발전하는 것이다. 정형화란 고정된 시선으로 타문화를 접근하여 다양성보다는 또 다른 정형화의 오류를 범함을 의미한다.

한 권의 그림책이 그 문화나 나라에 관한 모든 것을 알려 줄 수는 없다. 그러므로 다양한 주제의 책, 같은 주제를 다루는 여러 책을 함께 읽으면서 각 작품이 가지는 세계관의 차이를 비교해 볼 수 있도록 도와야 한다(김영옥, 1997).

한편, 타문화 이해 관련 교육에서 또 하나 경계해야 할 것은 '관광주의'다. 관광주의란 마치 그 나라에 관광객이 경험하는 시선으로 그 나라를 소개하거나 접근하는 것이다. 예를 들어, 교육현장에서 타문화를 소개할 때 대부분 그 나라의 전통 의상이나 가옥, 축제같은 민속적인 요소들을 알려 준다. 하지만 이러한 것들은 그 나라의 일부분을 단편적으로 소개하는 것으로, 자칫 타문화에 대한 그릇된 선입견을 주는 원인이 될 수 있다. 이러한 관광주의를 피하기 위해서 존스와 더만 스팍크스(Jones & Derman-Sparks, 1992)는 8가지 지침을 제공하고 있다.

- 문화적 활동을 유아와 그 가족이 연계한다.
- 문화적 양식은 민족 집단의 모든 구성원에게 영향을 주며 가족은 그들 나름대로의 문화를 형성함을 기억한다.
- 문화적 활동을 구체적으로 일상생활과 연계한다.
- "모든 사람은 고유한 문화를 가지고 있다."는 원리하에 문화적 다양성을 탐색한다.
- 문화적 다양성은 유아와 관계된 빈번하고, 구체적이며 직접적인 경험을 통해 교실 안의 일상생활과 관련되어야 한다.
- 유아와 대화할 때 '교실에서 하는 것만이 옳다.'는 입장은 피한다.
- 사람들의 차이점을 통해 유사점을 탐색한다.
- 교실 안의 유아와 교사 사이의 문화적 다양성에서 시작한다.

교사들은 이러한 내용을 참고하여 수업에서 관점의 오류를 범하지 않도록 주의를 기울여야 한다.

(3) 문화간이해교육(문화다양성)과 문화정체성 문제

문화적 다양성을 인식하는 데 있어 자신의 문화정체성에 대한 인식이 중요하다고 할 수 있다. 피터슨(2004)은 앞에서 언급한 문화 지능에서 가장 기본적인 것으로 자기 자신의 문화 유형을 인식할 필요가 있다고 하였다. 그리하여 다른 문화를 접하게 되는 상황에서 자신과 다른 문화를 비교할 수 있고, 이를 통해 자신의 행동을 적절히 바꿀 수 있게 되는 것이다.

문화간이해를 위한 교육을 실시할 때 가장 어려운 점은 보편적 가치관과 문화상대주의적 가치관 사이의 갈등을 해결하는 문제다. 모든 문화는 시대와 사회에 따라 다르고 특정 시대와 특정 인간집단에 속하는 것이기에 절대적이거나 영구 보편적인 것은 아니라는 문화상대주의적 가치관은 세계에는 국가나 문화의 종류에 상관없이 누구나가 추구해야 하는 보편적인 가치관이 있다는 관점과 늘 갈등관계에 놓이게 된다.

이러한 갈등은 각 문화의 정체성과 관계되는 가치를 모두 인정하되, 이 가치가 인권, 자유, 평화, 생명, 평등 등 절대적이고 보편적인 가치관에 위배하지 않는다는 가치의 위계화를 통해 해결해야 할 것이다.

3. 그림책 속 문화간이해

1) 문화간이해교육과 그림책

문화간이해교육을 위한 도서를 선정하는 기준은 다음과 같다.[1]

(1) 다문화 도서의 다양한 유형 알기

글로벌 이슈를 다룬 많은 책은 다문화 도서로 분류되고 있다. 사실

---

1) 다음의 선정 기준은 글로벌 아동문학의 선정 기준에 관한 문헌(Freeman & Lehman, 2001)뿐 아니라 다문화 도서의 선정 기준을 제시한 자료들(Bishop, 1992; Steiner, 2001)을 참고하여 소개한 것이다.

'다문화 도서' 라는 용어는 매우 다양한 성격의 책들을 포괄하는 '우산'과 같은 용어(Bishop, 1992: 44)다. 다문화 도서는 다양한 문화뿐 아니라 다양한 장르와 다양한 집필 목적, 다양한 시점(point of view) 등을 모두 담고 있다.

그림책으로 그려진 다문화 도서는 장르 면에서도 전래동화, 정보책, 픽션, 전기, 시, 판타지를 포함한다. 그래서 다문화 그림책의 성격과 다양한 종류를 잘 알고 있을 때 교사들은 자신의 교육 목적에 맞는 그림책을 선정하기 쉬워진다. 비숍(Bishop, 1992: 44-46)은 다문화 도서의 다양한 형태를 책에 나타난 문화적 특질에 따라 다음과 같이 세 가지로 분류하였다.

① 특유한(specific) 도서

이 책은 특별한, 식별하기 쉬운 문화를 그린 것이다. 어떤 문화권에서 전래되어 내려온 이야기를 담은 옛 이야기 그림책이 대부분 여기에 들어가며, 어떤 문화의 세부적인 특징을 보여 주는 사실주의 그림책도 포함된다.

예를 들어, 파리의 배경을 담은 『마들린느와 쥐네비브』(루드비히 베멀먼즈 글 · 그림, 이성아 옮김, 시공주니어, 1994), 스위스 고산지대에서의 생활을 그린 『여름 산 아이 플루리나』(셀리나 쉰츠 글, 알로이스 카리지에 그림, 이지연 옮김, 아이세움, 2002)와 같은 책들이다.

② 일반적인(generic) 도서

이 유형의 책은 어떤 문화 집단의 인물을 그리지만 그 문화 고유의 특징은 거의 드러나지 않는 작품들이다. 다시 말해서 어떤 인종의 사람과 그 작품의 배경, 주제가 고유한 관계를 갖지 않는 것이다.

그림책의 예로는 흑인 소년이 등장하는 『눈 오는 날』(에즈라 잭 키츠 글 · 그림, 김소희 옮김, 비룡소, 1995)을 들 수 있다. 이 책은 흑인 아동이 주인공으로 등장하여 유명해지기도 하였다. 미국인의 인종 구성에서 차지하고 있는 흑인의 비율을 고려할 때 흑인 아동이 처음 그림책에 나타난 시기가 1963년이라는 것은 너무 늦은 감이 있지만, 그 그림책에서는 흑인 아동과 그 가족이 등장한다는 것 외에 흑인의 문화를 보여 주는 특질은 없다. 배경이라든가 플롯도 특별히 흑인 고유의 것을 보여 주지 않는다. 피터는 겉모습만 흑인일 뿐 전혀 흑인으로서의 다른 특성을 드러내지 않고 있다. 다시 말하여, 그 책에서 주인공이 백인 혹은 다른 인종이더라도 이야기 전개에는 별 영향이 없다는 것이다.

③ 중립적인(neutral) 도서

어떤 문화집단의 인물을 그리고 있지만 '근본적으로 어떤 다른 것'에 대한 것이다. 다시 말해 어떤 역할이나 직업 등이 어떤 인종이나 연령, 성에 제한되어 있지 않은 책이다.

예를 들면, 흑인과 백인 간에 변호사, 의사, 간호사, 순경 등 직업에서 구별 없이 역할을 고르게 그리고 있는 책이다. 정보책에 이러한 책이 많이 있으며, 다양한 인종이 골고루 제시되는 영국 DK 출판사의 『*First Dictionary*』(Betty Root 글 · 그림, Dorling Kindersley publishing, 1999)과 같은 그림 사전은 의도적으로 중립적인 도서의 성격으로 꾸며지고 있다.

(2) 인사이더에 의해 쓰여진 문헌 읽기

비숍(1992: 46-47)은 다문화 책에서 전달하는 고유한 문화적 특질에 관한 정보가 확실한 것인지를 알아보기 위해서는 그 문화권에서 사는 사람들이 쓴 책들을 읽어 볼 것을 제안한다. 한 권의 아동도서는 아무리 잘 쓰였더라도 그 문화권 전부를 보여 줄 수 없으므로 그 문화권 내의 작가들이 쓴 사실을 기반으로 한 논픽션 작품을 읽고 그 문화와 국가에서 가장 쟁점이 되는 이슈들에 대한 정확한 지식을 갖추는 것이 필요하다.

예를 들어, 인도의 신분제와 그로 인해 고통 받고 있는 어린이들에 관한 책을 읽어 줄 때에 교사가 먼저 『신도 버린 사람들』(나렌드라 자다브 글, 강수정 옮김, 김영사, 2007)을 읽어 보는 것은 매우 유익할 것이다. 이 책은 인도의 카스트 제도에도 속하지 못했던 최하층 계층인 불가촉천민, 즉 달리트 신분의 사람들의 이야기를 역시 같은 계층인 작가가 쓴 가족사다.

『집으로 가는 길』(이스미엘 베아 글, 송은주 옮김, 북스코프, 2007)은 아프리카 시애라리온의 내전으로 인하여 힙합을 좋아하는 평범한 열세 살 소년이 반군에게 붙잡혀 소년병이 되어 겪는 살육 현장 이야기와 그 상처에서 회복되는 이야기를 감동적으로 그리고 있는 책으로 전쟁의 비인도적인 참상을 교사가 이해하는 데 도움을 준다.

특정한 문화권의 이야기를 담은 그림책을 아이들에게 제공할 때 다음과 같은 점을 고려할 필요가 있다.

① 도시와 시골의 균형 이루기

현대사회에서는 어떤 나라나 문화권을 막론하고 전원이나 농촌보다

도시에서 훨씬 많은 사람이 살고 있다. 따라서 아프리카 사람들을 그린다고 할 때 시골 배경만 나타나는 것뿐 아니라 그 나라의 도시에 사는 어린이들도 그려야 한다. 그림책에서 아프리카의 초원에서 자라는 어린이들만 보여 주는 것은 우리나라의 그림책에서 시골 어린이만을 다루는 것처럼 부정확한 묘사가 될 것이다.

② 실제의 생활을 사실감 있게 묘사하기

어린이들이 다른 문화권의 사람들도 우리와 같은 상황이나 딜레마를 경험한다는 것을 아는 것이 중요하다. 그들도 우리와 같이 다양한 직업과 생활양식, 역할, 경제적인 상황 안에서 살고 있다는 것을 보여 주는 책도 필요하다.

『모로코의 이야기꾼』(테드 르윈 글 · 그림, 양령자 옮김, 미래아이, 2006)은 모로코의 아름다운 도시 페즈에 살고 있는 할아버지와 손자의 하루를 그린 책이다. 고대에 세워진 도시의 거리에서 물건을 사고파는 소란스러운 모습과 전통적인 스토리 텔러인 할아버지가 그를 둘러싼 사람들에게 이야기를 들려주는 모습은 흥미로운 대조를 보인다. 이 그림책에서는 '아잔' 이나 '무우진' 과 같은, 이슬람교도들의 기도 문화와 다양한 아랍어가 등장하기도 한다.

아직 우리말로 번역되지는 않았지만 『*Sami and the Time of Trouble*』(Heide와 Gilliland 글, Lewin 그림, Houghton Mifflin Company, 1992)은 레바논의 베이루트에 살고 있는 소년 새미의 가족이 내전의 한복판에서 살아가는 모습을 그린 그림책이다. 이 그림책은 사실적인 글과 그림으로 전쟁 중의 도시에서 살고 있는 아이들의 일상 모습과 평화를 소망하는 마음을 잔잔하게 보여 주고 있다. 전쟁으로 때론 공포스럽고 불안한 시간을 보내고 있어도 그들도 우리와 같이 사랑하고 놀이하기 좋아하고 희망을 품고 살아가는 사람들인 것을 보여 준다. 가족의 유대감은 그들에게 정서적인 안정감과 힘을 주고 소망을 가지고 살아가게 한다.

③ 하위 집단 밝히기

아메리카 인디언들이나 아프리카인, 아시아인들은 한 집단으로 묶일 수 없는 다양한 민족과 문화를 이루고 있다. 따라서 글로벌 교육을 위한 도서에서는 국가명과 지역명이 정확하게 나타나 있어야 하며, 적어도 그 이야기가 그 대륙 전체를 대표한다는 식으로는 그려지지 말아야 한다.

아프리카 대륙의 한 종족의 역사를 그린 『사라진 마을』(앤 그리팔코니 글, 카디르 넬슨 그림, 미래아이, 2006)은 노예무역이 성행하던 17~19세기의 한 아프리카 마을, 야오 부족의 이야기를 그리고 있다. 마을 할머니의 지혜로 그 부족 사람들은 노예 상인들을 따돌리고 안전하게 된다. 아프리카 노예무역의 역사뿐 아니라 야오 부족들의 마을 모습, 그들의 문화를 볼 수 있다.

④ 과거와 현재의 균형 이루기

어떤 지역의 과거 모습과 현재 모습을 보여 주는 책을 골고루 포함해야 한다. 어떤 국가의 정치적 · 사회적 격변은 불과 수년 만에 그 나라의 모습을 완전히 바꾸어 놓기도 한다. 몇 년 전까지만 해도 평화롭던 나라가 전쟁의 소용돌이에 휘말리게 되어 아름답던 거리가 폐허가 되고 전국토에서 난민의 행렬이 줄을 잇기도 한다.

수단에서 일어난 내전으로 국경을 넘어 난민의 신세가 된 『잃어버린 아이들』(메리 윌리엄스 글, 그레고리 크리스티 그림, 사계절, 2006)은 현재 아프리카의 난민 문제와 그것을 위한 국제적인 노력을 보여 주고 있다. 아프간의 어느 마을의 과거와 현재를 그린 『세상에서 가장 아름다운 나의 마을』(고바야시 유타카 글 · 그림, 미래아이, 2003)도 전쟁으로 인해 마을과 공동체가 파괴되어 가는 모습을 보여 준다. 과일을 따서 장에 내다 파는 아름다운 파구만 마을 사람들의 일상은 평화롭지만 전쟁터에서 돌아온 다리 잃은 아저씨와 전쟁터에 나간 형을 기다리는 가족들의 모습은 이곳이 전쟁터와 멀지 않은 곳이라는 것을 암시한다. 마지막 장면을 펼친 독자들은 폭격으로 인해 졸지에 폐허가 되어 텅 비어 버린 파구만 마을의 모습에 의해 충격을 받게 된다.

⑤ 전승문학과 창작 이야기의 균형 이루기

다문화 도서의 대부분을 차지하고 있는 전승문학은 그 문화를 알리는 중요한 자산이지만 현대 작가에 의해 쓰여진 창작 이야기도 찾아 균형을 맞출 필요가 있다. 북극 이뉴잇의 옛 이야기를 그린 『곰이 되고 싶어요』(벤트 할러 글, 스테판 프라티니 그림, 문학동네, 2004)는 원래 야니크 하스트룹 감독이 에니메이션으로 제작한 것을 그림책으로 새롭게 펴낸 것이다. 북극의 풍경과 에스키모 인들의 삶, 현대 북극 마을의 모습이 그려져 있으며 인간과 곰의 독특한 관계에 관한 그들의 문화를 엿볼 수 있다.

(3) 그림책 선정 시 유의점

① 어떤 인종이나 문화권에 대해 정형화된 모습을 보여 주는 것

1980년에 출판된 피터 스파이어의 『온 세상 사람들』(이원경 옮김, 비룡소, 2009)이라는 책은 그 당시 좋은 다문화 도서로 각광을 받았다. 이 책은 어린이를 위한 논픽션 중 기념비적인 책으로 꼽히며 세계인들이 공유하는 유사점과 함께 차이점도 부각시키고 있다. 작가는 특유의 가는 선과 수채화를 사용하여 인종, 의복, 주거지, 건축양식, 문자, 음식 등을 세밀한 그림과 간결한 글로 보여 주고 있다. 이 책은 각 문화의 고유성을 강조하고 있으나 동시에 보편성도 함축하고 있다.

그런데 이 책은 각 문화의 정형화된 모습을 보여 주고 있다는 점 때문에 비판받기도 한다. 다양한 전통의상을 소개하는 부분에서 각각 자기 나라의 전통의상을 입고 있는 사람들이 "세계 여러 곳의 사람들은 각각 다른 옷을 입습니다. 아니면 전혀 안 입지요."라고 말한다. 그러나 현대 사회에서 아직도 전통 의상을 입고 생활하는 사람은 극히 드물다는 사실은 말하고 있지 않다. 노들먼(Nodelman, 1996)은 피상적으로 각 문화를 보여 주는 것은 그들의 다양성을 알리는 데 도움을 주지 못하며 오히려 동질화의 오류를 낳는다고 주장한다.

최근 국내에서 출판된 『세계가 만일 100명의 마을이라면』(도넬라. H. 메도즈 글, 이경찬 그림, 현실과미래, 2002)이라는 그림책에서도 세계 각국의 사람들이 소개되고 있는데 그들은 모두 전통 의상과 머리 모양을 하고 있다. 그리고 그들의 행동도 브라질은 축구, 스페인은 투우 같은 식으로 정형화되어 그려지고 있다.

② 부정확한 정보를 전달하는 것

이것은 어떤 문화권 밖의 사람이 그 문화를 그릴 때 종종 일어날 수 있는 문제다. 예를 들어, 한국 문화를 보여 주는 책으로 『*The Korean Cinderella*』(Shirley Climo 글, Ruth Heller 그림, Harper Trophy, 1996)라는 책이 있다. 그런데 이 그림책에 그려진 황소와 개구리, 여자의 외모와 의상은 한국적인 이미지라고 보기 힘들다.

『*Trip back home*』(Janet Wong 글, Bo Jia 그림, Harcourt Children's Books, 2000)은 중국 이민자 아버지와 한국 이민자 어머니 사이에서 태어난 미국인인 자네트 웡(Janet Wong)이 글을 쓰고 중국에서 태어나 미국으로 이민한 중국계 화가인 보 지아(Bo Jia)가 그림을 그린 작품이다. 웡은 어머니를 따라 한국 외할머니댁을 방문한 기억을 되살려 이 책을 썼다고 한다. 그러나 글작가와 그림 작가의 배경 때문인지 이 작품 속의 화투는 카드 같이 그려졌으며, 대문과 대문 위에 걸린 목어는 한국적이기보다 중국적인 분위기를 풍긴다.

③ 본질화시키기

본질화(essentializing)란 어떤 인종이나 문화 집단이 선천적으로 비슷하다는 생각이다. 예를 들어, 흑인이나 유대인은 그들의 집단이 모두 공유하고 있는 어떤 특징 때문에 다른 인종들에게서 그들을 식별할 수 있다고 가정하는 것이다. 그러나 본질화는 부정적인 정형화뿐 아니라 긍정적인 정형화에서도 개인이나 하위 집단의 차이나 성장, 변화의 가능성을 부정하는 데 사용될 수 있다.

예를 들어, 미국 사회의 주류를 이루는 백인들은 아메리카 원주민들을

자연 환경과 완전한 조화를 이루며 사는 자로서 낭만적으로 그리는 경향이 있다. 그 가장 좋은 예가 『시애틀 추장』(수잔 제퍼스 글 · 그림, 최권행 옮김, 한마당, 2004)이라는 그림책이다. 이 책은 미국의 대표적인 아동문학 서평지인 『*The Horn Book Magazine*』과 『*School Library Journal*』에서 아주 높게 평가되었으며 'American Booksellers Association'에서 주는 최고의 상도 수상하였다.

그러나 동시에 이 책은 북서 태평양의 수콰미시 부족과 그 지역의 식물과 동물을 부정확하게 그린 것으로 인해 혹독하게 비판 받아 왔다. 노들먼(1996)은 그의 책 『어린이 문학의 즐거움 *The Pleasures of Chldren's Literature*』(김서정 옮김, 시공주니어)에서 미국 인디언의 목소리가 어떻게 백인 작가에 의해 왜곡되었는지를 자세히 밝히고 있다. 이 책은 1850년 미국 북서부 수콰미시족 추장과 두와미시족 추장인 시애틀 혹은 실트가 평화 협정을 맺으면서 했던 연설을 아동용으로 만든 그림책이다. 그 연설에는 "땅은 인간에게 속해 있지 않다. 인간이 땅에 속해 있다."는 근사한 선언이 들어 있다. 이 말은 환경주의자들에게 많은 영감을 준 것으로 유명해졌다. 그러나 실제로 시애틀 추장이 그런 말을 한 적은 없었다고 한다. 그 말은 1970년 시나리오 작가인 테드 페리(Ted Perry)가 TV환경 프로그램을 만들며 쓴 것이다. 페리가 자기 텍스트의 기본으로 삼은 것은 1880년대에 나온 보고서였는데, 그 보고서 자체도 시애틀이 30년 전에 말하였는지조차 불분명한 것을 재구성한 것이었다. 페리는 시애틀의 말을 재구성함으로써 시애틀과 그 부족의 가치관을 더욱 고귀한 것으로 만들었고 그들과 현대 환경주의와의 관계를 실제 상황보다 더 조화로운 것으로 만들었다.

또한 하드(Hade, 1997: 117-118)는 이 책이 유럽 아메리카인들에게 보내는 아메리카 원주민의 메시지라고 지적하며 제퍼스(Jeffers)의 그림이 그들을 왜곡했다고 비판했다. 그 책의 그림은 아메리카 원주민의 문화의 특수성과 거의 관계가 없다는 것이다. 제퍼스는 원주민의 이미지를 환경에 대해 책임감이 있는 존재로서 그렸는데 이것은 원주민의 책임과 유럽 아메리카인들의 무책임을 대조시켜 놓은 것이다. 다시 말해, 그 책은 사실상 원주민의 문화에 대한 것이 아니라 환경적 책임감에 대한 의미를 전달하기 위한 상징으로 원주민을 사용한 것이다.

배경의 그림을 자세히 보면 망아지와 원추형 천막이 있는 평원이 나타난다. 이것은 마치 아메리카 대륙 전체를 묘사하는 것 같다. 더 중요한 것은 시애틀 추장의 연설이 그가 속한 북서 아메리카에 살던 원주민 집단이 아니라 모든 아메리카 원주민 집단의 가치관과 철학을 반영하는 것처럼 그려진 것이다. 이것은 각기 다른 집단의 다양한 구성원들이 모두 똑같다고 주장하는 '본질화시키기'와 다른 문화권의 사람에 의해 어떤 문화나 집단의 구성원이 왜곡되게 묘사되는 '전유(appropriation)'의 좋은 예다.

한편, 노들먼(1996)은 다문화 아동문학을 평가하는 기준을 제시하면서 등장인물에 대해 언급했는데, 이는 특히 번역 그림책을 볼 때 참고하면 유용할 것으로 생각된다. 그는 등장인물들에 대해 신체적(물리적) 다양성을 반영했는가, 고정관념을 탈피했는가, 등장인물이 백인(여기서는 미국을 기준)의 도움이나 개입 없이도 문제를 해결했는가, 백인이 아닌 등장인물도 백인과 동등하게 묘사되었는가, 작가가 백인이 아닌 등장인물들을 지나치게 영웅시하거나 과장하지 않았는가 등을 살펴보는 것이 필요하다고 하였다.

2) 문화간이해 관련 그림책

문화간이해교육에 관련된 그림책은 크게 네 가지로 분류될 수 있다.

- 문화적 다양성(각국의 전통문화, 각 민족의 문화 소개)
- 문화 간 비교(두 문화 이상 비교)
- 타문화 수용, 타문화 관점에서 자기 문화 조망(문화적 상대주의 수용)
- 문화 간 상호작용과 세계문화 형성(전 인류의 유산으로서 세계문화유산)

우리나라에서 출판된 문화간이해교육에 관한 그림책을 검토한 결과, 다음과 같은 경향을 볼 수 있었다. 첫째, 문화적 다양성을 다룬 책이 다수를 차지했다. 둘째, 장르에 따라 픽션과 논픽션이 비슷한 수로 나타났고, 전래동화는 있었으나 시는 없었다. 셋째, 주제별 분류에 따르면 각 나라의 문화를 소개함으로써 문화적 다양성을 느낄 수 있는 책이 압도적으로 많았다. 넷째, 문화 간 비교의 책이 다음으로 많았으며, 타문화 수용이나 세계문화 형성과 관련된 책은 적었다. 다섯째, 특히 문화적 상대주의에 대한 가치관에 대해 다루거나 언급하는 책은 극소수였다. 여섯째, 최근 문화적 다양성과 관련한 책을 다루는 나라나 소재가 점점 더 세분화되고, 다양화되는 것을 알 수 있다. 따라서 앞으로 타문화 수용과 문화 간의 갈등, 세계화의 측면에서 문화를 접근하는 그림책이 보다 많이 출간될 필요가 있다고 할 것이다.

문화간이해에 관한 그림책(부록 참조)은 총 300여 권을 가려 뽑아 정리하였다. 실제 국내에서 번역 출판된 각국의 전래동화, 세계 민족이나 각국의 생활 모습이 담긴 책을 모두 모으면 문화간이해를 다룬 그림책의 종수는 훨씬 늘어난다. 그러나 이 책에서는 전래동화의 경우 국내에 소개된 적이 많지 않은 민족이나 국가의 이야기를 담은 책을, 타문화를 담은 책으로는 그 문화적 현상이 책의 주제나 배경, 소재 등을 통해 뚜렷이 부각되는 경우만을 선별하였다.

또한 문화간이해 도서를 구분한 소주제는 앞에서 제시한 대로 다음과 같이 네 가지로 구분하였다.

첫째, 문화적 다양성(각국의 전통문화, 각 민족의 문화 소개)을 다룬 책

둘째, 문화 간 비교(두 문화 이상 비교 혹은 세계시민교육의 입장에서 각 문화 소개)를 다룬 책

셋째, 타문화 수용, 타문화 관점에서 자기 문화를 조망하거나 문화적 정체성을 다룬 책(문화적 상대주의 수용)

넷째, 문화 간 상호작용과 세계문화 형성(전 인류의 유산으로서 세계문화유산) 등이다.

문화간이해에 관한 책들을 소주제별로 살펴보면 각 나라의 문화를 소개함으로써 문화적 다양성을 느낄 수 있는 책이 압도적으로 많았다. 다음으로는 두 문화 이상의 문화 간 비교를 담은 책이 많았으며, 상대적으로 타문화 수용이나 세계문화 형성을 다룬 책은 적었다. 특히, 글로벌 관점에서 세계 공통의 문화 형성과 문화 상호간의 관련성을 다룬 책은 극소수

였다. 따라서 앞으로 타문화 수용과 이에 대한 갈등, 세계화의 측면에서 문화를 접근하는 그림책이 보다 많이 출간될 필요가 있다. 또한 현재 조사된 문화간이해를 다룬 그림책은 90%가 외국 번역서이고 국내 창작물이 적었다. 국내 그림책계의 문화간이해에 대한 폭넓은 관심을 촉구하여 다양한 문화간이해 관련 그림책의 창작 활성화를 꾀할 필요가 있다.

한 가지 고무적인 것은 비록 외국 번역물 중심이긴 하지만, 최근 출간되고 있는 문화간이해를 다룬 그림책을 보면, 소재면에서 다루는 나라가 다양해지고 세분화되고 있으며, 주제의 폭이 점점 더 확대되고 있다는 것이다. 이러한 주제와 소재의 다양성은 유아 대상 그림책에서 특히 필요하다. 타인에 대한 조망능력이 충분히 발달하지 못한 유아기에 타문화에 대해 생각해 보고, 그들을 이해하려는 태도를 기르는 것은 쉽지 않은 일이다. 따라서 유아의 이해 수준에 적합하고 쉽게 감정을 이입할 수 있는 그림책이 다양하게 출간될 필요가 있을 것이다.

한편, 문화간이해를 다룬 책 중 교육자료로 활용하기에 용이하고 책으로서 완성도도 높은 책 20종을 골라 좀 더 상세히 소개하도록 하겠다. 이것을 표로 정리하면 다음과 같다(〈표 5-1〉 참조).

한편, 실제 문화적 다양성 부분에서 각 나라의 문화를 다룬 것은 종류도 많고 많은 비중을 차지한다. 하지만 여기서는 2종만을 뽑았는데, 굳이 여기서 소개하지 않아도 독자들이 쉽게 접하고 가려낼 수 있으리라 판단하였기 때문이다. 여기서 뽑은 2종의 경우도 타문화 속에서의 전통문화 계승 혹은 크리스마스라는 세계적으로 공유되고 있는 소재를 특정 나라에서는 어떻게 보내는지 다룸으로써 독자로 하여금 문화적 다양성의 관점으로 접근할 수 있는 것으로 선별하였다.

〈표 5-1〉 대표적인 문화간이해 관련 그림책

주 제	서 명	글/그림	출판사
문화적 다양성	할머니의 조각보	페트리샤 폴라코 글 · 그림	미래M&B
	크리스마스까지 아홉 밤	마리 홀 예츠, 오로라 라바스티다 글, 마리 홀 예츠 그림	비룡소
문화 간 비교	가면 쓰고 춤춰요	국립한경대 디자인 학부 글, 김삼현 그림	보림
	동그란 지구의 하루	안노 미쓰마사 외 8명 글 · 그림	아이세움
	얘들아, 학교 가자	안 부앵 글, 상드린 · 알랭 모레노 사진, 오렐리아 프롱티 그림	푸른 숲
	이븐 바투타의 세계 여행	제임스 럼포트 글 · 그림	풀빛
	펠릭스의 세계 여행	아테네 랑엔 글, 콘스탄 차드로프 그림	아가월드
타문화 수용, 문화 정체성	할아버지의 긴 여행	앨런 세이 글 · 그림	마루벌
	마들렌카	피터 시스 글 · 그림	베틀북
	내 이름이 담긴 병	최양숙 글 · 그림	마루벌
	아프리카에도 곰이 있을까요?	사토미 이치카와 글 · 그림	크레용하우스
	이모의 결혼식	신현경 글 · 그림	비룡소
	사람놀이	키무라 유이치 글, 초 신타 그림	시공사
	내가 라면을 먹을 때	하세가와 요시후미 글 · 그림	고래이야기
문화 간 상호 작용과 세계 문화 형성	함께 걷는 길	김서정 글, 한성옥 그림	웅진주니어
	까만 나라 노란 추장	강무홍 글, 한수임 그림	웅진주니어
	믿음이 태어나는 성지	필레몬 스터지스 글, 자일스 라로슈 그림	문학동네어린이
	세상을 잇는 다리	필레몬 스터지스 글, 자일스 라로슈 그림	문학동네어린이
	현대 세계를 움직이는 문자	패트리샤 실바 글, 알렉산드로 발단치 그림	예원미디어
	정말 그런 인종이 있을까?	실비안 론칼리아 글, 크리스티아나 체레티 그림	서광사

(1) 문화적 다양성

할머니의 조각보

- 소주제: 문화적 다양성
- 글작가: 페트리샤 폴라코
- 그림작가: 페트리샤 폴라코
- 역자: 이지유
- 출판사: 미래M&B
- 출판연도: 1998년, 2003년(국내 초판)
- 연령: 유치 이상
- 장르: 픽션

이 작품은 문화가 어떻게 세대를 거쳐 전해지고 시대를 가로질러 계승되는지를 할머니의 조각보를 통해 보여 준다. 특히 미국으로 이민 간 러시아 가족을 통해 전통이라는 것이 결국 마음속에 흐르는 것임을 느끼게 해 준다. 또한 낯선 문화 환경에서도 민족의 고유문화를 세대와 세대를 연결하는 끈으로써 유지시켜 나가는 모습을 통해, 문화의 소중한 가치를 모두가 공감하는 쉽고 따뜻한 이야기 속에 담아 전달한다.

크리스마스까지 아홉 밤

- 소주제: 문화적 다양성
- 글작가: 마리 홀 예츠, 오로라 라바스티다
- 그림작가: 마리 홀 예츠
- 역자: 최리을
- 출판사: 비룡소
- 출판연도: 2002년(국내 초판)
- 연령: 유치 이상
- 장르: 픽션

크리스마스를 맞기 9일 전부터 이루어지는 멕시코의 축제 포사다와 전통적인 피냐타 놀이는 다른 문화권의 크리스마스 보내기를 흥미롭게 보여 준다. 생애 처음 포사다를 맞는 어린 소녀 세시의 크리스마스 전야의 기대와 설렘이 생생하게 그려져 있어 우리에게는 다소 익숙하지 않은 멕시코의 크리스마스 문화가 전혀 낯설다는 느낌이 없이 전달된다. 책을 읽다 보면, 어린 주인공 소녀에게 자연스럽게 공감함으로써 그들의 문화를 가깝게 느끼게 한다. 칼데콧 상 수상작이기도 하다.

(2) 문화 간 비교

가면 쓰고 춤춰요

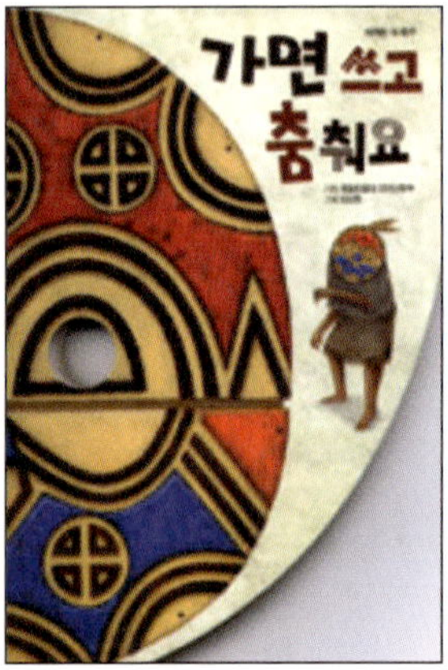

- 소주제: 문화 간 비교
- 글작가: 국립한경대 디자인학부
- 그림작가: 김삼현
- 출판사: 보림
- 출판연도: 2006년
- 연령: 유아 이상
- 장르: 논픽션

여러 나라의 인사말과 가면이 소개되어 있고, 가면에 얽힌 이야기가 간략하게 소개되어 홍미를 돋운다. 다양한 나라의 문화가 인사와 가면이라는 공통성으로 묶여 친숙하게 다가온다. 가면 그림 안에 동그랗게 구멍을 뚫어 아이들이 책을 가면처럼 쓰고 여러 나라의 인사말을 해 볼 수 있다. 낯선 문화, 낯선 말이지만 책을 통해 다양한 문화에 대한 이해를 폭을 넓히는 기회를 제공한다.

동그란 지구의 하루

- 소주제: 문화 간 비교
- 글작가: 안노 미쓰마사 외 8명
- 그림작가: 안노 미쓰마사 외 8명
- 역자: 김난주
- 출판사 : 아이세움
- 출판연도: 1986년, 2004년(국내 초판)
- 연령: 유치 이상
- 장르: 논픽션

안노 미쓰마사를 비롯하여 에릭 칼, 하야시 아키코 등 8개 나라의 세계 작가들이 1월을 기점으로 같은 시각에 어떤 일을 할까를 그림책 장면에 담아 보여 주고 있다. 나라에 따라 말, 시간, 계절이 다르지만, 사는 모습은 결국 같다는 것을 알게 된다. 또한 같은 시각 세계 여러 나라에서 일어나는 다양한 문화를 책을 통해 접함으로써 문화적 차이와 다양성을 경험할 수 있다.

얘들아, 학교 가자

- 소주제 : 문화 간 비교
- 글작가 : 안 부앵
- 그림작가 : 상드린, 알랭 모레노 사진, 오렐리아 프롱티 그림
- 역자 : 선선
- 출판사 : 푸른숲
- 출판연도 : 2004년, 2006년(국내 초판)
- 연령 : 유치 이상
- 장르 : 초등 이상

세계의 학교 모습은 어떠할까? 또 그 안에 있는 세계 아이들의 모습은 어떠할까? 교사인 저자들이 1년 반 동안 48개의 나라를 여행하면서 찍은 따뜻한 시선의 사진들에는 학교를 통해 드러난 세계 어린이들의 삶과 이들을 둘러싼 환경이 자연스럽게 담겨 있다. 학교에서 모든 어린이가 겪는 공통 경험을 통해 다양한 문화를 비교해 볼 수 있다.

이븐 바투타의 여행

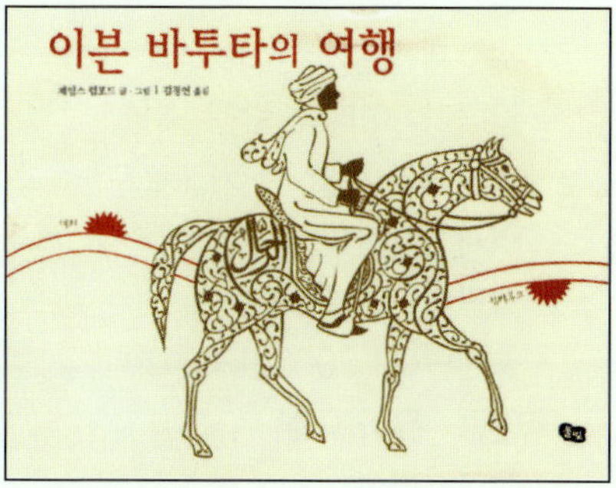

- 소주제: 문화 간 비교
- 글작가: 제임스 럼포트
- 그림작가: 제임스 럼포트
- 역자: 김경연
- 출판사: 풀빛
- 출판연도: 2001년, 2003년(국내 초판)
- 연령: 초등 이상
- 장르: 논픽션

600여 년 전, 책이 귀하던 시대에 30여 년 간의 여행 경험이 담긴 내용을 엮어 사람들에게 세상 보는 눈을 열어 주었던 이븐 바투타의 이야기다. 이 여행기를 12개국 이상의 말을 공부하고 평화봉사단에서 일했던 작가가 흥미로운 글과 그림으로 재현했다. 특히 우리에게는 낯선 이슬람 문화권을 이븐 바투타의 눈을 통해 가깝게 느끼게 한다. 동시에 여행에 대한 동경과 설렘을 심어 주는 책이다.

펠릭스의 세계 여행

- 소주제: 문화 간 비교
- 글작가: 아테네 랑엔
- 그림작가: 콘스탄 차드로프
- 역자: 이희재
- 출판사: 아가월드
- 출판연도: 2003년(국내 초판)
- 연령: 유아 이상
- 장르: 픽션

펠릭스는 독일에서 가장 사랑받는 캐릭터 인형 중의 하나다. 소피의 단짝인 펠릭스는 비행기를 잘못 타는 바람에 세계 여행을 시작하게 된다. 책 안에 부착된 편지봉투에는 세계 각지의 여행에서 겪은 에피소드와 기념품들이 담겨 있어 독자에게 설렘과 흥미를 준다. 또한 캐릭터 인형인 펠릭스가 갖는 친숙함도 더해져 어린 유아들에게 세계문화의 다양성을 소개하는 데도 활용할 수 있는 책이다.

(3) 타문화 수용, 문화정체성

할아버지의 긴 여행

- 소주제: 타문화 수용, 문화정체성
- 글작가: 앨런 세이
- 그림작가: 앨런 세이
- 역자: 엄혜숙
- 출판사: 마루벌
- 출판연도: 2003년(국내 초판)
- 연령: 초등 이상
- 장르: 픽션

일본에서 태어나 미국에서 반평생을 보내고, 다시 고향인 일본으로 돌아와 죽음을 맞이한 사람은 과연 어느 나라 사람일까? 이 책에는 일본과 미국을 동시에 사랑하고, 평생 일본인도 미국인도 아니었던 할아버지와 손자를 통해 우리나라, 우리 민족 같은 개념들이 타고난 것이 아니라 사회적 산물임을 보여 준다. 동시에 자기 민족 중심적인 생각이 때론 아집이나 편견이 아닐까 생각하도록 한다. 민족 혹은 국적에 대한 정체성 문제를 생각해 볼 수 있는 책이다. 내용은 짧고 쉽지만 책이 갖고 있는 문제의식을 충분히 공감하기 위해서는 초등 이상에서 읽는 것을 권장한다.

마들렌카

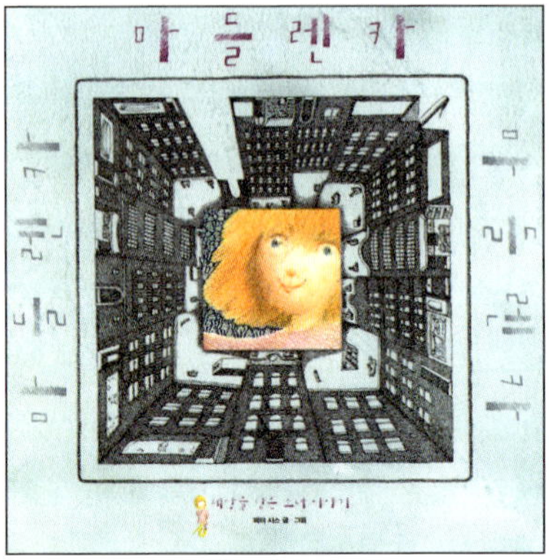

- 소주제: 타문화 수용, 문화정체성
- 글작가: 피터 시스
- 그림작가: 피터 시스
- 역자: 최윤정
- 출판사: 베틀북
- 출판연도: 2002년
- 연령: 유치 이상
- 장르: 픽션

어느 날, 마들렌카는 이가 흔들리는 것을 느낀다. 이가 빠진다는 것은 어른이 된다는 표시……. 마들렌카는 기쁨에 들떠 그 일을 자신의 성장의 징조라고 이웃에 전하러 다닌다. 그런데 마들렌카의 마을은 다양한 민족으로 이루어져 있어 마치 작은 지구촌 마을 같다. 마들렌카가 사는 마을로 전 지구를 상징적으로 설정하고, 결국 이러한 다양성을 하나로 묶는 것은 어린이, 성장, 인간애 등 인간 공통의 문제, 기쁨 같은 것이라는 작가의 시각이 잘 드러나 있다.

내 이름이 담긴 병

- 소주제 : 타문화 수용, 문화정체성
- 글작가 : 최양숙
- 그림작가 : 최양숙
- 역자 : 이명희
- 출판사 : 마루벌
- 출판연도 : 2002년(국내 초판)
- 연령 : 유치 이상
- 장르 : 픽션

한국에서 미국으로 전학 간 은혜. 반 친구들은 은혜라는 이름을 제대로 발음조차 하지 못한다. 은혜는 자신을 이름을 멋진 미국식 이름으로 바꿀 것을 결심하고, 반 친구들은 조그만 유리병에 자신이 좋아하는 이름을 적어서 넣어 준다. "내가 적어 준 이름을 선택해."라는 부탁과 함께……. 다문화적 환경에서 자신의 정체성에 대한 고민과 갈등을 아이들의 수준에서 잘 그린 수작이다. 글로벌 환경에서 앞으로 점점 더 많은 아이들이 겪을 문제일 것이다.

아프리카에도 곰이 있을까요?

- 소주제: 타문화 수용, 문화정체성
- 글작가: 사토미 이치카와
- 그림작가: 사토미 이치카와
- 역자: 사과나무
- 출판사: 크레용하우스
- 출판연도: 2000년(국내 초판)
- 연령: 유아 이상
- 장르: 픽션

아프리카에 사는 트위가는 어느 날 여행 온 여자 아이와 곰 인형을 보게 된다. 곰 인형은 트위가를 비롯한 아프리카에 사는 모든 동물이 신기하기만 하다. 잃어버린 곰 인형을 여자 아이에게 전해 주기 위해 애쓰는 트위가. 둘 사이에는 짧은 만남이지만 우정이 싹튼다. 곰 인형이 실제 동물들로 가득한 곳에 나타나면 어떨까? 아프리카에서 이질적인 존재가 되어 버린 곰 인형. 하지만 더 이상한 것은 우리의 실제 생활이 살아 있는 동물보다 곰 인형이 더 익숙하는 점이 아닐까? 서로 다른 문화가 만났을 때의 상황을 어린 유아들도 흥미롭게 공감할 수 있도록 한 책이다.

이모의 결혼식

- 소주제: 타문화 수용, 문화정체성
- 글작가: 선현경
- 그림작가: 선현경
- 출판사: 비룡소
- 출판연도: 2004년
- 연령: 유치 이상
- 장르: 픽션

그리스 크레타 섬에서 치러진 이모의 결혼식을 보여 주는 책이다. 이국적인 그리스의 풍경과 더불어, 우리와는 다른 이색적인 결혼 풍습을 그리며, 외국인인 이모부를 가족으로 받아들이게 되는 아이의 심리를 섬세하게 표현하고 있다. 그리스로 가는 여정은 설렘과 즐거움을 준다. 선명하고 개성 있는 그림은 아이의 변화되는 느낌을 잘 드러낸다. 낯선 나라로의 여행, 파란 눈의 이모부를 받아들이는 과정, 비행기를 타고 가는 여행, 그리스에 도착해서 마주하는 풍경과 결혼식이 아름답게 펼쳐진다. 2004년 제10회 황금도깨비상 그림동화 부문 수상작이기도 하다.

사람놀이

- 소주제: 타문화 수용, 문화정체성
- 글작가: 키무라 유이치
- 그림작가: 초 신타
- 역자: 한수연
- 출판사: 시공사
- 출판연도: 1997년, 2006년(국내 초판)
- 연령: 유치 이상
- 장르: 픽션

동물의 눈으로 본 사람들의 세상은 어떠할까? 타문화를 접했을 때 우리가 경험하는 낯설음, 당황스러움 등이 이런 것일 것이다. 타문화를 조망하는 시각, 유아에게는 다소 어려운 관점을 동물을 통해 풍자적이면서도 쉽게 보여 주는 책이자, '우리 문화를 낯설게 보기' 경험을 할 수 있는 기회를 준다. 또한 동물들의 눈으로 평가하는 사람들 문화에 대한 시각을 확대시켜 우리 문화에 대한 비판적 시각을 갖도록 자극한다.

내가 라면을 먹을 때

- 소주제: 타문화 수용, 문화정체성
- 글작가: 하세가와 요시후미
- 그림작가: 하세가와 요시후미
- 역자: 장지현
- 출판사: 고래이야기
- 출판연도: 2007년, 2009년(국내 초판)
- 연령: 유치 이상
- 장르: 논픽션

내가 라면을 먹을 때 옆에서 고양이 방울이가 하품을 하고, 방울이가 하품을 할 때, 이웃집 미미는 텔레비전을 보고, 이웃집의 디디는 화장실에서 볼 일을 보고 있다. 또 같은 시간에 이웃나라 남자아이는 자전거를 타고, 이웃나라의 여자아이는 물을 긷고 있다는 짧고 쉬운 이야기로, 바로 이웃나라의 친구들에게 시선을 돌려 보라는 메시지를 강한 울림으로 전달하는 그림책이다. 또한 책을 보는 사이에 자연스럽게 세계시민의 시각으로 지금 현재 지구 곳곳에서 동시적으로 일어나고 있는 안타까운 현실을 보도록 이끈다.

(4) 문화 간 상호작용과 세계문화 형성

함께 걷는 길

- 소주제: 문화 간 상호작용과 세계문화 형성
- 글작가: 김서정
- 그림작가: 한성옥
- 출판사: 웅진주니어
- 출판연도: 2010년
- 연령: 유치 이상
- 장르: 논픽션

러시아 블라디보스토크에서 한국 학교로 전학 온 이리나는 낯선 학교와 아이들이 두렵다. 게다가 한국말을 못해서 점점 외톨이가 된다. 적응을 못해 급기야 옮겨간 곳이 아시아 공동체 학교다. 이곳은 카자흐스탄에서 온 안나를 비롯해 중국, 러시아, 일본 등 세계 여러 나라에서 온 아이들이 있다. 한국 속의 작은 세계인 새 학교에서 이리나는 다시 활기를 되찾는다. 실화를 통해 낯선 환경에 처한 다문화가정 아동의 마음이 생생하게 담겨 전달되는 그림책이다.

까만 나라 노란 추장

- 소주제: 문화 간 상호작용과 세계문화 형성
- 글작가: 강무홍
- 그림작가: 한수임
- 출판사: 웅진주니어
- 출판연도: 2001년
- 연령: 유치 이상
- 장르: 논픽션

아프리카의 굶주림과 우리의 삶은 아무런 관련이 없는 것일까? 자신의 삶을 던져 아프리카의 식량문제를 해결하고자 했던 한상기 박사의 전기 그림책이다. 그의 모습을 통해 진정한 인류애를 실천하는 모습에 대해 생각하는 계기를 준다. 또한 인류애를 삶으로 드러내고 실천하는 것의 중요함을 실제 모델을 통해 생생하게 보여 준다. 서로 피부색은 다르지만, 진정한 인류애를 통해 함께 소중한 가치를 일궈 나가는 모습은 잔잔한 감동을 전해 준다.

믿음이 태어나는 성지

- 소주제: 문화 간 상호작용과 세계문화 형성
- 글작가: 필레몬 스터지스
- 그림작가: 자일스 라로슈
- 역자: 김연수
- 출판사: 문학동네어린이
- 출판연도: 2000년, 2006년(국내 초판)
- 연령: 초등 이상
- 장르: 논픽션

인류의 역사와 함께 시작한 세계의 종교들을 다뤘다. 아직 우리 어린이 책에서는 잘 다루지 않는 종교를 세계 문화적 관점에서 다룬 책이다. 기독교, 불교, 이슬람교, 유대교, 힌두교 등 다양한 종교의 성스런 공간, 종교 의식 등을 그림을 통해 간결하고 쉽게 보여 주면서 설명글로 풍부한 지식을 알려 준다. 최근 세계 뉴스를 자주 장식하고 있는 세계의 갈등은 종교적 갈등으로 보이기 쉽다. 또한 같은 맥락에서 세계의 종교는 애초부터 무척 다른 것으로 인식되고 있는 것이 우리의 현실이다. 그러나 종교는 공통점이 무척 많다. 가장 대표적인 예가 세계 여러 종교에서 예루살렘을 성지로 여기고 있다는 것이다. 차이보다는 공통성을 통해 종교가 역사를 거치면서 형성된 소중한 전 인류의 문화적 자산임을 제시하고 있다.

세상을 잇는 다리

- 소주제: 문화 간 상호작용과 세계문화 형성
- 글작가: 필레몬 스터지스
- 그림작가: 자일스 라로슈
- 역자: 김연수
- 출판사: 문학동네어린이
- 출판연도: 1998년, 2006년(국내 초판)
- 연령: 유치 이상
- 장르: 논픽션

다리는 인간이 만든 가장 위대한 건축물 중 하나다. 또한 다리는 인류의 삶과 가치를 고스란히 담고 있다. 다리는 사람들의 생활과 함께 숨 쉬고 있는 가장 실용적인 건축물이기 때문이다. 오랜 역사와 전통, 당시로서는 획기적인 기술과 건축미를 자랑하는 세계 곳곳의 다리를 한자리에 모았으며, 전 인류를 잇는 가장 거대한 다리로서 무지개가 맨 마지막에 제시된다.

현대 세계를 움직이는 문자

- 소주제: 문화 간 상호작용과 세계문화 형성
- 글작가: 패트리샤 실바
- 그림작가: 알렉산드로 발단치
- 역자: 노래하는 나무
- 출판사: 예원미디어
- 출판연도: 2003년, 2005년(국내 초판)
- 연령: 초등 이상
- 장르: 논픽션

인류가 이뤄 낸 문명 중 가장 대표적인 것이 문자다. 문자는 그 형태나 구성 원리가 문명마다 다르지만, 대부분의 문명에서 발견되는 인류 문명의 주춧돌이며, 6000여 년의 인류사의 발전과 함께 발전한 세계 공통의 문화적 자산이다. 특히 이 책은 인터넷과 디지털 기술의 발달을 통해, 정보와 의사의 전달에서 시간과 공간의 제약을 뛰어넘는 현대 사회에서의 문자 구현 방식을 보여 준다. 또한 동시에 미래에 글로벌 차원에서 문자는 과연 어떻게 발전하고 나아갈 것인지를 다뤘다는 점에서 흥미롭다. 역사가 이뤄 낸 인류 문명은 지금도 우리의 삶 가까이에서 살아 움직이며, 변화 발전하고 있음을 느낄 수 있다.

정말 그런 인종이 있을까?

- 소주제 : 문화 간 상호작용과 세계문화 형성
- 글작가 : 실비아 론칼리아
- 그림작가 : 크리스티아나 체레티
- 역자 : 채윤경
- 출판사 : 서광사
- 출판연도 : 2000년, 2001년(국내 초판)
- 연령 : 초등 이상
- 장르 : 논픽션

전 세계는 참으로 다양한 요소의 총합체다. 자연환경, 문화, 종교 등과 함께 인종 역시 다양하다. 하지만 하나로 통하는 것이 있다. 그중 대표적인 것이 바로 '엄마와 아기!' 어려운 주제를 쉽고 단순하지만 글로벌 문화라는 관점에서 잘 다룬 책이다. 이탈리아 환경보호 좋은 책 수상작이다. 학교에서 인종과 국가에 대해 배우고 있는 아이의 눈높이로 이 세상에서 소중한 것은 인종이나 국가로 판단되는 것이 아님을, 사람의 생명이야말로 가장 존중받아야 하는 것임을 넌지시 깨닫게 한다. 또 하나, 이 세상이 무척 다양함에도 '엄마와 아기' 라는 공통성이 있음을 깨닫게 해 준다. 어린이야말로 편견에서 자유로울 수 있는 존재임을, 어린이의 맑은 눈으로 세상을 볼 것을 일깨우는 책이다.

4. 그림책을 활용한 문화간이해교육의 예

그림책을 활용한 문화간이해교육에 대한 프로그램은 세 단계로 내용을 구분하여 구성해 볼 수 있다. 기본적인 단계는 다양한 자료와 여러 가지 체험활동을 통해서 세계에는 여러 나라, 민족, 문화 등이 있으며, 이들은 서로 다른 언어와 종교, 생활방식 등이 다름을 이해하는 것이다.

두 번째 단계는 이러한 문화의 다양성으로 인해 문화 간의 교류가 이루짐을 알고 서로 다른 문화에 대한 이해와 수용 및 존중하는 마음을 갖게 한다. 세 번째 단계로는 세계인과 더불어 살아야 할 필요성을 깨닫고 실천에 참여하는 태도를 기르는 내용으로 구성될 수 있다.

기본적인 단계인 문화의 다양성에 대한 이해에서는 문화의 상호, 비교, 이를 통한 문화와 가치의 보편성에 대한 인식을 이끈다. 이 과정에서 유용한 방법 중의 하나는 '낯설게 하기' 다. 낯선 것을 만나면서 자신을 돌이켜보기도 하고, 익숙한 것을 낯설게 보기도 해 보는 것으로 타문화 관점에서 자기 문화를 조망하는 것도 여기에 해당된다고 할 수 있다.

다음 단계는 세계문화가 문화 간 상호작용을 통해 형성된다는 개념을 형성하는 활동들이다. 이는 보다 발전적인 단계인 타문화를 수용하려는 태도와 이에 대한 실천 혹은 참여를 위한 학습에 바탕이 될 수 있다. 가치나 참여에 대한 학습은 아동이 그룹별로 나뉘어 각자 다른 문화에 대해 탐구하여 발표하고 비교하거나, 다양한 문화를 수용하는 활동을 통해 효과적으로 시도해 볼 수 있다.

문화적 다양성

할머니의 조각보

페트리샤 폴라코 글 · 그림, 이지유 옮김, 미래 M&B, 2003

1. 학습목표
    - 나와 다른 문화의 차이를 안다.
    - 결혼, 후파 등 유태인 문화를 경험한다.
2. 대상연령: 유치 이상
3. 소요시간: 80분
4. 집단구성: 소집단(4~5명 내외)
5. 준비물: 손수건, 나무젓가락, 사인펜, 색연필, 연필, 지우개

✽ 도 입

1. 할머니나 할아버지 혹은 친척들에게서 물려받은 것이 있는지 이야기를 나눈다.
2. 집에 있는 오래된 물건에 대해 이야기해 본다.
   - 집에 있는 오래된 물건은 무엇이니?
   - 그것을 보면 어떤 느낌이 드니?

✽ 그림책 읽기

1. 표지 그림을 보면서 책 제목에 나온 할머니의 조각보는 무엇인지 말해 본다.
2. 책을 읽어 준다(한쪽씩 번갈아 가면서 읽어도 좋다).
3. 책을 읽고 나서, 이야기를 회상해 본다(유태인의 생활, 전통을 중심으로).

✽ 전 개

1. 유태인 문화와 우리 문화 비교해 본다.
   책 속에 나오는 '바부슈카' '후파' 등을 인터넷, 백과사전에서 찾아 알아본다.
2. 손수건을 가지고 후파를 만들어 본다.
   후파의 모양을 예쁘게 꾸며 나만의 후파를 만들어 본다.

✽ 마무리

우리나라 전통혼례와 유태인의 결혼식에 대해 알아보고 비교해 본다.

확장활동

『이모의 결혼식』을 보조 자료로 활용하여 다른 나라들 간의 결혼 문화에 대해 이야기해 볼 수 있다.

문화 간 비교

가면 쓰고 춤춰요

국립한경대 디자인학부 글, 김삼현 그림, 보림, 2006

1. 학습목표
   - 세계 여러 나라의 가면에 통해 다양한 문화에 관심을 갖고, 차이점도 있지만 공통점도 있음을 안다.
   - 각기 다른 나라의 가면을 이용해 다른 나라의 인사말이나 민속의상 등에 관심을 갖는다.
2. 대상연령: 유치 이상
3. 소요시간: 60분
4. 집단구성: 소집단(4~5명 내외)
5. 준비물: 책 속에 나와 있는 가면(컬러 복사를 한 다음 뒷면에 두꺼운 종

이를 붙여 가면을 만든다), 각 나라 민속 음악 CD, 민속 춤 자료 사진이나 동영상

✽ 도입

1. 책의 표지와 내지를 읽지 않고 한 장씩 넘겨 보여 주면서 각 나라마다 가면의 모양에 차이가 있음을 느껴 본다.
2. 전통 가면에 대해 이야기를 나누어 본다.
   - 우리나라 가면을 본 적이 있니?
   - 가면들은 언제 어떻게 사용하는 것일까?

✽ 그림책 읽기

1. 그림책을 읽어 준다.
2. 각 나라의 인사말을 책에 나온 대로 따라해 본다.
3. 각 나라별 가면의 차이점과 공통점을 이야기해 본다.

✽ 전개

1. 각 나라의 민속자료 경험해 보기
   - 준비한 민속 춤 자료 사진이나 동영상 등을 본다.
   - 준비한 각 나라의 음악을 들려주고 어떤 가면과 어울릴 것 같은지 이야기해 본다.

2. 가면극 해 보기

- 아동마다 원하는 나라의 가면을 고르게 한다.
- 해당하는 나라의 인사말이나 민속춤 동작을 미리 연습해 보게 한다.
- 각자 가면을 쓰고 음악에 맞추어 가면서 놀이를 하도록 한다.

✻ 마무리

책의 내용을 다시 읽어 보면서 교사가 읽으면 아동이 가면을 쓰고 공연을 하도록 한다.

확장활동

『모자 쓰고 인사해요』『가면 쓰고 어훙』 등의 책을 보조 자료로 활용하면 효과적이다. 세계 여러 나라의 모자를 쓰고 인사나 율동을 해 본다.

심화활동

심화활동: 가면에 어울리는 민속의상을 도화지에 그리고, 색칠을 하거나 색지를 오려붙여 꾸며 본다.

문화 간 비교

동그란 지구의 하루

안노 미쓰마사 외 8명 글 · 그림, 김난주 옮김, 아이세움, 2004

1. 학습목표
    - 세계 여러 나라 사람들은 새해에 특별한 의미를 둔다는 것을 이해한다.
    - 각기 다른 나라의 새해 풍습에 관심을 갖는다.
2. 대상연령: 초등 이상
3. 소요시간: 1시간 20분(80분)
4. 집단구성: 소집단(4~5명 내외)
5. 준비물: 하드보드지 1장, 각종 색지, 프린트 된 종이, 가위, 풀

✽ 도 입

1. 우리나라의 새해 첫 날에 대해 이야기를 나누어 본다.
   - 새해 첫 날을 무엇이라고 하니?
   - 우리는 새해 첫날에 무엇을 하니?
   - 너희는 설날에 무엇을 했니?

✽ 그림책 읽기

1. 책을 읽어 준다.
2. 책을 읽으면서 각 나라별 새해 첫날의 행사에 대해 알아본다.
3. 각 나라의 새해 풍습에 대해 이야기를 나눈다.
   - 여러 나라의 새해 첫날이 어떻게 다르니?
   - 새해 첫날을 지낼 때 전 세계가 같은 점은 무엇인 것 같니?
   - 왜 사람들은 새해 첫날을 기념할까? 생각해 보자.

✽ 전 개

1. 각 나라의 새해 풍습을 세계 지도에 표시해 본다.
   - 준비한 하드보드지에 세계 대륙을 그리고 책에 소개된 각 나라의 새해 풍습을 표시해 본다.
2. 우리나라의 새해 풍습과 비교해 본다.

✽ 마무리

1. 책의 내용을 읽어 보면서 각자 세계의 친구가 되어 새해 인사를 해 본다.

확장활동

『요리저리 맛있는 세계 여행』『나의 첫 세계 여행』『세계의 친구들』 등 세계 여러 나라의 문화를 보여 주는 책을 가지고 세계의 음식, 세계의 명소 등을 주제로 지도 만들기 활동을 해 볼 수 있다.

타문화 수용, 문화정체성

사람놀이

키무라 유이치 글, 초 신타 그림, 한수연 옮김, 시공주니어, 2006

1. 학습목표
   - 동물의 시선으로 사람이 사는 모습을 볼 때 어떤 생각이 들지 생각해 봄으로써 자신의 문화를 타문화의 입장에서 보는 것이 어떤 것인지 알아본다.
   - 사람이 사는 곳을 객관적인 시선으로 조망해 보고 이를 정리해 본다.
2. 대상연령: 초등 이상
3. 소요시간: 80분
4. 집단구성: 소집단(4~5명 내외)

5. 준비물: A4 용지, 연필이나 색연필 등의 필기도구

✽ 도 입

1. 동물과 사람 역할 바꾸기 놀이를 해 본다.
   - 강아지처럼 네 발로 기어가 보자.
   - 강아지처럼 소리를 내어 보자.
   - 네가 만일 강아지라면 무엇이 좋을까? 무엇이 불편할까?
   - 강아지가 사람들에게 하고 싶은 말을 무엇일까?

✽ 그림책 읽기

1. 다함께 책을 읽는다.
2. 책의 내용을 회상하며 동물들이 사람놀이를 어떻게 했는지 이야기 해 본다.
3. 책에 나오는 코끼리, 기린, 얼룩말 등 동물들이 사는 곳에 대해 이야기를 나누어 본다.

✽ 전 개

1. 서로 입장을 바꾸어 생각해 보기에 대해 이야기 나눈다.
   - 사람이 사는 곳을 동물들의 입장이 되어 생각해 보았을 때 평소에 내가 생각해 왔던 것과 다른 것이 있는지 말해 본다.
   - 사람이 사는 곳은 어떤 곳인지 함께 이야기 나누어 본다.
     "사람이 사는 곳이 좋은 점은?" "사람이 사는 곳이 나쁜 점은?"
2. A4 용지에 연필이나 색연필 등을 가지고 '나는 사람이 사는 곳을

어떤 곳이라고 생각하나요?'라는 주제로 그림을 그리고 설명 글을 붙여 본다.

✽ 마무리

1. 그림과 설명글을 붙인 내용을 친구들 앞에서 발표해 본다.
2. 내가 생각한 것과 친구들의 생각이 다른 점은 무엇인지, 또 같은 점은 무엇인지 찾아본다.

문화 간 상호작용과 세계문화 형성

정말 그런 인종이 있을까?

실비아 론칼리아 글, 크리스티아나 체레티 그림, 채윤경 옮김, 서광사, 2001

1. 학습목표
   - 인종의 개념을 알고 이를 포괄하는 인간, 인류, 사람이라는 말을 생각해 본다.
   - 인종의 개념을 알고 인종의 차이점과 인종 간의 공통점을 알아본다.
2. 대상연령: 초등 이상
3. 소요시간: 80분
4. 집단구성: 소집단(4~5명 내외)
5. 준비물: 세계 지도, 인종과 관련한 각종 사진 자료, 흑인과 백인 간

에 갈등을 다룬 신문 기사, 고대 문명의 사진(중국의 만리장성, 이집트의 피라미드, 그리스의 신전, 인도의 타지마할 등을 준비한다.)

✽ 도 입

1. 세계 지도를 펼쳐 놓고 책의 내용에 나오는 지역이 어디를 가리키는지 찾아본다.
   - "지구에는 서로 다른 곳들이 참 많다고 하셨어요. 아주아주 추워서 눈과 얼음이 영 녹지 않는 곳이 있는가 하면……." → 남극이나 북극을 찾아본다.
   - "뜨거운 햇빛이 쏟아지는 무더운 곳도 있다고 하셨어요." → 적도를 찾아본다.

✽ 그림책 읽기

1. 책을 읽어 준다.
2. 세계의 인종에 대한 기초적 지식을 공유한다.
   - 백인, 흑인이라는 말을 들어본 적이 있니?
   - 우리는 무엇이라고 불리는지 아니?
   - 사람을 이렇게 나누어 부르는 것은 무엇을 기준으로 나눈 것일까?
3. 한 국가에도 여러 인종이 있음을 이야기 나누어 본다.
   - 미국 사람 중에는 백인, 흑인, 황인이 다 있는 것을 아니?
   - 한 국가 안에 여러 인종이 산다는 것을 아니?
4. 인종에 대한 인식이 다름에 대해 생각해 본다.
   - 백인하면 떠오르는 것은 무엇이니?

• 흑인하면 떠오르는 것은 무엇이니?

• 백인과 흑인의 공통점은 무엇이니?

✽ 전 개

1. '인종'의 개념에 대해 알아본다.
   • 인터넷이나 백과사전을 검색하여 인종에 대해 조사해 본다.
   "인종이란 말을 아니?"
   "이 세상에 인종은 어떤 종류가 있을까?"
2. 인종 간의 차이점을 찾아 정리해 본다. 이때 준비한 인종과 관련한 각종 사진 자료를 활용해 본다.
3. 인종이 다르지만 '엄마와 아기' 처럼 사람들 간의 공통점이 있다면 또 무엇인지 찾아본다.

✽ 마무리

1. 인종보다 더 크게 포괄하는 개념으로서 사람, 인류, 인간 등의 말을 생각해 본다.
2. 유명한 세계의 문화 유적 사진을 보면서 그곳을 지도에서 찾아본다. 해당 지역의 사람들이 같은 인종인지 알아본다.

chapter 06

세계시민 인권교육

1. 소중한 인권

세계화와 함께 겪게 되는 문제 속에서 국제적 차원의 세계 정의구현이나 인권보호의 역할에 대한 필요성이 더욱 절실하게 되었다. 세계는 냉전시대의 종식과 함께 인권보호를 위해 국제법적 구속력을 갖거나 개개의 국가에 대해 군사적 개입도 가능하게 되었다(심현주, 2006: 148-174). 그러나 때로는 강대국이 자국의 이익 논리를 대변하며 약소국에 대해 강제적인 규제를 강요하기도 한다. 약소국의 국민은 원하지 않아도 강대국들과 정권의 이익을 위해 발발되는 불필요한 내전으로 기본적인 인권 침해를 받기도 한다. 심지어 어린이들이 무기를 들고 길거리로 나가야 하는 상황이며, 이로 인한 난민의 발생은 피할 수 없는 전 세계적인 문제다. 경제적으로 활발한 교류와 화폐를 통한 금융자본의 세계화는 중국과 같은 나라를 비롯하여 세계 국민의 1/3을 빈곤에서 구제하기도 하였으나 아프리카, 발칸반도, 코카서스, 동남아시아 일부 국가들인 소외 지역을 외면함으로써 10억 명이 넘는 사람들이 아직도 하루에 1달러 미만으로 생계를 유지하고 있다(교육과학기술부, 2008).

인권침해의 문제는 개인에 국한되지 않고 사회 갈등을 증폭시키며 그것은 때때로 심각한 인권유린을 유발하기도 한다. 새로운 문화가치의 변화 속에서 자율성과 다원성을 중심으로 하는 인권의 가치는 급부상하고 있다. 근대 국가의 와해로 인한 기존 가치의 붕괴와 함께 세계화시대의 인권사상은 그 특징이 새롭게 나타나고 있다. 예전에는 국가 대 국가의 분쟁이 많았지만 오늘날에는 국가 내 인종 간의 분쟁이나 종족 간의 분쟁 그리고 종교적 · 문화적인 분쟁이 확대되고 있다. 인종청소라는 비인간적인 행위가 세계 곳곳에서 자행되고 있는 바, 소수 인종의 보호문제는 세계가 외면할 수 없는 심각한 이슈인 것이다. UN헌장과 세계인권선언을 바탕으로 최근 체결된 시민적 · 정치적 권리에 관한 국제규약에는 소수인종 권리보호에 대한 규정 조항이 명시되어 있다. 이 밖에도 국제적 차원에서 볼 때 인권을 위협하고 침해하는 사회적인 요소는 많다. 전통적인 인습, 식민지 지배와 권위주의적인 역사적 경험, 문화적 차이와 충돌, 사회 · 정치 · 경제의 불균형 등은 직 · 간접적으로 인권 보호와 발전의 장애가 되고 있다.

결국 정치 · 경제 · 사회 · 문화간의 심각한 불균형은 상호의존성이 강한 세계화의 과정 속에서 인간의 가장 기본적인 권리인 인권에 대한 문제의식들을 야기한다. 국제인권선언이나 국제인권협약에 대한 내용 검토, 인권 증진을 위한 투쟁의 역사, 난민, 인종차별, 성차별, 문화적 편견, 자민족 중심주의, 제국주의, 차별과 평등, 생명존중 사상, 장애, 노동착취, 노숙, 교육과 문화 향유의 균등성, 자유로운 사상의 표현 존중, 종교적인 억압, 사생활 보호 등에 대한 내용은 세계화시대에 우리가 다시 한 번 점검해 보고 실천 방안을 검토해야 할 주제들이다. 이러한 주제들은 세계를 하나의 통합적 사회체제로 보고 그 속에 존재하는 인류와 국가들이 상호의존하고 있다는 의식을 통해 재조명해야 한다. 우리는 인권의식의 함양을 통해 국경을 초월한 다양한 사회적 문제들과 갈등을 해소하기 위한 효율적인 해결방법을 모색할 수 있을 것이다.

1) 인권의 정의

인권이란 인간다운 삶을 위하여 인간이라면 누구나 갖는 권리를 말한다(이삼열, 강순원, 한경구, 2003). 모든 인류는 존엄성과 평등성을 갖고 태어나며 남에게 넘겨 줄 수 없는 권리를 가지고 있다. 이 권리를 인정하는 것이야말로 세계의 자유와 평화, 정의를 지키는 기본이다.

인권은 인간다움을 지키게 하는 가장 기본적이고 필수적인 권리다. 또한 인종, 피부색, 성, 언어, 종교, 정치적 의견, 사상, 출신, 재산, 출생 및 어떠한 지위에 따른 차별 없이 인간이면 모두가 누려야 하는 보편적인 권리다. 때때로 남용되는 국가 권력의 정당성을 판단하고 그것을 제한시킬 수도 있다. 법으로 보장된 권리만을 지칭하는 것이 아니라 인간의 존엄성을 보장하는 데 반드시 필요한 권리라면 인권으로 인정될 수가 있다.

또한 인권은 보다 평등한 세계시민사회를 형성하는 데 공헌한다. 인권은 인간의 존엄성에 그 중요성을 두고 있는 가장 기본적인 가치다. 즉, 세계적인 상호의존성의 기초가 되며 인권에 대한 위협은 기타의 다른 영역에도 파급될 수가 있다.

2) 인권의 역사와 종류

인권은 1945년 UN이 설립된 이후에야 시작된 것이라 볼 수도 있다. 이것은 UN의 인권개념이 인권의 전부라 생각하는 데서 연유된 것이다. 하지만 보다 보편적인 개념에서 본다면 인권의 역사는 이보다 훨씬 이전부터 시작되었다고 할 수 있다. 고대 그리스인들은 권리나 인권을 논하지 않으면서도 시민의 권리침해라는 개념을 주시하고 있었다. 아리스토텔레스는 권리의 개념과 그것을 표현할 수 있는 언어에 관해 명시하고 있으나 이 시절에는 노예제도가 있었던 바, 현대적 의미의 인권개념을 말하기는 어려울 수 있다. 중세를 거치면서 스토아학파들은 모든 인간이 지녀야 할 자연법이 있다고 역설하였으며 르네상스 시절에는 자연적 권리보다는 시민적 권리에 더 관심이 있었다. 1689년 명예혁명 이후 휘그당은 입헌군주제 원칙과 생명권, 자유권, 재산권을 포함시켰으나 급진적 · 평등주의적 관점은 무시하였다. 1789년 프랑스 혁명은 인간(남성)과 남성의 시민 권리를 선포하였다. 근대 시민혁명이 보장한 인권은 인류의 절반인 여성의 권리를 완전히 묵살하여 완전한 인권의 완성은 어려웠다. 그 후 경제활동의 자유뿐만이 아니라 정신활동과 신체의 자유를 강화하는 것, 사회 · 경제적인 약자에 대한 배려를 통한 실질적 평등을 보장하는 것, 인민이 능력을 행사할 수 있는 능력을 계발하기 위한 교육을 실시하는 것, 압제에 대한 저항권을 인정하는 것, 직접민주주의를 실현하는 것 등을 골자로 하는 인권에 대한 구상들이 민중과 지식인

들에 의해 행해졌다. 그 결과 약자를 보호하기 위한 사회권이 인권의 영역으로 확보되었다. 현대 국가들은 노동자들을 포함한 인민에게 인간다운 생활을 보장하는 목적으로 헌법과 제도를 갖추어 노동자와 여성 모두가 참정권을 가질 수 있으며, 기본적인 생존권을 누리고 교육받을 권리, 노동의 권리를 보장받게 되었다. 현재의 인권보장 체계는 1945년 창설된 UN에서 국제평화 유지와 인권 및 기본적인 자유의 보편적인 존중을 목적으로 '세계 인권선언'을 제정하였다. 정치, 경제, 문화, 종교의 차이에도 불구하고 모든 국민과 인간이 달성해야 할 공통의 기준을 마련한 것이다. 세계인권선언에 나타나 있는 내용을 중심으로 분류하면 다음과 같다(인권운동사랑방 인권교육실, 1999).

- 제1세대 인권은 자유권 및 시민 보호권: 생명권, 인격체의 자유, 고문금지, 추방금지가 있으며 사상, 양심, 종교의 자유, 의사표현, 정보습득 및 언론의 자유가 있다. 이를 시민적 · 정치적 권리, 고전적인 인권이라 하기도 한다.
- 제2세대 인권은 경제적 · 사회적 · 문화적 권리: 평등 및 사회권에 대한 보호권이다. 노동권, 거주권, 정당한 보상에 대한 권리, 사회적 안전에 대한 자유를 보장한다.
- 제3세대 인권은 집단에 관한 권리: 집단권, 연대의 권리라 한다. 평화롭게 살 권리, 인도주의에 입각하여 재난에서 구제받을 권리, 깨끗한 환경에서 살 권리 등은 혼자만의 힘이나 한 국가만의 힘으로만 대처할 수 있는 사항이 아닌 것으로 국경을 초월한 연대와 단결을 필요로 한다.

3) 주제별 인권

인권이 추구하는 가치는 몇 가지가 있는데, 첫 번째는 생명이다. 적극적이고 긍정적인 삶을 창조하고 유지시키는 원동력이고 단순한 목숨 보존의 의미를 넘어선 진정한 생명 존중의 삶이라 하겠다. 환경파괴, 의료시설의 부족, 부적절한 보건정책 등 생명을 위협하는 문제들을 인식하고 고의적인 낙태나 사형 제도를 돌아볼 필요가 있다. 두 번째는 자유다. 세계인권선언은 '모든 인간의 삶은 자유로움에서 시작된다. 자유롭게 생각하고 표현할 수 있어야 하며 고문이나 비인도적인 처우나 처벌을 받지 말아야 하며 함부로 체포나 구금을 당하지 않아야 한다. 사생활이나 통신의 간섭을 받지 않으며 이동과 거주의 자유를 보장받아야 한다. 세 번째는 평등이다. 성별, 나이, 출신학교, 지역, 종교, 피부색, 빈부 등의 차이를 이유로 차별을 받지 않아야 한다. 기본적으로 남녀차별, 장애인차별, 인종차별뿐만 아니라 에이즈 환자 및 외국인 노동자에 대한 차별을 주목할 필요가 있다. 네 번째는 정의에 관한 것으로 사회정의와 경제정의를 위해 인권을 도모한다. 사회 구성원을 위한 자원의 재분배나 교육과 의료혜택, 사회적 약자에 대한 배려, 공정한 재판을 받을 권리, 유죄의 확정 전까지의 무죄 추정 등이다. 이 밖에도 사회적 연대 책임감의 육성과 전쟁뿐만 아니라 살아가면서 발생하는 갈등의 평화적 해결 등의 평화 추구의 가치가 있다. 사람과 사람 사이에 발생하는 사회 문제뿐만 아니라 자연과의 조화로운 삶을 추구할 가치가 있다.

4) 세계시민교육으로서의 인권

인간의 가장 기본적인 권리인 인권은 자신의 존귀함을 기본으로 타인에 대한 소중함을 함께 인식하는 것이다. 다른 사람에 대한 편견과 차별 의식을 갖지 않으며 개인, 사회, 국가적으로 자유와 평등을 구현하여 세계시민으로 성장하는 데 필요한 권리의식을 함양함으로써 함께 살아가는 태도를 배양시킬 수가 있다. 결국 더불어 살아가는 세상에서 내가 할 수 있는 일에 대한 실천이며 한 차원 높은 나를 포함한 타인에 대한 배려인 것이다.

5) 아동권리협약

제2차 세계대전을 겪고 나서 UN은 1924년의 제네바 선언을 재검토하였고, 전문과 10개 조항으로 확장된 '아동권리선언(Declaration of the Rights of the Child)'을 1959년 11월 20일 제14차 총회에서 채택하였다. 이는 아동을 인권의 주체로 인정하고 아동의 이익을 최선으로 실현하겠다는 국제적 의지의 표현이었다. 여기에는 모든 아동은 권리적 존재라는 인식이 반영되어 있고, 권리보장이라는 측면에서 특히 아동의 복지권이 강조되고 있다. 아동 모두가 행복한 생활을 하며 그 자신과 사회의 복지를 위해서 다음과 같은 권리와 자유를 향유할 수 있어야 함을 강조한다. 1989년 11월 20일 유엔총회에서는 다시 '아동의 권리에 관한 국제협약'이 만장일치로 채택되어 세계적으로 인권교육의 강화와 촉진을 실행하고 있다.

아동권리협약은 서론과 3부 54조의 전문으로 구성되어 있으며 아동의 권리보호만을 목적으로 한 국제사회 최초의 조약이다. 생존, 보호, 발달, 참여의 권리 등 어린이의 모든 권리를 보장하는 국제법인 아동권리협약은 전 세계적으로 단 2개 나라만을 제외한 191개 국가가 이 협약에 비준함으로써 범세계적이며 가장 대표적인 어린이 인권협약이다.

아동권리협약의 4대 기본권은, 첫째 생존권으로 건강, 음식, 깨끗한 물, 교육, 안전한 장소 등 생명을 유지하며 최상의 건강과 의료혜택을 받을 권리다. 둘째, 차별 대우로부터의 보호, 학대와 방임으로부터의 보호, 장애아동, 고아, 난민 아동의 보호 및 폭력, 착취, 전쟁 등으로부터의 보호권이다. 셋째, 발달권으로 아동이 신체적 · 정서적 · 도덕적 · 사회적으로 성장하는 데 필요한 평균 수준의 생활을 누릴 권리이며 정규와 비정규교육 모두를 받을 수 있는 권리다. 넷째, 참여권은 아동이 자신과 관련된 모든 일에 대해 자신의 의사를 자유롭게 표현할 수 있는 권리로서 양심과 종교의 자유, 생각, 진지하게 받아들여지는 의견을 가지는 것 등을 통해 지역사회와 문화 속에 참여할 수 있는 권리다.

2. 세계시민교육과 인권

1) 세계시민 인권교육의 필요성

세계화는 시대적 요구라는 불가피한 필요성을 제시하지만 그 이면에 정의와 인권에 대한 모순과 갈등 그리고 폭력을 낳기도 하였다. 예를 들어 경제적 세계화로 인해 하루 천 원 이하의 저소득으로 연명해 가는 절대 빈곤층이 생겨나고, 노숙, 난민, 아동노동과 이주노동자에 대한 차별 등과 같은 인권유린의 현상이 발생하고 있다. 이러한 세계화의 문제점 때문에 세계시민으로서의 인권교육에 대한 필요성은 더욱 절실해지고 있다.

인권을 보호하고 개선하는 일은 법과 제도에 관련된 부분이라고 말하겠지만, 근본적으로는 인간의 인간됨에 관한 요소이며 이는 교육을 통해서 개선될 수 있다. 인권의 가치에 대한 이해나 나의 권리가 존중되어야 하듯 다른 사람의 권리도 존중해 주어야 한다는 정신은 교육을 통해서 함양되어야 하는 부분이다. 인권교육은 진정한 의미의 민주화나 세계화를 위해서 반드시 필요하다.

2) 세계시민 인권교육의 목표

일반적인 인권교육의 목적은 인간으로 살 수 있는 방법, 인간의 존엄성을 존중하는 방법을 배우는 것으로써 자신의 삶을 주체로 세워 나갈 뿐 아니라, 타인들의 삶과 경험을 이해하고 변화시키는 데 있다(유네스코, 2000). 이를 위해 인권이 무엇인가를 알게 하고, 인권을 존중하기 위한 행동양식과 기술을 익히고, 인권을 존중하는 태도를 형성하게 해야 한다. 좀 더 세부적으로 세계시민 관점에서의 목적을 살펴보면 아동들에게 세계화에 따른 상호의존성과 책임에 대한 감각을 증진시키는 것이다. 이는 단순하게 상호의존성을 설명하거나 묘사하는 것이 아니다. 교사들은 인권과 관련된 이슈가 다른 사람의 문제가 아니라 나와 연관되어 있으며, 나의 책임이 되기도 한다는 것을 인식하고, 적절한 행동을 취하는 데까지 나아가야 할 것이다. 인권교육의 목적에 관한 구체적인 기술은 다음과 같다(교육과학기술부, 2008; 신창순, 2004; 유네스코, 2000; 인권운동사랑방, 2001; 주한수, 2005; 한국교육연구소, 2005; 한영숙, 2006).

✽ 공통 수준

가. 지식

① 인권의 의미를 안다.

② 자신의 권리를 깨닫고 타인의 권리를 존중할 수 있다.

③ 인권의 다양한 영역에 대한 구체적인 내용을 안다.

④ 국내외 인권침해 현상에 대해 이해한다.

⑤ 인권 옹호를 위한 각자의 역할에 대해 안다.

나. 기능

① 인권침해의 현상에 대해 공감한다.

② 인간의 존엄성을 위협하는 다양한 형태의 억압과 착취에 대해 비판적으로 사고할 수 있다.

다. 가치 · 참여

① 자기 스스로를 삶의 주체로 세워 나가기 위한 것으로 사람들의 삶과 경험을 이해하고 변화시킨다.

② 인간답게 살 수 있는 법, 다른 사람의 존엄성을 인정하고 존중하는 법을 배워 실천한다.

③ 인권과 존엄성을 실현하기 위해 노력한다.

④ 인권을 이해하고 인권의 가치를 행동으로 옮기도록 돕는다.

✽ 유아 수준

가. 지식

① 자신의 신체가 중요함을 알게 한다.

② 성적 학대와 폭력을 인식케 한다.

③ 빈곤, 난민, 노숙의 개념을 알게 한다.

④ 보호, 사랑과 교육을 받을 권리가 있음을 알게 한다.

⑤ 차별에 대해 안다.

나. 기능

① 차이와 차별을 구별할 수 있게 한다.

② 인권이슈에 대해 비판적으로 사고한다.

③ 인권침해를 해결하기 위한 방법을 생각한다.

다. 가치 · 참여

① 자신의 몸을 소중히 하는 방법을 실천한다.

② 장애를 가진 사람들을 배려하도록 한다.

③ 고통 받는 사람들에 대한 연민의 마음을 갖는다.

④ 모든 사람을 존중하는 마음을 갖는다.

✽ 초등 수준

가. 지식

① 집회 및 선거에 대해 안다.

② 인권의 문제가 지구촌의 문제임을 인식한다.

③ 재산과 국가의 보호에 대해 인식한다.

④ 배움과 휴식의 권리를 알 수 있다.

⑤ 장애인과 노동자에 대한 권리를 알 수 있다.

⑥ 법과 인권의 관계를 인식한다.

나. 기능

① 다른 사람의 감정과 의견을 공감하고 이해할 수 있다.

② 생명과 신체의 소중함에 대해 공감한다.

③ 함께 공동의 문제를 해결하기 위한 방법을 생각한다.

④ 인권 이슈를 비판적 · 주체적으로 판단할 수 있다.

다. 가치 · 참여

① 민주적 의사결정을 바탕으로 스스로 자율적인 자치활동을 해 나갈 수 있다.

② 인권침해를 받는 사람들을 위해 인권활동에 참여한다.

③ 인권침해 현상에 대해 다른 사람들에게 알린다.

3) 세계시민 인권교육의 내용

인권교육에 장애가 되는 것을 알파벳 'I'로 정리한 프라체(Fritzsche)는 무지(Ignorance), 무능력(Incompetence), 도구화(Instrumentalisation), 불균형(Imbalance), 무관심(Indifference), 아량 없음(Intolerance)이라고 지적하고 있다(허영식, 2000 재인용). 인권을 확보하기 위한 사실적인 지식과 의식이 부족할 뿐만 아니라, 책임을 회피하거나 무력감에 빠져 외면한다는 것이다. 또한 다른 사회나 다른 문화에서만 일어나는 일로 여기거나, 타인의 인권을 인정하지 않는 사례가 나타나기도 한다. 여섯 가지 장애를 극복하며, 원활한 인권교육을 위해 교실(상황)에서 민주주의 분위기,

즉 자신의 의견을 개진할 수 있는 허용적인 분위기와 존엄성의 존중이 이루어져야 한다. 이를 바탕으로 학습자가 인권이 보호되는 것을 경험하는 잠재적인 교육과정이 보장되어야 할 것이다. 이러한 참여의 과정으로 인권의 지식과 가치를 알고, 기법을 이용해 자신의 경험을 이해하고, 자신의 삶을 스스로 통제하도록 하며, 사람들이 가진 수동적 행동을 거부하고, 변화 지향적인 태도를 지향하도록 해야 한다. 또한 인권교육은 비맥락적이어서는 안 된다. 단지 인권에 관한 지식과 정보를 전하는 단순 교육이 아닌 현실적 상황과 맥락이 같이하는 구체적인 교육이 실행되어야 할 것이다. 이를 위해 학습자 개개인이 인권을 존중하고 신장할 수 있는 '인권 문해 능력'을 고양하는 데 중점을 두어야 한다. 기본적인 내용을 보면 다음과 같다(교육과학기술부, 2008; 서정은, 2000; 신창순, 2004).

❀ 유아 수준

- 다양성과 동질성에 대해 인식시키며 모든 유아는 동일하게 중요하다는 것을 알게 한다.
- 모든 유아는 보호와 존중 속에서 성장해야 함을 알게 한다.
- 가족과 사회로부터 사랑과 보호를 받을 권리가 있음을 알게 한다.
- 이름과 국적을 가질 권리가 있음을 알게 한다.
- 의식주 등 유아가 가질 수 있는 기본적인 욕구에 대해 알게 한다.
- 자신의 신체가 중요함을 알게 하며 소중히 지켜야 함을 인식하게 한다.
- 세계적으로 발생하는 난민들에 대해 생각해 보게 한다.

– 재난 시 우선적으로 보호 받을 권리가 있음을 알게 한다.
– 학대와 보호부족을 인식할 수 있게 한다.
– 장애아의 독특한 요구에 대해 알게 한다.
– 유아는 놀이, 탐구, 교육을 받을 권리가 있음을 알게 한다.

✽ 초등 수준

– 인간은 모두 인권을 가지고 있으며 자신과 타인의 인권은 보호되어야 함에도 불구하고 침해당하고, 침해하는 상황에 대해 판단토록 한다.
– 신체의 자유와 안전에 대한 권리 및 생명의 가치에 대해 알도록 한다.
– 신분제도의 문제를 파악하여 현실 속에서 잔재로 남아 있는 신분의 형태를 알아보고 평등한 사회를 논의하도록 한다.
– 노동자의 권리 및 교육과 개발에 대한 권리를 배우며 문화생활 참여의 자유와 저작권 보호에 대해 배운다.
– 외국인 노동자의 인권 및 존중에 대하여 학습한다.
– 사생활과 사유재산에 대한 보호 권리를 익히며 국적과 국가에 대한 권리를 배운다.
– 사회보장제도의 필요성 및 노숙자, 장애우, 소년소녀 가장, 독거노인 등 생활보호대상자들에 대해 파악하도록 한다.
– 입법절차와 준법태도, 재판과 법 적용에 대해 지식을 쌓는다.
– 민주주의 선거와 평화적 집회에 대해 안다.

4) 세계시민 인권교육의 학습방법

유네스코에서는 기본적인 인권교육의 학습단계로서 다섯 가지를 이야기하고 있다. 먼저 자신의 권리에 대해 학습하고, 인권을 맥락 속에서 이해하여 인권수호를 위한 의식을 형성한다. 그리고 서로 연대하며, 모임을 만드는 것이다. 이러한 학습단계는 인권 내용을 담고 있는 그림책을 통하여 쉽게 접근할 수 있다.

먼저 인권의 개념 및 인권선언문을 다루고 있는 책들을 통하여 자신의 권리를 학습할 수 있다. 세계인권선언문을 담고 있는 『우리는 모두 소중해요』(국제엠네스티본부 글, 존 버닝햄 외 그림, 김태희 옮김, 사파리, 2008)나 어린이권리선언을 담은 『어린이 권리 선언』(헬메 하이네 외 글 · 그림, 노경실 옮김, 어린이중앙, 2003)을 필두로 인권개념을 다루고 있는 다양한 정보책을 통해 인권의 개념과 내용을 알 수 있다. 또한 『거짓말 같은 이야기』(강경수 글 · 그림, 시공주니어, 2011)와 같이 불평등과 차별이 발생하는 실태를 다루고 있는 책을 통해 어떻게 우리의 권리가 침해당하고 있는지를 알 수 있다.

두 번째로 이야기는 다양한 상황을 배경으로 하고 있다. 그림책의 주인공들이 처한 개인적 · 사회적 · 역사적 상황은 인권을 보다 다양한 맥락 속에서 이해할 수 있게 돕고 있다. 예를 들어 『그레이스는 놀라워!』(메리 호프만 글, 캐롤라인 빈치 그림, 최순희 옮김, 시공주니어, 2005)는 인종 시장이라 불리는 현대의 유럽에서 흑인이며 여자라는 이유로 피터팬을 할 수 없을 거라는 편견에 맞서는 개인의 이야기를 담고 있다. 『곤다르의 따스한 빛』(미나미 나나미 글, 요 쇼메이 그림, 노경실 옮김, 주니어김영사,

2004)은 계속되는 내전과 씨를 뿌려야 할 때 비가 오지 않아 식량을 얻을 수도 없게 되어 심각한 기아를 맞이하게 된 에디오피아의 사회적 상황을 알려 준다. 『엄마가 수놓은 길』(재클린 우드슨 글, 허드슨 탤봇 그림, 최순희 옮김, 웅진주니어, 2007)은 할머니의 할머니를 통해 계속해서 내려오는 흑인에 대한 인종차별의 역사를 알려 준다. 이렇듯 각각의 상황 속에서 인권침해의 원인은 무엇이며, 어떻게 인권이 보호받지 못하는지를 보여 주는 그림책은 인권의 맥락에 대한 이해를 도와준다.

세 번째로 개인적 · 사회적 · 역사적 상황에서의 인권이해를 기반으로 인권수호를 위한 의식을 함양할 수 있다. 그림책은 다양한 이유로 겪게 되는 가치갈등을 이야기를 통해 보여 준다. 극심한 기아상태로 우리 마을의 주민이 아니면 식량을 줄 수 없다는 군인들과 식량을 받았을 때의 기쁨을 전하고 싶다며 식량을 나누어 주는 사람을 동시에 등장시킨다(『곤다르의 따스한 빛』). 이때 등장하는 인물의 선택을 통해 인권수호의 방법을 알려 주기도 하지만 동시에 독자로 하여금 무엇이 보다 가치로운가를 생각하도록 이끈다. 개인의 인권이 존중되기 위하여 개인 또는 사회가 어떠한 의식을 가져야 하는지를 보여 주는 것이다.

네 번째로 인권수호의 의식이 한 사람에게 머문 것이 아니라 다른 사람과 연대할 수 있음을 이야기를 통해서 알려 준다. 미국에서 흑인인권운동의 시발이 된 버스 승차 거부를 다룬 『일어나요, 로자』(니키 지오비니 글, 브라이언 컬리어 그림, 최순희 옮김, 웅진주니어, 2006), 『사라, 버스를 타다』(윌리엄 밀러 글, 존 워드 그림, 박찬석 옮김, 사계절, 2004)와 같은 이야기는 한 흑인 여성의 항거가 다른 사람들과 연대함으로써 사회를 변화시킬 수 있음을 보여 주고 있다.

다섯 번째로 연대한 사람들이 하나의 모임 또는 단체를 결성할 수 있음을 보여 주기도 한다. 난민의 실태를 다루고 있는 『잃어버린 아이들』의 경우 내전으로 인해 집과 부모를 잃은 주인공의 행적과 감정을 따라가면서 함께 아파하며 그들의 환경 변화에 관심을 갖게 한다. 아울러 같은 처지의 난민들, 이웃나라 사람들까지도 인권수호를 위해 연대하여 도울 뿐 아니라 나아가 '잃어버린 아이들을 위한 재단'이라는 모임(기구)을 만들 수 있음을 알려 준다.

인권교육의 학습단계를 구체적으로 구현시키는 학습방법은 일반 교육학에서 활용하고 있는 교육방법과 크게 다르지 않다. 유아의 경우 인권 이슈로 인한 갈등 상황에 대한 의견을 나누고 궁극적인 문제를 해결하는 토의활동, 유아수준의 실천을 위한 협동 학습, 인권 이슈에 대한 관심을 갖고 그에 따른 지식을 얻기 위한 견학, 인권문제에 대한 이해와 감정이입을 위한 극화활동 그리고 다양한 정보와 경험을 공유할 수 있는 다양한 매체 활용하기와 같은 방법이 있다.

초등학생을 위한 인권 학습 방법으로는 인권개념에 대한 질문을 통한 개념 분석 기법, 가치갈등 상황을 통해 인권의 가치체계들을 분명하게 볼 수 있게 하는 가치 명료화 기법, 집단적 협동 과정을 통해 인권문제를 공동으로 인식하는 집단적 탐구 기법, 인간의 존엄성과 인권의 소중함으로 특정 역할을 해 봄으로써 그 입장을 이해하고 공감하기 위한 역할 놀이 기법 그리고 인권문제를 해결하기 위한 방법과 절차를 모색하는 문제해결 기법 등이 있다. 여기에 모든 연령의 아동들이 인권에 대한 개념과 인권 관련 지식들을 배우고, 이야기를 통한 간접경험으로 다른 사람의 생각과 느낌을 공감하여 세계의 차별받는 사람들의 이야기와 내가 맞닿아 있음을 알게 해 주기 위한 방법으로 그림책을 활용할 수 있다.

3. 그림책 속의 인권

1) 인권교육과 그림책

그림책을 활용하여 인권교육을 수행하기에는 두 가지의 고려점이 있다. 첫 번째는 보통 40쪽 내외의 한정된 지면에 인권이슈의 원인과 현상, 대안 제시까지 전하기에는 부족한 부분이 있다. 『내가 라면을 먹을 때』(하세가와 요시후미 글 · 그림, 장지현 옮김, 고래이야기, 2009)를 보면 '내가 라면을 먹을 때 이웃 나라의 아이는 아기를 보고, 물을 긷고, 소를 몰고, 빵을 판다. 그 맞은편 나라의 남자 아이는 쓰러져 있다.' 고 말한다. 그 아이들이 왜 일을 하는지, 왜 쓰러져 있는지, 그 이후에 어떻게 되었는지에 대한 설명 없이 그저 그 상황만을 보여 주기만 한다.

두 번째는 인권을 다루고 있는 양질의 그림책을 찾아보기 어렵다. 인권의 다양한 이슈는 아동들에게 암울한 사회의 뒷모습을 다루게 된다. 어두운 사회의 모습을 보여 주고 싶어 하지 않는 암묵적인 기대는 그림책 구매와 연결되어 있고, 이로 인해 인권을 다루는 그림책이 많지 않다. 일례로 대중미디어를 통해서 많이 알려져 있는 세계 기아에 관련된 그림책으로는 『곤다르의 따스한 빛』이 유일하다.

최근에 그림책에 대한 재인식과 금기시되었던 주제들에 대한 교육적

안 부앵 글, 상드린 · 알랭 모레노 사진, 오렐리아 프롱티 그림, 선선 옮김, 푸른숲, 2006.

열망 및 세계화에 따른 교육적 필요에 의해 점점 다양한 내용의 책들이 출간되고 있다. 아프가니스탄 난민촌에서의 일화를 다루고 있는 『노란 샌들 한 짝』(카렌 린 윌리암스 글, 둑 체이카 그림, 이현정 옮김, 맑은가람, 2007)이나 수단 내전을 통해 '잃어버린 아이들을 위한 재단'이 만들어지게 된 배경을 보여 주는 『잃어버린 아이들』은 그림책으로 다루기 어려웠던 '난민'의 원인과 실태 그리고 해결방안까지 전하고 있다. 또한 세계 여러 나라의 학교들을 소개하고 있는 『얘들아, 학교 가자』의 경우 사진을 통해서 각 나라의 학교현장을 소개하고 있다. 빈곤, 성차별주의, 인종차별주의, 자민족중심주의, 제국주의 등에 의해 교육받을 수 있는 권리가 침해당한 나라에서도 아이들은 교육을 통해 내일을 꿈꾸고 있음을 보여 주고 있다. 『평등할 권리』(모린 오코너 글 · 그림, 승영조 옮김, 승산, 2006)로 시작되는 인권여행 시리즈도 각각의 이슈들을 사진을 통해 생동감 있게 전달해 주고 있다.

그림책의 짧은 지면은 함께 책을 보면서 인권 이슈에 대한 생각과 내용을 공유할 수 있게 함으로써 인권의 여러 현상에 대해 관심을 가지도록 도와준다. 인권교육을 실행할 때 그림책은 세부적인 내용에 들어가기 전 인권 현장을 보여 줌으로써 이야기를 이끌어 낼 수 있다. 예를 들어 『내가 라면을 먹을 때』나 『거짓말 같은 이야기』와 같은 책은 인권 주제에 접근하는 도입활동으로 사용하기에 적절하다. 또한 비교적 짧은 분량이기에 함께 읽으며 '왜 이런 일이 일어났을까?' '우리가 어떻게 이 문제를 해결할 수 있을까?'를 생각하게 한다. 그림책 속에 나타난 문제 해결 방식을 함께 공유함으로써 연대적인 행동 참여를 이끌 수 있다. 『1964년 여름』(데버러 와일즈 글, 제롬 리가히그 그림, 김미련 옮김, 느림보, 2006)과 같은 책은 인권침해를 받는 대상이나 그들을 돕는 사람들이 가져야 하는 태도뿐 아니라 인권문제의 해결 방향을 제시하고 있다.

그림책으로 인권교육을 하기 좋은 점은 그림책이 가지고 있는 쉽고 명확한 표현에 있다. 교사들이 인권교육을 꺼리는 이유 중 하나는 인권교육에서 다루는 용어와 내용이 어렵고 생소하기 때문이다. 픽션 그림책이 이야기를 통해서 인권 이슈에 대한 문제점을 제시하며 인권 감수성을 키워 준다면, 논픽션 그림책은 인권 이슈들을 쉽고 명쾌하게 설명하고 있다. 『지구촌의 불평등』(스테판 프라티니 · 스테파니 르뒤 글 · 그림, 김이정 옮김, 그린북, 2010)은 세계의 자원, 교육, 건강, 경제 상황과 같은 문제들을 지구 구형도를 통해 시각적으로 보여 주며 실태를 설명하고 해결 방법을 구체적으로 전하고 있다. 그림책이 가지고 있는 장점들을 활용하여 아동이 인권의 기본적인 개념과 지식을 이해하고, 모든 사람이 존중받는 세상이 되기 위한 가치와 태도를 갖추게 돕는다.

인권을 다루고 있는 그림책의 내용은 크게 세 가지로 살펴볼 수 있다.

헬메 하이네 외 11인 글 · 그림, 노경실 옮김, 어린이중앙, 2003.

첫 번째는 인권개념이다. 각종 국제협약이나 선언문들, 인권의 역사, 배경, 중심 개념과 정신 등 넓은 범위의 인권개념뿐 아니라 '차이'와 '차별'에 대한 개념 등을 다루고 있다. 『우리는 모두 소중해요』(국제 앰네스티 글, 존 버닝햄 외 그림, 김태희 옮김, 사파리, 2008), 『세계 어린이 인권 학교 시리즈』(도미니끄 드 생 마르스 글 · 그림, 김태희 옮김, 푸른숲주니어, 2007), 논술 쑥쑥 어린이 인권 여행 시리즈 6권(평등한 권리, 사상과 믿음의 자유, 이동의 자유, 가정에서의 권리, 노동자의 권리, 언론의 자유)(2006), 『인권 그림책 세트 5권』(이와카와 나오키, 기타 아키토, 이츠카와 나오미 글, 기하라 치하루 그림, 김선숙 옮김, 미래아이, 2006), 『어린이 권리 선언』(2003) 등은 일반적인 인권개념을 다루고 있는 그림책이다. 『어린이 권리 선언』의 경우 세계적인 그림책 작가들이 각각의 항목에 그림을 그린 것으로 예술적 심미성이 매우 탁월하다. '차별 없이 대접받아야 한다'는 조항에서 커다란 덩치의 회초리를 들고 있는 어른과 작고 힘이 없는 어린이가 지구본 위에서 수평관계로 그려지고 있다. 또한 '관용을 배워야 할 권리’는 다양한 인종의 어린이들이 협주를 하는 모습을 보여 줌으로써 서로에 대한 관용의 의미를 그림으로 설명하고 있다. 이렇듯 인권의 개념뿐 아니라 인권 감수성까지도 그림을 통해 생각하며 느낄 수 있게 하고 있다.

『우리가 사는 세상은』(샐리 스미스 글, 밴 부즈 그림, 김계옥 옮김, 달리, 2003)은 이 세상에는 제각각 다른 사람들이 저마다 다른 방식으로 살아가고 있으며, 다르다는 것은 나쁜 것이 아니라 오히려 흥미진진하고 멋진 일임을 보여 주는 그림책으로 차이의 개념에 대해서 말하고 있다.

두 번째는 차이로 말미암은 차별에 관한 내용이다. 인종차별, 성차별, 장애차별 등을 들 수 있다. 인종차별의 경우 백인의 흑인차별만을 생각할 수 있지만, 제2차 세계대전 당시 유대인 학살을 다루고 있는 『에리카 이야기』(루스 반더 지 글, 로베르토 인노첸티 그림, 차미례 옮김, 마루벌,

넬슨 만델라 글, 윌리엄 윌슨 그림, 이경혜 옮김, 계림북스쿨, 2004.

2005)나 『백장미』(크리스토프 갈라즈 글, 로베르토 인노첸티 그림, 이수명 옮김, 아이세움, 2003)는 반유대주의에 의한 인종차별의 예가 될 수 있다. 남아프리카의 인종차별 정책에 맞선 넬슨 만델라에 관한 정보책은 만델라의 자서전에서 발췌하고, 사진과 함께 아프리카 풍의 디자인과 단순한 그림들이 어우러져 보다 가깝게 인종차별에 동참하도록 독자를 이끌고 있다.

인종차별은 과거의 일인 동시에 현대의 일이기도 하다. 그 예로 『그레이스는 놀라워』에서는 주인공 그레이스는 흑인이고 여자 아이이기에 '피터팬'이 될 수 없다는 친구들의 이야기를 듣지만 가족의 도움으로 편견을 극복하는 이야기다. 그레이스가 사는 곳은 다양한 인종이 함께 사는 현대 도시로 지금 우리에게 시사하는 바가 크다.

세 번째는 사회적 · 경제적인 약자에 대한 인권유린을 들 수 있다. 경제적인 어려움의 극한이 될 수 있는 기아나 노숙, 어린이 담보노동[1], 이주노동자들의 삶, 빈곤이 이에 속한다. 최근 사회문제의 집약된 현상으로 꼽고 있는 노숙의 경우 무조건적인 편견의 태도를 지양하고, 상호책임의 관점에서 도움의 방법을 모색하여야 한다. 노숙인들을 위한 봉사를 하게 된 아이의 경험을 다루고 있는 『Uncle Willie and the Soup Kitchen』

1) 담보노동(bonded labour)은 가정이 진 빚을 현금이 아닌 아동의 노동으로 대신 갚는 노동 형태를 말한다. ILO(국제 노동기구)의 조사에 따르면 2억 1,800만 명의 아동노동자가 있다고 한다. 이 중 위험하고 유해한 노동을 하는 아동은 전체 아동노동자의 57.9%를 차지하고 있다(국제엠네스티 일본지부, 2012).

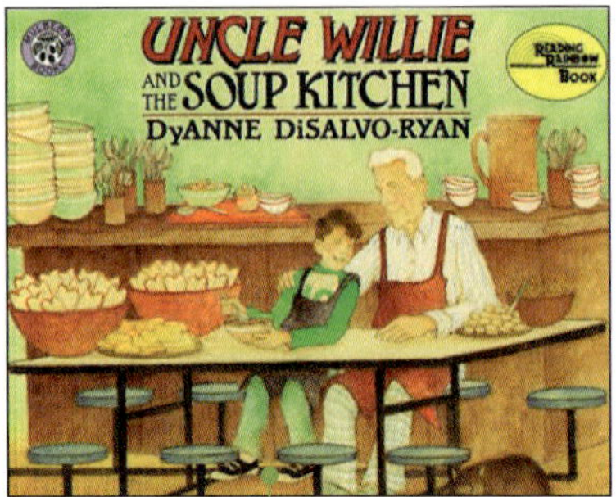

Dyanne Disalvo-Ryan 글 · 그림, Morrow, 1991.

Eve Bunting 글, Ronald Himler 그림, Clarion Books, 1991.

(Dyanne Disalvo-Ryan 글 · 그림, Morrow, 1991)이나 공항에서 아버지와 노숙을 하는 소년의 이야기를 그리고 있는 『Fly Away Home』(Eve Bunting 글, Ronald Himler 그림, Clarion Books, 1991), 병원비로 집을 잃고 아무데서나 잠을 자는 할아버지를 바라보는 『송이의 노란우산』(이철환 글, 유기훈 그림, 대교출판, 2007)은 각각 노숙인들에 대한 이해와 그들을 향한 나의 태도를 성찰해 보도록 돕고 있다.

경제적인 문제는 점점 더 글로벌 경제 시스템이라는 거대한 사회구조로 기인하는 경우가 많아지면서 그 원인을 규명하기가 어렵다. 따라서 '왜' 보다는 '어떻게' 더불어 살아가야 하는가를 생각하고 실천할 수 있어야 한다. 하루 벌어 하루 먹고 살기 힘든 멕시코 출신의 이주 노동자 할아버지와 손자의 이야기인 『하루』나 『엄마의 의자』(베라 B. 윌리엄스 글 · 그림, 최순희 옮김, 시공주니어, 1999)는 빈곤의 원인을 말하기보다 빈곤의 상태에서 어떻게 살아가야 하는지를 보여 주고 있다. 당장 손해를 보더라도 정직하게 일하는 것이나 이웃의 어려움을 해결하기 위하여 서로의 물건을 나누는 행동을 보여 준다. 『곤다르의 따스한 빛』에서 '기아'의 원인은 비가 오지 않아서이지만 먼 타국에서 구호의 손길을 내미는 것과 생명과 같은 음식을 나누어 주는 사람들의 실천을 동시에 보여 줌으로써 세계시민으로 어떻게 살아야 하는지를 전해 주고 있다.

2) 인권 관련 그림책

세계시민교육의 내용을 담고 있는 인권 그림책은 일반적인 인권개념과 차별 · 차이 개념, 차별에 관한 인권 이슈(성차별, 여성차별, 인종차별, 장애차별), 사회 · 경제적인 문제로 인한 인권 이슈(기아, 난민, 노숙, 빈곤, 어린이 담보노동)로 분류하였다. 이 중 난민과 노숙을 다루는 국내 출간물이 거의 없어 영어로 된 원서의 서지사항을 그대로 실었다. 국지적인 관점보다는 글로벌한 관점의 책들을 주로 소개하였다.

인권 그림책의 출판 경향을 살펴보면, 대다수의 책이 2000년 이후에

출판되었다. 이는 인권에 대한 개념 및 인식의 필요성에 대한 관심이 고조되고, 세계인권문제에 대한 책임성을 인식하게 되면서부터다. 실제 있었던 일화를 개작하거나 인권의 이슈를 다루고 있는 픽션이 거의 대부분을 차지하고 있으며, 인권개념에 대한 정보책과 실제 인물의 인권운동을 다루고 있는 인물이야기도 눈에 띈다.

인권 그림책 중에서 13권을 선정하여 주제, 서지사항과 내용을 소개하고자 한다.

〈표 6-1〉 대표적인 인권 관련 그림책

주 제		서 명	글/그림	출판사
인권 개념	인권 개념	어린이 권리 선언	헬메 하이네 외 11인	어린이중앙
		내 탓이 아니야	레이프 크리스티안손 글, 딕 스텐베리 그림	고래이야기
		거짓말 같은 이야기	강경수 글 · 그림	시공주니어
	차이	우리가 사는 세상은	샐리 스미스 글, 밴 부즈 그림	달리
차별에 관한 인권 이슈	인종 · 여성 차별	그레이스는 놀라워	메리 호프만 글, 캐롤라인 빈치 그림	시공주니어
	여성 차별	루비의 소원	시린 임 브리지스 글, 소피 블랙올 그림	비룡소
	인종 차별	1964년 여름	데버러 와일즈 글, 제롬 리가히그 그림	느림보
사회 · 경제적 문제로 인한 인권 이슈	기아	곤다르의 따스한 빛	미나미 나나미 글, 요 쇼메이 그림	주니어 김영사
	난민	잃어버린 아이들	메리 윌리엄스 글, 그레고리 크리스티 그림	사계절
	빈곤	엄마의 의자	베라 B. 윌리엄스 글 · 그림	시공주니어
		보스니아의 성냥팔이 소녀	한스 크리스티안 안데르센 글, 조르주 르무안 그림	마루벌
		하루	이브 번팅 글, 로널드 힘러 그림	보물창고
	아동 노동	자이, 자유를 찾은 아이	폴 티에스 글, 크리스토프 메를랭 그림	사계절

(1) 인권 개념

어린이 권리 선언

- 소주제 : 인권 개념
- 그림작가 : 기타무라 사토시, 다니엘르 부르, 디터 슈베르트, 마이클 포어먼, 백지혜, 스테판 자브렐, 아나스타샤 아르치포바, 잉그리트 슈베르트, 토니 로스, 폴 오 젤린스키, 하누 타나, 헬메 하이네
- 역자 : 노경실
- 출판사 : 어린이중앙
- 출판연도 : 1989년(원본), 2003년(국내초판)
- 연령 : 유치 이상
- 장르 : 논픽션

1959년 UN에서 정한 어린이권리선언 중 10조항을 세계적인 일러스트 작가 11명이 각각 그린 그림책이다. 한 컷의 일러스트 안에 각 조항이 담고 있는 의미들을 잘 녹여서 보여 주고 있다. '차별받지 않을 권리, 자유와 존엄 속에서 자라야 할 권리, 편안하게 지낼 수 있도록 이름과 국적이 있어야 할 권리, 추위 · 질병으로부터 보호받아야 할 권리, 장애 등 위급한 상황의 아이들이 보호되어야 할 권리, 세계를 이해하도록 교육받아야 할 권리, 부모의 돌봄을 받아야 할 권리' 를 그림을 보며, 다양하게 의견을 펼칠 수 있도록 돕고 있다. 특히 관용을 배워야 할 권리에서는 여러 명의 아이들의 협주장면을 통해서 보다 상징적으로 메시지를 전달하고 있다. 인권교육에 있어서 인권의 개념을 아는 것이 매우 중요한데 유치에서 초등에 이르기까지 다양하게 활용해 볼 수 있는 그림책이다.

내 탓이 아니야

- 소주제: 인권 개념
- 글작가: 레이프 크리스티안손
- 그림작가: 딕 스텐베리
- 역자: 김상열
- 출판사: 고래이야기
- 출판연도: 1973년(원본), 2007년(국내초판)
- 연령: 초등저 이상
- 장르: 픽션 & 논픽션

우리 주변의 작은 사건에서부터 세계적인 환경, 인권문제에 이르기까지 그것이 나와 어떤 연관성이 있는지를 묻고 있는 책이다. 앞부분에는 다수에 의해 매를 맞은 한 아이와 관련된 14명의 이야기가 담겨 있다. 사건이 끝나고 한 아이씩 그 일에 대한 자신의 심경을 독백처럼 이야기하고 있다. 14명의 각기 다른 반응을 통해 독자에게 이것이 누구의 문제인지 되묻고 있다. 뒷부분에는 여러 사진을 통해서 환경, 전쟁, 인권문제 등을 다루며, 나와 아무런 관련이 없어 보이는 이 일에 대해서 누구의 문제인지를 되묻고 있다. 지구촌의 다른 지역에서 일어난 문제가 앞의 이야기와 함께 연결되어서 나의 문제인 것을 인식하게 해 주는 책이다.

거짓말 같은 이야기

- 소주제: 인권 개념
- 글작가: 강경수
- 그림작가: 강경수
- 출판사: 시공주니어
- 출판연도: 2011년(초판)
- 연령: 유아 이상
- 장르: 논픽션

대한민국에서 솔이가 그림을 그리는 지금, 세계의 다른 나라에서는 어떤 일이 벌어지는지를 담담한 어조로 말하고 있다. 키르기스스탄의 지하에서 매일 석탄을 실어 올리는 '하산', 하루 꼬박 카펫을 만들어야 하는 인도 아이 '파니어', 말라리아에 걸렸지만 치료조차 제대로 받지 못하고 있는 우간다의 '키잠부', 루마니아 거리의 맨홀 아래에서 생활을 하고 있는 '엘레나', 무너진 건물들 사이에서 부모님을 기다리고 있는 아이티의 '르네', 콩고 전쟁터에서 전투를 치러야 했던 '칼라미' 까지 거짓말 같이 여겨지는 이야기이지만 다양한 어린이 인권 침해의 실태를 보여 주고 있다. 2011년 볼로냐 국제어린이도서전에서 라가치 상을 수상하였다.

우리가 사는 세상은

- 소주제 : 차이
- 글작가 : 샐리 스미스
- 그림작가 : 밴 부즈
- 역자 : 김계옥
- 출판사 : 달리(이레)
- 출판연도 : 2000년(원본), 2003년(국내초판)
- 연령 : 초등저 이상
- 장르 : 논픽션

모두 다르게 생기고 역할도 다르지만 단지 차이가 있을 뿐이라는 시각으로 보여 주고 있다. 각 나라마다 발생하는 문화의 차이와 각 개인의 능력 차이까지도 단지 다를 수 있음을 말하고 있다. 장애를 가진 모습을 부끄러워하지 않고 자신의 모습과 환경에 알맞게 능력을 키워 갈 수 있는 방법도 제시하고 있다. 세계적으로 하나의 통합된 비슷한 삶을 살아가는 현대의 삶 속에서 삶의 다양한 모습과 활동이 우열의 문제이기보다는 각자의 다른 역할 수행임을 제시하고 있다.

(2) 차별에 관한 인권 이슈

그레이스는 놀라워!

- 소주제: 인종 · 여성 차별
- 글작가: 메리 호프만
- 그림작가: 캐롤라인 빈치
- 역자: 최순희
- 출판사: 시공주니어
- 출판연도: 1991년(원본), 2005년(국내초판)
- 연령: 유치 이상
- 장르: 픽션

주인공 그레이스는 이야기라면 가리지 않고 좋아한다. 그레이스는 이야기를 다 듣고 나면 연극으로 꾸미곤 한다. 잔다르크, 거미 아난시, 한니발 장군, 외다리 실버 선장, 히아와타 추장 등 다양한 인물이 되어 본다. 어느날 학교에서 피터팬의 주인공이 되고 싶어 하지만 친구들은 흑인이고 여자이기 때문에 할 수 없다고 이야기한다. 그레이스는 끝까지 오디션을 받고 합격한 후 공연을 무사히 마치게 된다. 그레이스의 할머니는 말씀하신다. "넌 네가 하고 싶은 무엇이든지를 할 수 있단다." 인종과 성차별이라는 벽을 유연한 사고와 자신에 대한 긍정적인 노력으로 깰 수 있음을 보여 주고 있다.

루비의 소원

- 소주제: 여성 차별
- 글작가: 시린 임 브리지스
- 그림작가: 소피 블랙올
- 역자: 이미영
- 출판사: 비룡소
- 출판연도: 2002년(원본), 2004년(국내초판)
- 연령: 유치 이상
- 장르: 전기

전통과 사회적인 관습 속에 여자라는 이유로 차별과 한계에 부딪쳐야 했던 한 여자아이가 자신의 주장과 뜻을 관철하여 진취적인 삶을 살아간 이야기다. 캘리포니아에 골드러시가 한창일 때 루비의 할아버지는 광산에서 큰돈을 벌어 중국으로 귀향하게 된다. 자손들은 번창하여 할아버지 덕에 유복한 생활을 영유한다. 루비 역시 중국의 전통에 따라 여자의 할 일을 숙지하면서 성장하게 되나, 대학에 진학하고 싶은 열망에 학문에 정진하여 결국 할아버지께 허락을 받아 대학에 진학한 여학생이 된다는 이야기다. 실제 주인공이 작가의 할머니로서 중국의 여러 다양한 풍습을 함께 보여 주고 있다.

1964년 여름

- 소주제 : 인종 차별
- 글작가 : 데버러 와일즈
- 그림작가 : 제롬 리가히그
- 역자 : 김미련
- 출판사 : 느림보
- 출판연도 : 2001년(원본), 2006년(국내초판)
- 연령 : 초등저 이상
- 장르 : 픽션

인종차별이 심했던 1964년 여름에 피부색이 다른 두 친구가 공민권법이 시행되었지만 여전히 인종차별이 이루어지고 있음을 경험하는 이야기다. 존과 조, 이름도 비슷하고, 장래희망과 좋아하는 것도 닮은 두 소년에게 다른 것은 오직 피부색이다. 수영장도 아이스크림 가게도 피부색 때문에 사용할 수 없었던 흑인 소년이 공민권법이 시행되자 기대에 차서 수영장에 간다. 하지만 흑인의 수영장 사용을 거부하여 아예 수영장을 폐쇄하는 백인으로 인해 좌절한다. 그러나 아이스크림 가게에 가서는 스스로의 힘으로 차별에 맞서며 그 이후를 상상하게 해 주는 그림책이다. 인종차별의 현실도 보여 주지만, 그것에 우위하는 우정을 보여 주고 있다. 에즈라잭키츠 수상작으로 인종차별에 대한 감수성을 길러 주기에 좋은 책이다.

(3) 사회 · 경제적 문제로 인한 인권 이슈

곤다르의 따스한 빛

- 소주제: 기아
- 글작가: 미나니 나나미
- 그림작가: 요 쇼메이
- 역자: 노경실
- 출판사: 주니어 김영사
- 출판연도: 2001년(원본), 2004년 (국내초판)
- 연령: 유치 이상
- 장르: 픽션

자신이 당장 먹을 것이 부족함에도, 식량을 배급받지 못한 아이를 위해 기꺼이 식량을 나누어 주었던 곤다르 사람을 통해서 이 땅에서 살아가는 우리의 힘이 무엇인가를 말해 주고 있는 그림책이다. 식량을 주지 않은 병사의 입장과 각각의 인물의 입장에서 생각해 볼 수 있는 책으로, 작가가 실제 곤다르에서 경험했던 일을 배경으로 하고 있다. 한 사람의 인물이 명료하게 묘사되기보다 전체로서의 우리를 강조하는 그림을 보여 주고 있으며, 아프리카의 메마른 땅과 넓고 파란 하늘을 대조적으로 보여 주며, 삶의 두 가지 양태(고통과 행복)가 공존하고 있음을 나타내고 있는 듯하다. 우리나라에서 출간된 책 중에서 세계 기아 문제를 다루고 있는 유일한 그림책이다.

잃어버린 아이들

- 소주제 : 난민
- 글작가 : 메리 윌리엄스
- 그림작가 : 그레고리 크리스티
- 역자 : 노성철
- 출판사 : 사계절
- 출판연도 : 2005년(원본), 2006년 (국내초판)
- 연령 : 초등저 이상
- 장르 : 픽션

1980년대 후반부터 2006년 무렵까지 수단 내전으로 인해 전쟁난민이 된 아이들의 이야기다. 100여 명의 사람들이 평화롭게 살아가던 마을의 부유한 가정에서 자라던 여덟 살의 가랑이는 어느 날 갑자기 마을이 공격을 받아 모든 가족이 죽고, 혼자 살아남는다. 우연히 숲에서 자기와 같은 아이들을 만나게 된다. 에티오피아에 가면 살 수 있다는 이야기를 듣고, 무리를 지어 나이 어린 다른 아이들을 돌보면서 몇 개월간 힘든 피난생활을 하여 도착하지만, 그곳도 안전하지는 않았다. 다시 목숨을 건 여행 끝에 케냐의 난민 수용소에 도착한 이들은 교육이 미래를 만들 수 있다는 것과 서로가 도와야 살아갈 수 있음을 알게 된다. 가족도 없고 돌아갈 곳도 없는 수많은 잃어버린 아이들이 희망을 갖고 살아가기 위해서는 누군가의 도움이 필요하다. 실제 '잃어버린 아이들을 위한 재단' 을 설립한 메리 윌리엄스가 글을 썼다.

엄마의 의자

- 소주제 : 빈곤
- 글작가 : 베라 B. 윌리엄스
- 그림작가 : 베라 B. 윌리엄스
- 역자 : 최순희
- 출판사 : 시공주니어
- 출판연도 : 1982년(원본), 1999년(국내초판)
- 연령 : 유치 이상
- 장르 : 픽션

이주가정이 갑작스런 화재로 인하여 겪는 어려움을 나 자신의 노력과 가족의 힘 그리고 이웃을 통해서 어떻게 이겨 나갈 수 있는지를 보여 주고 있는 그림책이다. 할머니, 엄마와 함께 살아가는 주인공은 갑작스런 화재로 모든 것을 잃는다. 이웃들의 도움으로 기본적인 살림들은 구할 수 있게 되지만, 힘든 엄마가 편히 쉴 의자가 필요하다. 소녀도 식당에서 일을 돕고 받는 돈, 엄마가 팁으로 받는 돈, 할머니가 음식 값을 아낀 돈, 친척들이 가끔 넣어 주는 돈을 커다란 유리병에 일 년가량 모아 마음에 꼭 드는 엄마를 위한 의자를 사는 이야기다. 주인공이 느끼는 심정과 상태를 프레임의 그림들을 통해서도 보여 주고 있다.

보스니아의 성냥팔이 소녀

- 소주제 : 빈곤
- 글작가 : 한스 크리스티안 안데르센
- 그림작가 : 조르주 르무안
- 역자 : 최내경
- 출판사 : 마루벌
- 출판연도 : 1999년(원본), 2006년(국내초판)
- 연령 : 초등저 이상
- 장르 : 픽션

안데르센의 고전인 〈성냥팔이 소녀〉를 통해 20세기 보스니아 내전 중인 사라예보에서 전쟁으로 고통 받는 이름 모를 소녀의 모습으로 보여 주고 있다. 안데르센의 원작에 보스니아 내전을 취재한 종군 기자 니콜 뒤루아가 쓴 전쟁 저서를 참고하였고, 실제 전쟁 사진을 바탕으로 한 조르주 르무안의 그림은 전쟁의 실상을 사실적으로 그려 내고 있다. 쓰러진 동상이나 파괴된 기관 시설, 죽음에 온 것을 환영한다는 낙서와 같은 파괴된 사라예보와 그곳에서 최소한의 인권조차 보장받지 못하는 한 소녀의 실상을 바라보는 서구의 한 남자아이의 시선이 이 소녀를 따라가지만 그것도 잠시다. 전쟁으로 인한 절대빈곤으로 인하여 소녀는 새로움을 기대하는 새해 첫날, 싸늘한 시신으로 남겨진다. 매일 죽음 곁에서 살아서 이제는 죽음이 익숙해진 보스니아의 모습을 보여 주고 있다.

하루

- 소주제: 빈곤
- 글작가: 이브 번팅
- 그림작가: 로널드 힘러
- 역자: 이현숙
- 출판사: 보물창고
- 출판연도: 1994년(원본), 2006년(국내초판)
- 연령: 초등저 이상
- 장르: 픽션

멕시코에서 이주한 히스패닉 가정의 손주와 할아버지가 일일 노동자로서 겪는 하루 동안의 이야기다. 영어를 전혀 구사할 줄 모르는 이주 노동자 할아버지는 새벽 노동시장에서 구직을 기다린다. 전혀 할 줄 모르는 정원 일을 손주와 함께 하러 갔다가 농원의 일을 망쳐놓게 된다. 이에 할아버지는 정당한 노동의 중요성과 거짓말의 술수가 삶에 도움이 되지 않음을 손자에게 들려준다. 결국 고용주도 할아버지의 실수와 정직함을 받아들이면서 다음의 일자리 제공을 암시한다. 어렵고 힘든 이주 노동자의 삶속에서 진실한 삶의 중요성을 일깨우고 있다.

자이, 자유를 찾은 아이

- 소주제: 아동 노동
- 글작가: 폴 티에스
- 그림작가: 크리스토프 메를랭
- 역자: 김태희
- 출판사: 사계절
- 출판연도: 2001년(원본), 2005년(국내초판)
- 연령: 초등저 이상
- 장르: 픽션

인도의 담보노동자인 한 소년의 이야기를 환상적인 요소를 담아 그려내고 있는 책이다. 아동노동의 실태와 심각성을 알리기 위해서 국제사면위원회와 함께 만들어진 이 책은 담보노동에 처한 자이가 하늘을 나는 양탄자를 만들게 되고, 그것을 주인의 딸에게 바치면 사면될 거라고 기대하지만, 더한 학대와 노동에 처하게 되는 현실을 깨달아 결국 탈출한다는 이야기다. '영광' 이라는 뜻의 힌두어 이름을 가진 주인공은 자신만의 특별함을 잃지 않고 자신뿐 아니라 다른 아이들까지도 함께 탈출시킴으로써 그 이후 독자들의 몫을 이야기하고 있다.

4. 그림책을 활용한 인권교육의 예

많은 교사가 인권교육을 꺼리거나 어려워한다. 인권교육을 너무 거창하거나 어렵다고 생각하여 시도할 생각을 하지 않거나 학생인권을 강조하면 자기권리만 주장하는 개인중심적인 사람이 되고 교권이 약화될 수 있다는 생각 때문이다. 이러한 인권교육에 대한 부정적인 반응은 오해에서 비롯된 것이다. 인권이 무엇인지 배울 수 있는 권리 그 자체가 인권이기에 인권교육은 반드시 이루어져야 한다. 또한 존중받으며 자란 아이들이 다른 사람들을 존중할 수도 있다. 바른 인권의식은 자신의 권리만을 주장하지 않는다. 아동들의 인권의식이 비약적으로 신장되기 위해서는 더욱 올바른 인권교육이 필요할 것이다.

세계시민교육으로서의 인권교육은 일상생활에서 내 몸이 하는 일을 알고, 자신의 몸을 보호하고 주장할 수 있는 적극적인 태도를 형성하는 데서 시작된다. 나아가 나뿐만 아니라 세계의 어린이들에게 다양한 권리가 있음을 알고, 권리를 침해받는 이들을 돕기 위한 사람들의 노력에 감사할 수 있어야 한다. 이를 위하여 인권침해의 상황만을 보여 주는 것이 아닌 건강한 해결 방식을 소개하는 그림책의 활용이 필요하다. 또한 세계인권선언이나 아동권리협약과 같은 인권선언문의 내용을 근간으로 다양한 인권이슈의 사례들을 소개할 수 있다. 인권문제에 대한 가치갈등이 드러나고, 그에 따른 인물들의 선택을 통하여 인권가치와 인권감수성을 함양할 수 있어야 한다. 또한 인권을 수호하기 위한 구체적인 행동 잠재력을 발달시키기 위한 방안들을 모색하도록 하여야 한다.

이 장에서는 그림책을 활용한 수업안을 세 가지 인권내용을 중심으로 소개하고자 한다. 인권 개념, 차별에 관한 인권 이슈, 사회 · 경제적 문제로 인한 인권 이슈 중에서 6개의 세부주제를 선정하였다.

1) 인권 개념

일반적인 인권 개념

거짓말 같은 이야기

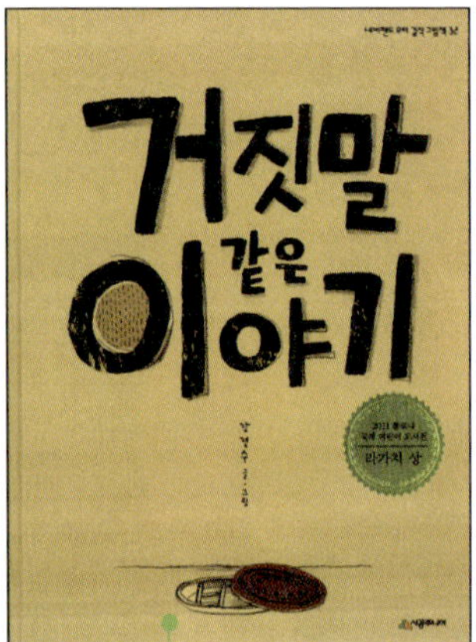

강경수 글 · 그림, 시공주니어, 2011

1. 학습목표
   - 인권 침해를 당하고 있는 어린이에 대해 관심을 갖는다.
   - 세상의 모든 아동에게 권리가 있음을 안다.
   - 인권이 침해당하고 있는 아동들이 있음을 사람들에게 알릴 수

있다.

2. 대상연령: 유치 이상
3. 소요시간: 60분
4. 집단구성: 소그룹
5. 준비물: 세계지도, 그림도구(색연필, 사인펜, 크레파스 등), 도화지

✽ 도입

1. 아동들이 알고 있는 세계의 나라에 대해 이야기 나눈다.
   - 아동들이 이야기하는 나라를 지도에서 찾아본다.
   - 아동들이 알고 있는 나라의 특징들에 대해서 이야기 나눈다.
2. 키르기스스탄, 인도, 루마니아 등 책에 나오는 나라들에 대해 관심을 갖는다.
   - 퀴즈 형태로 지도에서 나라를 찾아본다.
   - 각 나라의 특징들을 전해 준다.

✽ 그림책 읽기

1. 표지를 보며 이야기 나눈다.
   - '거짓말 같은 이야기' 라는 뜻은 무엇일까?
   - '거짓말 같은 이야기' 에는 어떤 이야기가 있을까?
   - 표지의 둥근 것은 무엇일까? 이것과 거짓말 같은 이야기는 어떤 관련이 있을까?
   - 각 나라에는 어떤 거짓말 같은 이야기가 있을지 예측해 본다.
2. 본문의 그림들을 보면서 각 아이들의 상황에 대해서 이야기 나눈다.

- 이 아이는 몇 살일까? 무슨 일을 하고 있나?
- 이 아이의 마음은 어떨까? 어떤 생각을 하고 있을까?
- 이 아이는 어떤 꿈을 가지고 있을까?
- 이 아이가 대한민국에 살았다면 어떠했을까?

✽ 전개

1. 가장 기억에 남는 아이에 대해서 이야기 나눈다.
   - 가장 기억에 남는 아이는 누구일까? 왜 그럴까?
   - 그 아이가 어떻게 되면 좋을까? 왜 그렇게 생각하였나?
   - 그 아이를 위해서 도울 수 있는 방법은 무엇일까?
   - 그 아이를 왜 도와야 할까?
2. 가장 시급한 도움이 필요한 아이를 위한 포스터를 만든다.

✽ 마무리

1. 포스터를 전시하여 감상한다.

2) 차별에 관한 인권 이슈

성 차별

루비의 소원

S.Y. 브리지스 글, S. 블랙울 그림, 이미영 옮김, 비룡소, 2004

1. 학습목표
   - 진정한 의미의 평등을 알 수 있다.
   - 성 차별에 대해 비판적으로 사고할 수 있다.
2. 대상연령: 유아, 유치 이상
3. 소요시간: 40분씩 2차시
4. 집단구성: 소그룹
5. 준비물: 중국의 전통적인 모습이나 풍습이 담긴 사진과 자료들, 기본적인 필기도구와 색연필

❋ 도 입

1. 가정에서 억울하게 차별받았던 일에 대해서 이야기 나눈다.
2. 자신이 다른 사람을 차별했던 경험에 대해서 말해 보게 한다.

❋ 그림책 읽기

1. 책의 표지가 독특하게 빨간 색으로 된 것에 대한 이유를 생각해 본다.
2. 원래 루비는 어떤 소녀였는지를 말해 본 후 성장 후 어떤 모습으로 바뀌었는지 구체적으로 변화의 모습을 살펴본다.

❋ 전 개

1. 루비가 왜 더 배우고 싶어 했는지를 알아보고, 더 많이 배우면 우리에게 어떤 도움이 되는지를 이야기 나눈다.
2. 책을 보면서 중국의 전통적인 모습들을 간단히 소개하며 우리의 전통적인 모습들과 비교한다.
3. 루비가 나타나는 각 페이지마다 그림 속의 루비는 무엇을 하고 있으며 어떤 말을 했는지 정리하면서 다시 말해 본다.
4. 루비가 원하는 대로 살지 않았을 경우 루비는 어떠한 모습으로 변했을지 상상해 본다.

❋ 마무리

1. 우리가 바라는 소원이 있다면 그것은 우리가 살아가는 데 있어서 유용한 것들인가 서로 이야기한다.

인종 차별

1964년 여름

데버러 와일즈 글, 제롬 리가히그 그림, 김미련 옮김, 느림보, 2006

1. 학습목표
   - 인종 차별의 실태를 인식한다.
   - 다른 인종의 관점에서 사고할 수 있다.
2. 대상연령: 초등저 이상
3. 소요시간: 80분
4. 집단구성: 중그룹
5. 준비물: 4절지, 색연필 및 필기도구

✽ 도 입

1. '인종 차별' 하면 생각나는 것이 무엇인지 이야기해 본다.
2. 노예제의 폐지 이후 공민권법이 발효되기까지의 사회상에 대한 간략한 설명을 한다.

✽ 그림책 읽기

1. 존과 조라고 하는 이름까지도 비슷한 두 소년의 1964년 여름에 어떤 일이 있었는지 먼저 생각해 보도록 한다.
2. 아이스크림 가게에 들어간 후의 이야기를 상상해 본다.

✽ 전 개

1. 등장인물을 분석한다.
   - 존과 조의 공통점은 무엇인가?
   - 존과 조의 차이점은 무엇인가?
2. 책의 관점을 달리하여 흑인인 존의 입장에서 이야기를 재구성한다.

나는 존 헨리입니다. 나의 친한 친구는 조입니다. 오늘은 엄마와 함께 일하러 버스를 타고 조의 집에 갑니다. 나와 조는 엄마가 일하시는 걸 도와주지요. 엄마가 '이제 나가 놀아라.'할 때까지요. 나는 수영을 잘해요. 나를 따라올 사람은 아무도 없답니다.

수영장은 흑인 출입금지에요. 그래서 나는 이 법을 만든 사람이 싫답니다. 그 대신 조와 나의 수영장이 따로 있어요. 바로 냇가에 나뭇가지와 돌을 쌓아서 수영을 하지요. 냇가에서 하는 수영도 재미있답니다.

나는 흑인이라 불행해요. 왜냐하면 아이스크림 가게에도 흑인은 출입금지거든요. 조와 나는 옷을 입고 아이스크림 가게 앞에 갔어요. 그리곤 조가 아이스크림 두 개를 사 왔어요. 내가 말했지요. "난 아이스크림이 정말 좋아!" "나도!" 조가 맞장구를 쳤지요.

우리 엄마는 매일매일 조의 가족들의 저녁식사를 준비해요. 오늘은 옥수수 스프와 맛있는 과자를 만드셨어요. 우리 엄마가 만드는 음식은 정말 맛있어요. 조의 가족들이 저녁을 먹을 때 아줌마, 아저씨가 이제부터는 흑인들도 백인들과 같이 모든 걸 사용할 수 있다고 말했어요. 조는 기뻐서 내가 있는 부엌에 달려와 말했어요. 흑인들도 백인들과 같이 모든 걸 사용할 수 있다는 걸 말이에요.

나는 너무 기뻐서 날아갈 것 같았어요. 다음날 아침, 나는 조와 수영장으로 달려갔지요. 수영을 하려고 말이에요. 그런데 조와 나는 바로 실망하고 말았어요. 왜냐하면 혐이 수영장을 아스팔트로 메우고 있었어요. 혐도 기분이 안 좋아 보였어요. 수영장 주인이 자기 수영장에 흑인이 들어오는 게 맘에 들지 않았나 봐요. 나는 너무 슬펐어요. 내가 말했어요. "나는 여기서 수영하고 싶고, 너랑 똑같이 하고 싶었어." 나는 조와 영화관에서 팝콘도 같이 먹고 싶었어요.

나와 조는 아이스크림을 먹으려고 가게 앞으로 갔어요. 정말 떨렸죠. 혹시 또 문을 닫지 않았나 걱정되서요. 우리는 침을 꼴깍 삼켰어요. 그리고 어깨동무를 하고 아이스크림 가게 앞으로 갔어요. 한걸음 두 걸음, 세 걸음, 나는 밑에만 보았어요. 드디어 아이스크림 가게 문 앞으로 걸어갔죠. 그때! 아이스크림 가게 아저씨가 폭죽을 터트리며 말했어요. "축하한다! 드디어 흑인이 들어올 수 있게 되었구나!" 나는 아저씨의 친절한 말투에 놀라기도 하고, 한편으로는 기뻤지요. 조와 나는 사이좋게 아이스크림을 하나씩 들고 갔어요. 그 후로 나는 아이스크림 가게 아저씨와 친해졌어요. 그리고 모든 걸 백인인 조와 같이 사용하고 다닐 수 있었지요.

나는 백인과 모든 걸 같이 사용해도 된다는 법이 생긴 이후로 여러 사람과 친해졌어요. 돈이 모자라서 학교를 가지 못했었지만, 이젠 조와 같이 학교도 다닙니다. 학교 친구들과 하루하루를 생활하는 게 행복해요. 엄마와 나도 이제 일하지 않아도 될 만큼 부자가 되었어요. 그리고 넓은 주택에서 산답니다. 나는 아직도 조와 친한 친구예요. 앞으로도 영원히 함께할 친구랍니다.

초등학교 3학년 정○○

✽ 마무리

1. 각자가 쓴 '1964년 여름' 이야기를 들려주고, 왜 이렇게 달라졌는지를 이야기한다.

3) 사회 · 경제적 문제로 인한 인권 이슈

기아

곤다르의 따스한 빛

미나미 나나미 글, 요 소메이 그림, 노경실 옮김, 주니어김영사, 2004

1. 학습목표
   - 세계 기아의 현황을 안다.
   - 기아에 허덕이는 사람들의 상태를 극을 통해 공감해 본다.
2. 대상연령: 초등 중학년
3. 소요시간: 80분씩 2차시
4. 집단구성: 소집단 또는 대집단
5. 준비물: 종이, 필기도구, 녹음기, 각종 효과음

✽ 도입

1. '곤다르'는 무엇을 나타내는 말인지 이야기 나눈다.
2. 에티오피아에 대해서 소개한다.

✽ 그림책 읽기

1. 그림책의 표지를 통해 이야기를 예측해 본다.
2. 그림의 스타일이 말해 주고 있는 느낌은 무엇인지 이야기 나눈다.

✽ 전개

1. 각각의 인물이 되어 자신의 행동에 대해 설명해 보도록 한다.
(병사, 음식을 나누어 준 아저씨, 월로에서 온 여자아이들 등)

아빠, 남동생은 죽고, 엄마는 영양실조로 눈이 안 보인다.
"어떡하지? 이제 먹을 것이 바닥 났어."
어느 날, 곤다르에 가면 식량을 구할 수 있다는 말을 들었다.
"야, 곤다르에 가면 식량을 구할 수 있대."
"그래? 그러면 어서 식량을 받으러 떠나자."
두 여자아이는 산을 세 번 넘고, 3일 동안 걸어 곤다르에 도착한다.
"제발 저희도 좀 주세요. 저희는 월로 마을에서 식량을 받기 위해 3일을 걸었어요."
"안 돼! 이건 곤다르 사람의 식량이야."
우리는 무서워서 사람들 사이로 숨어 버렸다.
그러자 한 아저씨가 말했다.
"내가 너희에게 식량을 주마."라고 해서 우리는 아저씨를 따라가 분유와 옥수수를 먹고 푹 잤다.
다음날 우리는 "고맙습니다. 저희는 이만 갈게요." 하고 옥수수와 분유를 조금 가지고 집으로 향해 갔다.
낮에는 덥고 밤에는 춥지만 여자아이는 쉬지 않고 월로 마을로 갔다.

여자아이를 기다리고 있는 엄마를 위해 참고 가야 한다.

초등학교 3학년 신○○

2. 시간의 순서에 따라서 사건을 재배열해 본다.
3. 시간의 순서에 따라서 연합하여 방송극 대본을 쓴다. 책에서 이야기해 주고 있지 않은 부분에 대한 상상을 이야기하고, 그에 따라 각각 역할을 나누어 작성한다.

1막 1장: 일본에서의 보도

해설: 뉴스 소리 (빰빠빰……)

아나운서: 8시 뉴스를 시작하겠습니다. 첫 번째 소식은 에티오피아에 곤다르 사람들이 심하게 굶고 있어 많은 사람이 죽고 있다고 합니다. 이유는 그곳은 전쟁 중이고 비도 제때에 오지 않기 때문이라고 합니다. 에티오피아에 가 있는 특파원~!

기자: 전쟁과 기아로 굶주리는 에티오피아 사람들을 만나 보겠습니다. 지금 어떻게 지내고 있습니까?

윌로여아: 너무 배가 고파요. 아빠와 남동생은 굶어 죽었고, 엄마는 눈이 멀으셨어요. 어디 가면 먹을 것을 구할 수 있을까요

할아버지: 이제는 정말 죽을 것 같다네. 죽기 전에 우리 자식들이 한 번이라도 배불리 먹는 모습을 봐야 하는데…….

기자: 에티오피아 중 먹을 것을 구할 수 있는 곳은 없을까요?

어른: 없을 것 같습니다. 씨를 뿌리는 때에 비가 내리지 않아 에티오피아 사람들 전체가 굶주리고 있습니다. 한 달째랍니다. 밥을 한 번 먹어 봤으면……. 이럴 때에 전쟁까지 일어나니 도저히 먹을 것을 구할 수 없답니다.

기자: 정말 안타깝군요. 그런데 다른 곳에서 오는 도움의 손길은 없나요?

할아버지: 없을 것 같다네. 그래도 그것을 마지막 희망으로 믿고 기다리고 있지.

윌로여아: 만약 그런 게 온다면 꼭 우리 마을로 오면 좋겠어요. 지금 이 순간 배불리

먹고 있는 살마들이 있다니 믿기지 않아요.

기자: 더 하실 말씀은 없으십니까?

할아버지: 없다네. 이제는 배가 고파 말하는 것조차 힘들어졌지.

기자: 에티오피아 사람들은 지금 전쟁과 기아 때문에 많은 사람이 병이 나거나 죽어 가고 있습니다. 에티오피아의 사람들을 도울 수 있는 방법은 없을까요? 우리 모두 생각해 봅시다.

1막 2장: 긴급구호를 결정하는 국제기아대책기구

의장: 자, 지금부터 회의를 시작하겠습니다. 에티오피아의 긴급구호에 대한 여러분의 의견을 말씀하여 주십시오.

의원 1: 긴급구호를 하지 말아야 합니다. 그곳에 가면 우리 대원들도 무슨 일을 당할지 모릅니다.

의원 2: 아닙니다. 방송의 보도 보셨죠! 지금 에디오피아 상황이 얼마나 심한데……. 우린 바로 '국제기아대책기구' 이니 에디오피아를 구하러 긴급구호를 가야 합니다. (책상을 두드리며)

의원 3: 맞습니다. 에디오피아의 상황을 알고서도 가지 않겠다고 하는 겁니까? 정말 저 사람이!!

의원 4: 맞습니다. 맞습니다. 긴급구호를 가야 합니다.

의장: 자자, 여러분 조용히 합시다. 다른 의원님들의 의견은 어떠하십니까?(한숨을 내쉬며)

의원 5, 6: (동시에) 긴급구호를 가야 합니다.

의장: (화가 난 듯) 의원님들 조용히 하시죠? 거기 박 의원님, 의견을 말씀하여 주십시오.

의원 7: 음……. 긴급 구호를 가야 한다고 생각하고…… 왜냐하면…….

의장: 네, 알겠습니다. 제 생각도 그렇군요. 이번 회의 결과는 긴급구호를 결정하는 것으로 하겠습니다.

의원 1: 아…… 네네……. 그럼 이만.

의장: 긴급구호에 필요한 돈은 어떻게 할까요?

의원 1: 몰라요. 알아서들 하시지요. (화가 난 듯이)

의원 2: 우리 단체 회원들에게 성금을 걷는 것은 어떨까요?

의원 3: '에디오피아 살리기' 라고 해서 성금을 모으는 통을 편의점이나 음식점에 놓으면 어떨까요?

의장: 좋습니다. 그럼 긴급구호를 갈 사람은요?

의원 5: 자원자들을 뽑는 광고를 내도록 합시다.

의장: 네, 이번 회의는 이것으로 마치겠습니다.

2막 1장

주인공: 이럴수가! 내가 모르는 사이 많은 사람이 죽고 있었다니, 안 되겠어. 내가 도움이 될 수 있는 길은 없을까? 돈을 벌어 식량을 사서 곤다르 사람들에게 나누어 줘야지. 그래, 맞아! 에티오피아에 가서 봉사활동을 하는 거야.

(비행기 부웅 소리를 내며 날아오른다.)

주인공: 내가 에티오피아에 가서 봉사활동을 하다니, 믿어지지가 않아 그 사람들은 지금 얼마나 힘겨운 생활을 하고 있을까? 내가 조금이나마 도움이 되었으면 좋겠어.

2막 2장

주인공: 드디어 도착! 이제 좀만 있으면 도착이다. 아이고 배가 고프구나. 주먹밥이나 먹자. 이제 도착! 이제 이동하자. (덜컹 덜컹)

주인공: 음…… 곤다르가 이렇게 황폐할 줄이야……. 생각보다 훨씬 황폐해. 하지만 이건 지금 문제가 아니야. 난 지금 분유 1,500자루, 옥수수 1,500자루를 가져왔어. 과연 거긴 얼마나 많은 사람이 살까? 대략 1,000명 정도 있을 텐데. 그 모든 사람이 굶주리고 있었단 말인가? 그리고 부드러운 흙도 먹었단 말인가? 시간이 없다. 운전기사님.

운전기사: 네, 무엇입니까?

주인공: 이렇게 황폐하니 지금 무서운 병을 지니고 있는 사람도 있을 것이다. 속도를 올려라!

운전기사: 네. (부르르르릉)

3막 1장: 식량배급

식량을 나르는 소리가 들려온다. 사람들의 함성소리도 들려온다.

주인공: 자, 줄 서세요. 한 줄로 서세요. 옥수수와 분유 한 자루씩입니다. 자 여기요, 다음.

곤다르 1: 아……. 한 자루만 더 주세요.

주인공: 네……. (주인공이 옥수수를 주려고 하는 소리)

병사: 저리 가란 말야! 받았으면 들어가지 여기 왜 꾸물거리는 거야. (총으로 밀자 사람이 쓰러진다)

곤다르 1: 아…….

주인공: 다음이요.

곤다르 2: 아유, 여기까지 와서 주시니 고맙습니다. 잘 먹겠습니다.

주인공: (웃는 소리) 하하 뭘요, 맛있게 드십시오. 다음 한 자루씩입니다. 안녕히 가세요.

곤다르 3: 아이 그러지 말고 한 자루만이라도 더.

병사: 아까 못 봤어? 들어가란 말야! 뭐 하는 거야!

곤다르 3: (고개를 푹 숙이고 들어가는 소리)

곤다르 4: 고맙습니다. (자루를 받고 뛰어가는 소리)

주인공: 빨리 오세요…….

해설: 그때 월로 마을의 여자아이들. (여자 두 명이 나타난다)

월로 1: 제발 먹을 것을 주세요. 월로 마을에서 여기까지 오는데 사흘이나 걸렸어요. 아빠와 남동생은 먹을 것이 없어서 죽었어요.

월로 2: 제발 도와주세요. 곤다르에서는 먹을 것을 구할 수 있다고 들었어요.

아저씨: 정말 불쌍하구나. 내 식량이라도 나눠 주고 싶은데, 우리 가족은 11명이나 되고 옥수수와 분유는 한 자루씩밖에 없는데 어떡하지…….

주인공: 그래, 어서 이리 오렴. 옥수수와 분유야.

병사: (앞을 막아서며) 비켜라! 이것은 곤다르 사람들의 식량이다. 먹을 것은 너희가 온 곳에서 구해라.

월로 여아: (울며 떠난다)

4막 1장: 곤다르 아저씨의 이야기

주인공: (문을 두드리며) 누구 계시나요?

아저씨: (문을 열며) 누구신가요?

주인공: 전 어제 옥수수와 분유를 나눠 줬던 사람이에요. 혹시 월로에서 온 두 소녀를 못 봤나요?

아저씨: 아. 그 아이들 말야?

(회상)

월로 1: (밤) 도와주세요. 제 동생이 쓰러졌어요. 먹을 걸 주세요. 부탁이에요.

아저씨: 누구지? 나가 봐야겠다. (삐걱) 아니, 너희는 오늘 월로에서 온 여자아이들 아니냐?

월로 1: 네 맞아요. 아저씨 제 동생이 쓰러졌어요. 아무도 도와주지 않아요. 아저씨라도 제발 도와주세요. 먹을 걸 주세요. 부탁이에요. (훌쩍훌쩍)

아저씨: 우리도 한 달만에 먹는 건데……. 그래 특별히 도와주마. 식구가 많지만 말이다.

월로 1: 식구가 얼마나 되세요? (초조 불안)

아저씨: 11명쯤 될 거야. 좀 부족하거든…….

월로 1: 근데 정말로 우릴 도와주시는 거예요?

아저씨: 물론 근데, 미안하구나. 먹을 걸 조금밖에 못 줘서. 음식이 조금만 더 있다면 더 나누어 줄 수 있을 텐데……. 안타깝다.

월로 1: 괜찮아요. 조금이라도 좋아요. 정말 감사합니다. 감사합니다. 진심으로 감사드립니다.

– 강○○(홍제초 3), 김○○(홍제초 3), 전○○(고은초 3)

4. 배역을 나누어 연습하여 녹음한다.

5. 방송극을 발표한다.

✽ 마무리

1. 방송극의 좋았던 점, 고쳐야 할 점을 이야기 나눈다.

난민

잃어버린 아이들

메리 윌리엄스 글, 그레고리 크리스티 그림, 노성철 옮김, 사계절, 2006

1. 학습목표
   - 책 읽기를 통해 난민들의 개념에 대해 알 수 있다.
   - 역할극을 통해 주인공들이 처한 상황 파악을 더 자세히 살펴본 후 난민들에게 필요한 것들을 생각할 수 있다.
   - 어려운 상황에 놓였을 때에 공동체의식의 중요성에 대해 주장할 수 있다.
   - 난민을 돕는 구체적인 방법을 실천할 수 있다.
2. 대상연령: 유아 · 유치 이상
3. 소요시간: 80분씩 2차시
4. 집단구성: 대그룹
5. 준비물: 커다란 전지, 크레파스, 색연필, 난민들에 관한 화보나 그림, 아프리카 지도나 국기

✽ 도 입

1. 아프리카 대륙에 있는 나라 가운데 전쟁으로 고통 받고 있는 나라들에 대해서 먼저 이야기 나눈다.
2. 지도에서 그 나라들을 찾아본다.

✽ 그림책 읽기

1. 실물 화상기를 통해 그림책을 보여 주면서 읽어 준 후, 그림책을 다 같이 다시 한 번 본다.
2. 그림 읽기를 하면서 그림과 연관 지어 내용을 이야기 나눈다.
3. 제목을 왜 '잃어버린 아이들'로 정했을까에 대해서 이야기 나눈다.

✽ 전 개

1. 주인공 가랑이와 함께 피난을 갔던 그 경로를 찾아보면서 여정에 대해 상상하게 한다.
2. 수단이라는 나라가 왜 전쟁을 하게 되었는지 간단히 설명해 준다.
3. 전쟁이 일어나면 우리가 가장 힘든 일을 우선순위로 말하거나 적어 보게 한다.
4. 우리가 난민이 되어 여러 사람이 함께 모여 살게 되었을 때를 가정하면서, 가랑이와 그 친구들의 모습 속에서 우리가 할 수 있는 일들과 할 수 없는 일들을 비교해 본다.

5. 커다란 전지를 펼쳐 놓은 후 지금까지 읽은 내용 중에서 기억에 남는 장면을 자유롭게 표현하게 한다.

그림 6-1 공동화 작업 결과물

6. 화보의 사진들을 보면서 어떤 상황의 아이들인지를 상상하여 이야기 나누기를 한 후 공동 작업지에 직접 붙여 보게 한다.
7. 넓은 장소에서 그림책의 등장인물들과 같이 서로 도와가며 친구들을 부축하면서 걷기 등의 역할놀이를 해 본다.

그림 6-2 가랑이와 그의 친구들과 같이 어두운 밤길의 피난 길을 떠난 후 지친 느낌의 역할놀이 해 보기

그림 6-3 그림책 읽기 후 공동체 역할을 생각하면서 공동화 작업해 보기

✻ 마무리

1. 공동화를 전시하며 감상한다.
2. 동극에서 가랑이가 된 기분과 생각과 이야기 나눈다.
3. 동극의 전개과정에서 대해 평가한다.

아동 노동

자이, 자유를 찾은 아이

폴 티에스 글, 크리스토퍼 메를랭 그림, 김태희 옮김, 사계절, 2005

1. 학습목표
   - 아동노동자에 대해 안다.
   - 담보노동에 처한 아동을 구하는 방법을 생각할 수 있다.
   - 타인에게 불평등하게 함으로 이득을 보고 있는 경우가 있음을 깨닫는다.
2. 대상연령: 초등 3학년 이상
3. 소요시간: 80분
4. 집단구성: 소집단 또는 대집단
5. 준비물: 편지지, 종이, 필기도구, 캠코더, 담보노동의 사례에 관한 자료(난 두렵지 않아요, 세상을 바꾼 용기 있는 아이들 중 1장)

❃ 도 입

1. 담보노동에 대해 알고 있는 것이 있는지 이야기 나눈다.

❃ 그림책 읽기

1. 주인공 '자이'의 뜻은 힌두어로 '영광'이란 뜻인데, 왜 이런 이름이 붙여졌는지 생각하며 이야기를 읽도록 한다.
2. 카펫을 주인에게 바친 이후를 예측해 본다.

❃ 전 개

1. 담보노동을 하는 어린이들은 어떤 권리를 누리지 못하고 있는지 이야기 나눈다.
2. 담보노동이 이루어질 수밖에 없는 원인에 대해서 이야기 나눈다.
3. 담보노동 속의 어린이들에게 권리를 찾아줄 수 있는 방법에 대해서 이야기 나눈다.
4. 지금 내가 할 수 있는 일들에 대해서 이야기 나눈다.
   - 공장주들에게 편지 쓰기, 담보노동 속의 어린이에게 힘을 주는 영상편지 찍기, 담보노동의 실태를 알리는 포스터 또는 UCC 만들기, 아동노동자들을 돕는 구호단체(월드비전 등)에 성금 보내기, 기도하기 담보노동을 통해 만들어진 물건을 사지 않기 등

안녕 난 ○○야. 3-2반 15번이고 고은초등학교에 다녀.
자이, 너는 갈수록 빚이 늘어가니깐 참 힘들고 괴로웠겠다.
아니, 아니면 아빠를 못 만날지도 몰라서 그랬겠지.

아참, 난 너를 책에서 알게 되었어. 넌 언제까지나 자유야.

그런데 넌 어떻게 이런 일을 했니? 난 바느질도 못하는데…….

아무튼 다음에 보자. 안녕.

전○○(고은초 3)

지금도 공장에서 일하고 있는 친구들아.

어린이들은 제일 먼저 보호 받아야 하고, 공장 주인들이 너희를 학대하는 일은 잘못된 일이야. 너희는 학대받으면 안 되고, 좋은 환경에서 보호를 받으며 자라야 해.

지금 우리가 그런 상황에서 풀어 주기 위해서 열심히 노력하고 있으니깐 희망을 잃지 마. 안녕.

강○○(홍제초 3)

✽ 마무리

1. 내가 할 수 있는 일들에 대한 계획을 나누고, 실행하는 것에 대해 서로 격려한다.

chapter 07

세계시민 평화교육

1. 평화로운 세계

'평화' 라는 단어는 풍요로움이나 평온함, 정의로움과 같은 긍정적인 이미지를 연상시킨다. 또한 사람들은 누구나 평화로운 상태에 머물기를 소망한다. 그러나 이 세상을 살아가는 모든 사람이 평화를 인류보편적인 가치로 인정함에도 불구하고 세계 곳곳에서는 여전히 크고 작은 분쟁이 끊이지 않고 있다.

2000년도 UN 『인간개발보고서』는 1998년 한 해에만 36건의 중요한 분쟁이 발생했다고 기록하고 있다. 또한 1990년대에는 분쟁으로 인해 목숨을 잃은 사람이 약 500만 명, 1998년에는 1000만 명 이상의 난민이 발생했다고 보고한다(이삼열 외, 2003). 이것은 아득히 먼 옛날 어딘가에서 벌어지는 일들이 아니다. 2001년 9월 11일, 세계적인 대도시 뉴욕과 워싱턴에서 대규모의 테러가 발생하였고, 테러에 대한 보복은 지금까지 이어지고 있다.이것은 세계적인 구조 속에서 일어나는 갈등과 분쟁의 해결책으로

무장 폭력이 기꺼이 사용되고 있음을 보여 주는 것이다.

한편, 가장 직접적인 의미에서 세계의 평화를 위협하고 있는 전쟁은 최근 들어 더욱 지역적인 양상을 보이며 내전의 형태를 띠게 되었다. 하지만 각국의 내전(內傳)을 문자 그대로 한 국가 '안' 에서의 일로 치부할 수 없다는 점에 주목할 필요가 있다. 아프가니스탄이나 알제리, 콩고와 같이 사망자가 100,000명 이상 발생한 심각한 내전의 현장은 대부분 과거 전체주의 국가에 의해 식민 지배를 받았던 지역이다. 당시 다른 나라를 지배함으로써 자국의 힘을 키우고자 했던 전체주의 국가들의 기본적인 이념도 잘못된 것이었지만, 피지배 국가들의 민족적 특성과 역사, 문화를 고려하지 않고 마치 자를 대고 연필로 선을 긋듯 지역을 나누어 지배하였던 것이 오늘날 내전의 가장 큰 원인을 제공하게 되었기 때문이다(월드비전 홈페이지).

이처럼 오늘날 전 세계에 얽혀 있는 분쟁과 전쟁은 사회 · 경제 · 문화적인 배경과 밀접하게 연관되어 있다. 그러므로 각각의 사건을 맥락에서 따로 분리시켜 이해하는 데에는 한계가 있다. 이제는 세계시민으로서 세계의 구조와 역사의 맥락 안에서 갈등을 파악하고 평화적으로 해결하기 위해 노력해야 한다(전희옥, 2006: 123-146).

1) 평화의 정의

평화는 누가 어떤 상황에서 이야기하느냐에 따라 그 정의가 달라진다. 즉, 평화는 정치 · 사회 · 문화적인 맥락, 사상, 언어, 종교에 따라, 심지어 각 개인이 처한 환경에 따라 매우 다양한 모습을 띠고 있다(고병헌, 2003).

평화교육사상가인 에라스무스(Erasmus)가 "아무리 정당한 전쟁도 아무리 부당한 평화보다 못하다." 고 경고했음에도, 대부분의 전쟁이 진정한 평화를 위해서 불가피한 것처럼 미화되곤 한다(최관경, 1995: 195-218). 평화는 누구에게나 절대적으로 인정받는 고결한 가치를 지님과 동시에 모호성을 지니고 있어 서로 다른 의미로 받아들여질 수 있다. 이로 인해 평화의 개념을 두고 많은 논의가 있어 왔다.

평화는 앞에서도 언급하였듯이, 대체로 전쟁의 반대 개념으로 여겨져 왔다. 그러나 전쟁이 없다고 하여 그것이 곧 평화를 뜻하는 것은 아니므로 전쟁의 상대 개념으로서가 아닌 평화 그 자체로 정의된 개념이 필요하다(정두용, 신은숙, 정득진, 2000).

2) 평화의 역사와 종류

평화의 개념에는 개인의 심리적 상태, 사회 · 구조적 요인, 개인 · 집단 · 국가 간 원활한 관계, 비폭력적 갈등해결 방법과 실천적 노력 등 다양한 요소가 포함되어 있다(전희옥, 2006). 따라서 평화는 크게 개인적인 차원과 사회적인 차원, 국제적인 차원의 세 가지로 구분해 볼 수 있다.

먼저 개인적인 차원의 평화란, 개인의 안정된 마음 상태를 뜻하는 것으로서 이는 도덕적 · 물리적 안정과 개인의 복지를 의미한다. 이러한 개인적 생활의 평화가 이루어지고 나서 타인과의 조화와 관계에서도 평화가 이루어질 수 있다. 사회적인 차원의 평화란, 개개인의 평화를 넘어서서 집단 간의 상호 연계적인 구조에서 질서가 이루어진 상태를 뜻한다. 그러나 세 가지 차원의 평화 개념 중에서도 현대인들에게 가장 영향력 있는 평화의 개념은 '국제적인 차원'의 평화로서 이것은 다시 다음의 세 가지로 구분할 수 있다.

첫째, 팍스(pax)적 평화관으로, 정치적 · 군사적으로 전쟁을 막기 위해 군사력을 동원하여 무력 평정을 하는 것을 의미한다. 전쟁 상태에서 일시적으로 벗어난 평온한 시기를 의미한다. 즉, 전쟁이나 폭력이 부재한 '소극적인 평화'를 뜻한다. 역사적으로 많은 학자가 평화를 '소극적인 평화'와 '적극적인 평화'로 분류하여 논의하여 왔다. '소극적인 평화'란 전쟁, 인종분쟁, 무력사용, 폭력적 갈등사태와 같이 신변생활과 직접적인 관계를 맺고 있지는 않지만 전쟁이나 폭력이 없는 상태로서의 인류의 평화에 초점을 맞추고 있다. 반면, '적극적인 평화'란 정의, 인권, 환경, 폭력 등 신변생활과 주로 관계되는 내용을 다루며, 모든 사람이 행복하게 살아가도록 인간의 기본적인 권리 등이 보장되고 절대적으로 안정된 상태를 뜻한다(교육과학기술부, 2008; 전희옥, 2006).

둘째, 유네스코(UNESCO)의 평화관으로, 전쟁이 오해에서 기인되는 것으로 보는 입장이다. 따라서 교육적 · 사회적 · 문화적 사상들을 서로 교환함으로써 전 세계 민족 간의 불신과 편견 등을 제거해야 한다는 것이다. 이는 2차 세계대전 이후 학계와 국제기구가 적극적인 평화의 개념을 기초로 하여 주장한 현대적 의미의 평화개념이다. 이에 따르면, 평화란 전쟁이 없는 상태뿐 아니라 폭력적 대립과 강한 정치적 이데올로기적 적대 관계가 없는 상태를 이른다. 또한 국제 제도에 의해서 보장된 안정이 있고 국제적 신뢰, 이해, 공통의 동일시, 조화 작용에 의한 절대적 안전이 있는 상태를 말한다. 그리고 물리적 · 경제적 평화, 자연 환경과의 조화로운 관계가 이루어진 상태라고 할 수 있다(한혜숙, 1989).

셋째, '비판적인 평화연구'의 평화관이다. 이것은 '소극적인 평화관'과 '유네스코의 평화관'이 구조적인 점검을 소홀히 한 점과 현상 유지를 위한 교육으로 흐를 소지가 있다는 점을 비판하며 평화에 대한 새로운 접근을 시도한 것이다. 즉, 평화 부재의 원인을 구조적인 것에서 찾고자 하며, 구조적인 폭력(structural violence)과 잠복적인 폭력(hidden violence)을 제거함으로써 얻을 수 있는 적극적인 평화를 지향한다. 이러한 '적극적인 평화'는 평화를 해치는 핵심 요소인 폭력의 문제를 돌아본다는 점에서 의미가 있다. 최근에는 문화적인 폭력(cultural violence)의 개념이 새로 덧붙여졌는데, 이것은 지식인층이 그들이 생산하는 이론과 담론으로 잘못된 사회구조와 체제, 질서를 유지하는 데 도움을 주는 행위를 일컫는 것이다.

지금까지 살펴본 평화의 개념 중 최근에는 '소극적 · 직접적'인 평화의 개념에서 '적극적 · 간접적 · 구조적 · 문화적'인 것으로 확대되고 있다(김용찬, 2003: 19-40).

3) 평화를 위한 움직임

다양한 분야의 사람들이 다양한 형태로 세계의 평화를 위해 노력하고 있다. 그러나 평화를 위해 노력하는 가장 대표적인 예로 국제기구의 역할을 들 수 있다. 국제기구는 분쟁을 해결하기 위해 협상과 중재에 참여하며, 이후 평화 정착 프로그램에 있어서도 중요한 역할을 한다(이삼열 외, 2003).

한편, 최근에는 공적인 기구들만큼 시민 중재단의 역할과 그들의 필요성이 대두되고 있다. 특히 성인뿐 아니라 아동 주도의 평화운동 역시 활발하게 이루어지고 있다. 월드비전에서는 국제기구를 통해 역량이 강화된 아동이 직접 평화운동을 실시하는 사례를 소개하고 있다. 예를 들어, 필리핀의 민다나오 지역은 고질적인 분쟁지역으로서 필리핀 정부에서도 다각적인 노력을 해 왔지만 별 성과가 없었다. 그동안 종교가 서로 다르다는 이유로 부모 세대 간 왕래가 거의 없었는데 자녀들이 같은 학교에 다니게 되면서 자연스레 교류의 장이 열리게 되었다. 그 결과 아동이 직접 나서 일주일 동안 평화축제를 개최하는 쾌거를 이루었다. 또한 콜롬비아의 아동평화운동은 콜롬비아 정부가 아동을 정규군으로 징집하는 것을 중지하게 하였다. 이 운동은 노벨평화상 후보로 수차례 지명되기도 하였으며, 국제적인 상을 받는 등 그 공로를 인정받고 있다.

평화는 단순히 전쟁이 없는 상태를 의미하는 것이 아니다. 그래서 최근에는 평화를 문화로서 접근하고, 문화로서 정착시켜야 한다는 관점이 제기되고 있다. 즉, 미디어와 장난감, 오락 산업 등 아동의 문화도 평화에 대한 비판적인 관점을 갖고 바라보아야 한다는 것이다. 이를 통해 아동의 문화 속에 은밀하게 내재되어 있는 폭력 문화를 해체하고, 더 나아가 정부 차원에서도 관련 정책과 규제를 시행하는 것이 필요하다(이삼열 외, 2003).

평화의 개념이 포괄적으로 여겨지다 보니 평화를 위한 거시적인 차원의 움직임에만 주목하기 쉽다. 그러나 실질적으로 미시적인 차원의 생각과 행동, 제도 속에 이미 자리 잡고 있는 폭력과 전쟁의 문화를 비판적인 시각으로 바라보고 변화의 움직임을 시도하는 것이 필요하다.

예를 들어, 현대 아동은 온라인 게임 속에서 실제로 사람을 죽이는 것과 비슷한 체험을 반복적으로 하고 있으며 총을 쏘는 일에 무감각해져 있다. 이와 대조적으로 『무기 팔지 마세요!』(위기철 글, 이희재 그림, 청년사, 2002)는 장난감 총을 수거하는 운동을 벌이는 한 아동의 이야기를 담고 있는 책이다. 게임과 어린이 책은 둘 다 아동에게 영향을 미치는 중요한 매체이자, 아동의 문화를 대표하는 것이라 할 수 있다. 아동이 지식적인 차원에서 전쟁이 일어나고 있는 지역을 지도에서 찾을 줄 아는 것도 물론 필요하다. 그러나 아동의 문화 곳곳에 자리 잡고 있는 폭력 문화를 아동 스스로 비판적으로 바라보고 고민하며 판단할 수 있도록 평화 실천의 문화를 도모해 주는 것이 무엇보다 시급하다.

4) 세계시민교육으로서의 평화

평화는 누구나 소망하는 인류보편적인 가치임에도 불구하고 세계 도처에서 크고 작은 분쟁이 여전히 끊이지 않고 있다. 오히려 비평화적인 이슈들이 다양화 · 복잡화되고 있으며, 이들의 내면에는 세계의 경제, 사회, 문화, 역사적인 맥락이 복합적으로 작용하고 있다. 오늘날 평화의 개념은 소극적 · 직접적인 것으로부터 점차 적극적 · 간접적 · 구조적 · 문화적인 것으로 확대되고 있다.

세계를 하나의 공동체로 인식한다면, 평화가 부재하는 원인을 세계의 구조적인 측면에서 찾아볼 수 있다. 따라서 평화를 실현시키기 위해서는 상호연결성을 바탕으로 한 서로간의 협력이 필요하다. 그리고 이러한 관점을 바탕으로 한 세계시민교육을 통해 아동이 평화와 관련된 문제를 지구촌 의식을 가지고 바라볼 수 있도록 도울 수 있다.

2. 세계시민교육과 평화

1) 세계시민 평화교육의 필요성

세계 곳곳에서 일어나고 있는 분쟁과 전쟁 속에서 가장 큰 희생자는 바로 아동이다. 『2004년도 전 세계 소년병 백서』(월드비전 홈페이지)에 따르면 2004년 한 해 동안 수천 명의 아동이 전쟁터에 전투병으로 배치되었다고 한다. 소년병은 민간인을 살상하고, 성 노예나 강제 노역, 심부름꾼, 첩자 등으로 이용되었다. 인권운동가 이스마엘 베아는 『집으로 가는 길』(2007)에서 소년병으로 살았던 유년시절을 회고하고 있다. 오로지 생존을 위해 다른 마을에 불을 지르고, 또래 아이들을 죽여야 했던 당시 그의 나이는 겨우 열두 살에 불과했다.

비단 소년병뿐 아니라, 수많은 아동이 다양한 방식으로 전쟁을 경험한다. 1990년대에는 전 세계 2백만 명 이상의 아동이 전쟁으로 목숨을 잃었고, 6백만 명 이상의 아동이 다쳤으며, 약 2천만 명 이상의 아동이 난민이 되었다. 또한 1억 명 이상의 아동이 적절한 교육을 받지 못하고 영양 결핍으로 발달상의 어려움을 겪고 있다. 아동은 자신의 의사와 관계없이 전쟁으로 인해 다치거나 목숨을 잃고, 가족과 친구를 잃거나 피난을 떠나야 한다. 이와 같은 전쟁의 참담한 실체에 대하여 아동이 올바른 인식을 갖추도록 하고, 전쟁이 사람들과 세계에 미치는 영향을 깨달아 바른 태도를 지니게 하기 위해서는 세계시민교육으로서의 평화와 전쟁에 대한 교육이 절실하게 요구된다(강은주, 2003: 1-27).

안타깝게도 평화와 전쟁에 대한 아동의 인식에 대한 연구는 아직까지 많이 이루어지지 않은 실정이다. 몇몇 연구에 따르면, 아동은 평화의 개념보다 전쟁의 개념을 더 잘 이해하는 것으로 나타났다. 이것은 평화가 다소 모호하고 불확실한 개념으로 비춰지는 반면, 전쟁은 보다 구체적으로 그려지기 때문이다. 특히 아동은 시청각적 매체나 성인들의 행동과 관심을 통해 전쟁에 늘 직간접적으로 노출되어 있다. 또한 성인과 같은 정도로 전쟁에 대한 불안감을 갖고 있으며, 전쟁의 폭력과 억압에 대한 인식 수준도 성인과 비슷하다고 한다(Tolley, H., 1973, 강은주, 2003에서 재인용). 따라서 아동이 발달적 인지 수준에 맞추어 전쟁과 폭력에 대한 올바른 인식과 태도를 갖출 수 있도록 도와야 한다.

한편, 전쟁이 전 세계적인 구조 속에서 일어나고, 세계 여러 아동이 직간접적으로 전쟁을 경험하거나 영향을 받고 있음에도 불구하고, 각국이 전쟁과 어떻게 관련이 있느냐에 따라 아동이 전쟁을 인식하는 정도가 다르게 나타난다는 흥미로운 결과가 나타났다. 또한 아동이 서로 다른 국가적 · 역사적 배경을 갖고 있다 하더라도 TV나 영화 등의 매체는 아동이 전쟁의 상황을 공감하고 전쟁을 인식하는 것에 영향을 줄 수 있는 것으로 나타났다.

전쟁에 대한 정보를 어떻게 얻는지 그 경로에 대해 조사한 연구에서는 아동이 부모나 교사보다도 TV, 신문, 도서 등의 매체를 통해 정보를 더 많이 얻는 것으로 나타났다. 특히 평화교육 방법에 대한 교사의 요구 정도를 분석한 연구에 따르면 교사들이 아동 도서를 가장 좋은 매체로서 들고 있음을 알 수 있다. 따라서 세계시민 평화교육에 있어 그림책이 효과적인 교육매체가 되어 줄 것이라 기대해 볼 수 있다.

2) 세계시민 평화교육의 목표

세계시민 평화교육은 아동이 한 나라의 국민을 넘어 인류공동체적인 책임감을 지니도록 한다. 또한 세계적으로 발생하는 분쟁과 갈등을 평화적으로 해결하고, 평화를 실현하기 위해 노력하는 것을 목표로 할 수 있다(교육과학기술부, 2008). 세계시민교육의 관점에서 평화교육이란 세계의 어느 곳에서 일어나고 있는 전쟁이라 할지라도, 그것은 세계의 한 부분임을 인식하는 것이다. 즉, 세계의 다양한 나라가 서로 영향을 주고받는다는 '상호 연결성'의 관점을 기본적으로 갖고 있다. 따라서 이를 통해 서로를 새롭게 인식하고 함께 살아갈 수 있는 방안을 모색하고자 하는 것이다.

한편, 한반도는 남과 북이 서로 대치한 채 아직도 전시 상태를 유지하고 있다. 세계시민 관점에서 한반도는 전쟁이 실제 일어나고 있는 현장이자, 세계시민 관점에서의 평화교육이 매우 절실한 곳이라 할 수 있다. 그러나 지금까지의 평화교육은 평화보다는 전쟁에 대해, 공존보다는 경계를 중심으로 진행되어 왔다. 평화의 개념이 일반적으로 전쟁에 대비되는 개념으로 인식되어 왔던 것처럼, 평화교육에서도 '전쟁 방지'가 큰 비중을 차지해 왔던 것이다(전희옥, 2006). 그렇다면 평화교육은 어떠한 구체적인 목표를 지니고 있으며, 어떻게 준비될 수 있을까?

평화교육의 목표는 여러 학자를 통해 다양하게 제시되고 있다. 강순원은 평화교육을 "국제적 수준이든 국내적 수준이든 간에 분쟁과 폭력 시대의 갈등을 비폭력적인 방법으로 해소하는 능력을 배양하기 위한 것으로, 평화교육을 통해 평화적 가치와 태도를 익히고 더 나아가 그것을 일상생

활 속에서 변혁의 한 형태로 나타나게 할 수 있도록 하는 교육"(강순원, 2005: 14-27)으로 보았다. 김동창은 "사회의 직접적 · 구조적 · 문화적 폭력으로 인한 비평화적 상황을 비판적으로 인식할 수 있는 평화적 안목을 기르고, 인류의 보편적 · 당위적 가치로서의 평화를 사랑하는 마음, 즉 평화적 감수성을 배양하며, 현실의 비평화적 상황으로 전환할 수 있는 평화 기술의 습득"(김동창, 2007)이라고 정리하고 있다. 김병연은 평화교육의 최종적인 목표를 다음과 같이 세 가지로 압축하여 제시한다(김병연, 2011: 554-78). 평화교육은, 첫째 비평화적 현실에 대한 비판의식을 기르고, 둘째 학생들에게 평화에 대한 감수성을 길러 줄 수 있어야 하며, 셋째 평화를 실천할 수 있는 능력, 즉 학생들로 하여금 평화로운 행동 양식을 습득하도록 도와주는 것을 목표로 한다.

이처럼 여러 학자가 평화교육의 목표를 다양하게 제시하고 있지만 이를 정리해 보면 공통적으로 평화교육은 지식을 갖추고 현실을 인식하며, 평화적 가치와 태도, 감수성을 기르고, 평화를 실천하고 행동하는 것으로까지 나아감을 목표로 하고 있음을 알 수 있다. 즉, 세계시민교육으로서의 평화교육은 아동이 전쟁의 원인이나 현실에 대하여 이해하고 인식하도록 하고, 세계시민으로서 평화의 소중함을 깨닫고 비평화적 상황 속에 있는 타인의 고통을 공감하는 것으로 나아가며, 인간의 기본적인 권리와 행복을 추구하는 능력을 기르고 적극적인 평화를 실현할 수 있도록 하는 것을 목표로 한다. 또한 평화에 대한 지식을 갖추고, 다른 사람을 이해하고 존중하며, 평화적으로 문제를 해결하는 기술과 태도를 갖도록 한다. 더 나아가서는 국가 간의 갈등, 전쟁, 폭력 등의 위험과 어려움이 있음을 알고 평화를 지키고자 노력하는 태도를 갖도록 하는 것을 목표로 한다(교육과학기술부, 2008).

지금까지 정리한 것을 바탕으로 세계시민 평화교육의 목표를 공통 수준, 유아 수준, 초등 수준으로 나누어 지식, 기능, 가치 · 참여의 측면에서 구체적으로 살펴보면 다음과 같다.

✻ 공통 수준

가. 지식

① 평화의 풍부한 개념을 이해한다.

② 비평화의 구체적인 내용을 안다.

③ 국내외의 평화와 비평화 상황에 대하여 이해한다.

나. 기능

① 다양한 모습의 비평화적 현실에 대해 비판적으로 사고한다.

② 평화에 대한 감수성을 키우고, 타인의 아픔을 공감한다.

③ 미디어에 전달 및 표현되는 평화와 비평화에 대한 정보를 다양한 관점에서 사고한다.

다. 가치 · 참여

① 평화를 사랑하는 마음을 갖는다.

② 나의 평화뿐만 아니라 다른 사람의 평화도 존중한다.

③ 평화를 선택하고 평화를 지키며 실천하기 위해 노력한다.

④ 평화적으로 문제를 해결하는 태도를 갖는다.

⑤ 세계의 평화와 비평화적 현실에 대해 관심을 갖는다.

✽ 유아 수준

가. 지식

① 사람들에게는 평화를 사랑하는 마음이 있음을 안다.

② 다툼, 폭력, 전쟁과 같은 비평화적인 현실을 인식한다.

③ 우리나라의 남북 분단 및 휴전 상황에 대하여 이해한다.

나. 기능

① 다툼이나 전쟁이 일어나는 원인에 대해 생각해 본다.

② 나의 생활 속에서 평화로운 것과 평화롭지 않은 것을 찾아본다.

③ 평화로움이 가져다주는 행복과 아름다움을 느낀다.

④ 전쟁을 겪은 사람들의 아픔을 공감한다.

다. 가치 · 참여

① 나와 다른 사람을 인정하고 존중하는 태도를 갖는다.

② 세계에서 일어나는 평화와 비평화적인 이슈에 관심을 갖는다.

③ 생활 속에서 내가 행할 수 있는 평화를 실천한다.

✽ 초등 수준

가. 지식

① 평화는 모든 사람이 누려야 하는 보편적인 가치임을 이해한다.

② 국내외의 갈등이나 전쟁이 다양한 나라와 긴밀히 연관되어 있음을 인식한다.

③ 전쟁, 분단, 강제 수용 및 격리, 이주, 대학살, 독재 등 구체적인 비평화의 개념을 이해한다.

④ 세계의 평화를 위해 노력하는 사람들과 단체에 대하여 안다.

나. 기능

① 국내외의 갈등이나 전쟁의 원인을 역사적인 배경과 사회경제적인 이슈를 바탕으로 비판적으로 생각해 본다.

② 우리나라의 남북 분단이 가져오는 다양한 문제점에 대하여 생각해 본다.

③ 평화의 개념을 다양한 사람의 관점에서 비교하여 살펴보고 토론해 본다.

④ 비평화적인 현실로 고통 받는 사람들의 어려움을 공감한다.

다. 가치 · 참여

① 평화를 선택하고 지키기 위해 지속적으로 노력한다.

② 비평화적인 이슈에 대해 다른 사람들에게 알린다.

③ 비평화적인 현실로 고통 받는 사람들을 자발적으로 돕는다.

④ 평화로운 방법으로 다툼이나 갈등을 해결하기 위해 노력한다.

3) 세계시민 평화교육의 내용

평화교육이란 평화를 실현할 수 있는 인간의 능력과 자질을 길러 주는 여러 가지 차원과 형태의 교육을 통틀어서 말한다(정두용 외, 2000). 평화교육은 그동안 크게 두 가지 방향에서 접근되어 왔다. 먼저 넓은 의미의 평화교육에서는 모든 교육이 기본적으로 평화롭고 발전된 사회를 실현하기 위해 존재한다는 전제하에 있다. 따라서 개인과 사회의 발전을 목표로 하는 교육은 모두 평화교육이라고 보았다. 그러나 이러한 식의 개념은 목표와 방법이 모호하고 실효성 있는 평화교육을 기대하기 어렵기 때문에 좁은 의미의 평화교육 개념이 선호되는 편이다. 한편, 좁은 의미의 평화교육은 평화를 전쟁이나 폭력이 없는 사회와 국제 관계를 만드는 것으로 본다. 따라서 전쟁과 폭력과 물질적 결핍의 원인과 조건을 가르치며, 이를 줄이거나 극복하는 데 기여하는 방법들을 모색한다.

그러나 이러한 식의 평화교육은 평화적 태도와 관용, 인내, 화해의 능력을 기르는 것을 주 과제로 삼아 수동성만 길러 주고 너무 무기력한 평화교육이 된다는 한계가 있다. 이후 평화교육은 소극적인 평화교육과 적극적인 평화교육으로 나뉘게 되었고, 사회 내의 구조적인 폭력들을 제거해 나가는 적극적인 평화교육의 의미가 대두되면서 실천적인 움직임이 있는 평화교육에 대한 새로운 인식이 생겨나기 시작했다(정두용 외, 2000).

평화교육이 지니는 최종 목표는 보편성을 띠지만 평화교육은 구체적인 시간과 공간 속에서 다양한 모습으로 실천된다(박보영, 2004: 55-70). 그러므로 평화교육은 사회적으로 문제가 되고 있는 구체적인 실생활의 이슈들을 다루어 아동이 평화의 가치와 현실의 비평화 모습을 비판적으로 바라보고 고민하며 적합한 태도를 갖출 수 있도록 도와야 한다(김병연, 2011). 이를 위해 학자들은 평화교육에서 다루어야 할 구체적인 내용을 다음과 같이 제시하고 있다. 먼저 힉스(Hicks)는 평화교육에서 다뤄야 할 지식으로 갈등 문제, 평화 문제, 전쟁 문제, 핵 문제, 정의 문제, 권력 문제, 성 문제, 인종 문제, 생태학적 문제, 미래에 관한 문제 등 10가지 주제를 제시하였다(김병연, 2011). 또 해리스(Harris)는 평화 개념의 풍부함을 파악하기, 공포를 다루기, 안보에 관한 정보를 제공하기, 전쟁 행위를 이해하기, 문화 간 이해를 증진시키기, 미래지향성을 갖도록 하기, 과정으로서의 평화를 가르치기, 사회정의를 수반하는 평화 개념 정립하기, 생명 존중을 자극하기, 갈등을 비폭력적으로 관리하기의 10가지가 평화교육의 다양한 학습목표에 따른 교육활동을 구성함에 있어 기본적인 틀이 된다고 하였다(Ian & Mary, 2003). 고병헌은 평화교육에서 다루어야 할 내용으로 분단 · 군사 문화, 경제적 세계화, 생태계 파괴와 환경오염, 차별 문제, 가족과 전통의 해체, 과소비 문화, 정보화 부작용, 교육 파행과 공교육 실종, 인권 문제 등을 제시하고 있으며, 박보영은 평화, 통일, 인권, 환경, 지구화를 말하였다(김병연, 2011). 김병연은 앞의 내용을 종합하여 평화교육의 내용으로 9가지 범주, 즉 평화 개념에 관한 교육, 전쟁 문제에 관한 교육, 핵 문제에 관한 교육, 통일교육, 인권교육, 갈등교육, 다문화교육, 세계화와 개발교육, 환경교육을 제시하였다.

지금까지 살펴본 것과 같이 세계시민교육으로서의 평화교육은 갈등, 전쟁, 평화와 관련된 주제뿐만 아니라 세계시민교육의 다른 주제들인 인권교육, 환경교육, 다문화교육 등을 모두 포괄할 정도로 폭넓은 범주의 교육이라 할 수 있다. 평화교육은 타인을 인정하고 존중하며 세계의 평화를 위해 협동하여 노력한다는 점에서 인권, 환경, 다문화의 주제와 긴밀하게 연결될 수밖에 없다. 그러나 여기에서는 갈등과 전쟁, 평화 등의 주제에 좀 더 초점을 두기로 하겠다. 교육과학기술부(2008)에서는 세계시민교육으로서 평화교육의 내용으로 '평화로운 우리' '평화를 위한 노력' '전쟁과 평화' 를 제시하고 있다. 이를 바탕으로 유아 수준과 초등 수준에서 다룰 수 있는 세계시민 평화교육의 내용을 정리하면 다음과 같다.

✽ 유아 수준

- 평화의 개념
- 평화의 소중함
- 세계의 비평화적인 현실
- 우리나라 분단의 현실
- 평화 실천을 위한 우리의 자세

✽ 초등 수준

- 평화의 보편적인 가치
- 비평화가 초래하는 문제점과 고통
- 갈등, 분쟁의 평화적인 해결방법
- 정치 · 경제 · 사회적 관점에서 본 비평화 문제와 상호의존성
- 우리나라 분단의 역사적인 배경
- 통일의 장애물과 통일에 대한 다양한 관점
- 평화적인 통일을 이루기 위한 노력
- 상호협력을 통한 평화 실현

4) 세계시민 평화교육의 학습방법

세계시민 평화교육은 평화와 비평화에 대한 개념 이해 및 현실 인식을 바탕으로 하지만 궁극적으로는 아동이 평화에 대한 감수성을 기르고 평화를 실천하도록 돕는 것을 목표로 하고 있다. 따라서 세계시민 평화교육을 실시할 때 아동이 평화와 비평화에 대해 문자적으로 이해하는 것에 그치지

않도록 주의해야 한다. 아동이 평화적 감수성을 기르고 평화를 실천하는 것으로 나아가기 위해서는 평화의 소중함과 비평화의 아픔을 충분히 공감하는 것이 필요한데, 그러한 점에서 평화교육 관련 주제의 그림책은 좋은 교육매체가 될 수 있다. 그림책을 읽으면서 아동은 주인공에 동일시하며 주인공이 겪는 사건을 함께 경험하게 되기 때문이다.

예를 들어, 『백장미』(크리스토프 갈라즈 글, 로베르토 인노첸티 그림, 이수명 역, 아이세움, 2003)와 같은 그림책은 세계사 속에서 자행되었던 학살과 세계대전의 아픔을 아동의 눈높이에서 보여 준다. 주인공인 로즈 블랑슈에게 전쟁이란 그저 시끄러운 장갑차가 다니는 것에 지나지 않았다. 그러던 어느 날, 로즈 블랑슈는 한 소년이 탈출하다 잡혀 트럭에 실려 가는 것을 우연히 목격하게 된다. 그리고 그 뒤를 따라갔다가 수용소 안에서 굶주리고 있는 수많은 또래 아이들과 마주치게 된다. 이러한 그림책을 읽는 아동은 로즈 블랑슈의 눈을 통해 비평화 현실 속의 또래 아이들을 만나게 될 것이며, 비평화가 가져다주는 슬픔과 참혹함을 공감할 수 있을 것이다. 평화교육과 관련된 그림책에는 이처럼 아동이 주인공으로 등장하는 경우가 많다. 책 속의 아동 주인공은 전쟁을 경험하면서 가족을 잃거나 소중한 친구와 헤어지고, 혹은 단짝 친구인 인형을 잃어버린다. 이러한 그림책을 통해 아동은 세계의 다른 곳에서 살아가고 있는 또래 아동에 대하여 연대감을 느끼게 되며, 또한 전쟁을 겪는 어려움에 처한 아동이나 평화와 비평화 이슈에 관심을 갖게 될 것이다.

평화교육을 실시할 때 주의해야 할 또 다른 사항은 교육의 궁극적인 목적이 비판이나 분노, 갈등을 지속시키는 데 있는 것이 아니라 오로지 평화가 임하는 것임을 간과하지 않아야 한다는 점이다. 평화교육에서 비평화적인 현실의 모습을 인식하고 비판적으로 분석하다 보면 비평화의 현상 그 자체에 충격을 받아 평화가 아닌 분노를 느끼는 것에 그칠 수 있다. 그러나 비평화를 인식하고 비판적으로 바라보는 것은 비평화를 초래한 어리석음을 반복하지 않고 평화를 회복하기 위한 것이다. 따라서 평화교육에서 그림책을 활용할 때에는 지나치게 폭력적이거나 비평화로 인한 분노와 슬픔, 고통에 초점이 맞추어져 있는 책은 피하도록 한다. 평화교육은 과정으로서의 평화도 함께 포함하고 있다. 비평화 너머로 평화에 대한 희망과 소망을 바라볼 줄 아는 그림책이 평화교육에 활용되어야 한다.

옛 유고슬라비아 어린이들의 글과 그림을 엮은 『나는 평화를 꿈꿔요』(유니세프 엮음, 김영무 옮김, 비룡소, 1994)는 전쟁의 참혹성을 알리고 세계 평화를 위해 어린이들이 직접 메시지를 전하였다는 점에서 세계시민을 위한 평화교육의 목표와 서로 닿아 있다고 할 수 있다. 전쟁에 대한 참혹한 이미지와 슬픔의 글들은 전쟁을 겪은 어린이들이 직접 손으로 쓴 것이다. 하지만 이 책은 전쟁을 이어가기 위해 전쟁을 기억하려는 의도로 씌어진 것이 아니다. 이 책의 저자 중 한 명인 에디나는 '세상의 모든 어린이에게' 라는 제목으로 편지를 실었는데, '세상의 다른 어린이들이 마음을 상하는 것을 원치는 않지만, 너희도 우리가 겪은 일들을 알아야 하고, 이런 일이 다시는 누구에게도 일어나지 않아야 한다

『나는 평화를 꿈꿔요』
유니세프 엮음, 김영무 옮김, 비룡소, 1994

는 생각에 이러한 책을 만들게 되었다.' 고 소개한다.

『세상에서 가장 아름다운 나의 마을』(고바야시 유타카 글 · 그림, 길지연 옮김, 미래M&B, 2003)은 비평화의 현실을 색다른 방식으로 보여 준다. 전쟁의 참혹함을 오히려 평화가 지니는 아름다움과 소중함을 통해 전달하는 것이다. 봄이면 살구꽃이 피는 아름다운 피구만 마을 그리고 오순도순 살아가는 정겨운 가족의 모습에서는 전쟁의 불꽃이나 부상당해 피 흘리는 사람을 찾아볼 수 없다. 하지만 그림책 마지막 페이지, 어느 날 전쟁이 일어나 아름답고 행복한 파구만 마을이 사라졌다는 그 한 문장만으로 아동의 평화 감수성을 충분히 불러일으키게 된다.

한편, 유아 수준에서의 평화교육은 아동이 구체적인 일상에서 접할 수 있는 폭력 문화와 평화 문화를 인식하고, 분별하도록 돕는 것이 필요하다. 따라서 평화의 개념을 추상적으로 다루는 것보다 아동이 평화 개념을 자신의 삶에 적용하여 이해할 수 있도록 구체적으로 제시하는 것이 좋다. 예를 들어, 『평화는요』(토드 파 글 · 그림, 예림당, 2006)에서는 평화의 개념을 새로운 친구가 점점 많아지는 것, 잘못했을 때 미안하다고 사과하는 것과 같이 구체적이면서 소박한 개념으로 설명하고 있다.

반면에 초등 수준에서의 평화교육은 세계의 분쟁과 비평화적인 현실의 모습을 구체적인 사례를 통해 제시하거나 평화 및 비평화가 여러 나라, 여러 민족과 상호 연결되어 있다는 점을 중심으로 이루어질 수 있다. 『지뢰 대신에 꽃을 주세요』(야나세 후사코 글, 요 쇼메이 그림, 송승희 · 선곡유화 옮김, 청어람미디어, 2004)와 같은 책은 아동에게 전쟁 무기인 지뢰에 대한 정보를 줄 뿐만 아니라, 평화를 위해 구체적으로 어떤 실천을 할 수 있는지 알게 해 준다.

3. 그림책 속 평화

1) 평화교육과 그림책

최근의 평화 논의에서 평화 개념은 전쟁이 없거나 신체적 · 언어적 폭력이 없는 상태를 뜻하는 소극적이고 직접적인 것에서 적극적 · 간접적 · 구조적 · 문화적인 것으로 확대되고 있다. 여기에서 강조되고 있는 것은 문화적 평화(cultural peace)와 평화적인 수단에 의한 평화(peace by peaceful means)교육이다(김용찬, 2003).

또한 평화교육에서는 환경 구조의 개선이라는 거시적인 차원의 평화교육과 개인의 의식과 태도의 개선이라는 미시적인 차원의 평화교육이 병행되어야 한다. 즉, 사회 구조 속에 녹아 있는 반 평화적인 관점들을 바로잡아 나가면서 동시에 개개인을 대상으로 하는 평화교육이 아동으로부터 성인에 이르기까지 평생 교육으로 이루어져야 한다.

미시적 관점에서 개인의 의식과 태도 개선이 나타나는 그림책의 예로 『나는 나야!』(마리 루이스 피츠패트릭 글 · 그림, 이상희 옮김, 내인생의책, 2006)를 들 수 있다. 이 책에는 파란 머리 아이와 빨간 머리 아이가 등장하는데, 이들은 자기중심적인 생각과 말로 '나' 만을 강조하다가 그만 세상을 황폐화시키고 만다. 즉, 다른 사람과 나의 차이점이나 나의 소중함에만 관심을 갖는다면, 그것 역시 평화를 저해하는 요소가 될 수 있음을 보여 준다. 이 책을 읽는 아동은 자기 자신을 소중히 여기는 것만큼 다른 사람도 소중하게 여김으로써 비로소 평화가 이루어질 수 있음을 알게 될 것

마리 루이스 피츠패트릭 글 · 그림, 이상희 옮김, 내인생의책, 2006

이다.

한편, 평화교육은 나와 다른 사람들이 어떻게 함께 사는가를 의식화시키고, 갈등 관계를 대화와 화해, 합의를 통해 평화적으로 해결하는 교육(정두용 외, 2000)이다. 따라서 평화교육은 전쟁이나 학살의 체험을 다루거나 반전의식을 갖게 하는 것으로 끝나서는 안 된다. 평화교육을 통해 아동은 평화와 관련된 보편적인 가치들을 함께 인식할 수 있어야 한다. 『도서관을 구한 사서-이라크의 알리아 이야기-』(마크 앨런 스태머티 글 · 그림, 강은슬 옮김, 미래M&B, 2007)는 2003년 이라크 전쟁 당시 도서관 관장이었던 알리아가 이웃과 시민들과 힘을 합쳐 도서관의 책들을 구해 내는 실화를 바탕으로 하고 있다. 이 책은 인류가 피워 낸 소중한 문화의 꽃들이 전쟁으로 인해 시들어 가고 소실될 수 있음을 생각하게 해 준다. 냉혹한 전쟁 속에서도 알리아의 이웃과 시민들은 문화와 역사를 사랑하고 아끼는 마음으로 하나가 된다. 또한 『시간의 종말을 위한 4중주곡』(젠 브라이언트 글, 베스 펙 그림, 이현정 옮김, 맑은가람, 2007)에서는 제2차 세계대전의

젠 브라이언트 글, 베스 펙 그림, 이현정 옮김, 맑은가람, 2007

유태인 수용소를 배경으로 하고 있지만, 암울한 수용소 안에서 빛나는 예술혼과 음악의 아름다움에 대한 가치에 중점을 둔다.

평화교육은 가정, 학교, 대중매체, 교회, 정당, 노동조합 등의 단체나 조직, 그 밖의 여러 사회교육기관이나 시민운동단체에서 이루어질 수 있다. 그림책에도 평화를 실천하는 다양한 단체가 등장하곤 한다(정두용 외, 2000). 특히 그림책에는 학교보다도 가정에서 전쟁을 경험하거나 혹은 가정에서 자연스럽게 평화교육이 이루어지는 모습을 종종 볼 수 있다. 『나비가 전해 준 희망』(패트리샤 폴라코 글 · 그림, 최순희 옮김, 베틀북, 2005)에서 모니크는 어느 날 밤 우연히 유령 소녀를 만나게 된다. 세브린이라는 이름의 그 소녀는 사실 유령이 아니라 어머니가 집안에 몰래 숨겨 준 유태인 가족의 딸이었다. 세브린과 모니크는 서로에게 소중한 친구가 되어 주었지만, 함께 있는 모습을 다른 이들에게 들키는 바람에 세브린의 가족들은 즉시 안전한 곳으로 피신하게 된다. 세브린을 위해 나비를 간직하

패트리샤 폴라코 글 · 그림, 최순희 옮김, 베틀북, 2005

고, 세브린의 가족을 불안한 마음으로 떠나 보내면서 모니크는 전쟁이란 결단코 일어나서는 안 되는 것임을 자연스럽게 깨닫게 된다. 또한 어머니의 모습을 보면서 또래에 대한 우정과 이웃에 대한 사랑을 실천하는 것이 곧 평화임을 배우게 된다. 『기억할게요』(루스 반더 지 · 매리언 스나이더 글, 빌 판스워드 그림, 이현정 옮김, 맑은가람, 2007)에는 주인공 소년이 가족 여행을 통해 홀로코스트에 대한 역사적 사실을 배우고 평화교육을 경험하게 된다는 내용이 담겨 있다.

2) 평화 관련 그림책

평화를 주제로 한 그림책은 초기에 주로 외국의 좋은 그림책들이 번역 출간되는 형태를 띠었는데, 최근에는 국내 작가들의 창작 그림책도 점점 많아지고 있다. 그러다 보니 평화와 비평화 이슈에 대한 내용도 기존에는 세계사의 외국 사례 및 사건이 중심이 되었지만 점차 한국의 비평화 현실과 한국 전쟁, 분단의 아픔 등이 새롭게 조명되고 있다. 특히 여러 출판사에서 평화를 주제로 하여 그림책 시리즈를 기획하거나 국내외 작가들이 평화와 비평화에 대하여 함께 고민하고 논의하며 평화 그림책 창작의 움직임을 보이고 있다는 점은 주목할 만하다. 초록개구리 출판사에서는 2009년 '평화를 배우는 교실' 시리즈를 번역 출간하였고, 보리출판사에서는 2010년 '평화발자국' 시리즈를 출간하였다. 특히 평화발자국 시리즈는 그림책을 포함하여 만화, 사진첩 등 다양한 형식으로 국내의 평화 이슈를 다루고 있다. 2010년 9월 나미북스에서 출간된 『*Peace Story*』는 제5회 남이섬 국제어린이책 축제의 일환으로 기획되었는데, 22개국 42명의 작가들이 평화를 주제로 만든 22가지의 이야기를 묶은 것이다. 또한 한국 · 중국 · 일본의 3개국 그림책 작가들이 수년간의 회의와 논의를 거쳐 진행하고 있는 한 · 중 · 일 평화그림책 프로젝트가 있다. 프로젝트를 통해 창작된 그림책은 현재 위안부 이슈를 다룬 『꽃 할머니』(권윤덕 글 · 그림, 사계절, 2010), 한국의 분단 현실을 다룬 『비무장지대에 봄이 오면』(이억배 글 · 그림, 사계절, 2010), 평화의 개념을 다룬 『평화란 어떤 걸까?』(하마다 게이코 글 · 그림, 박종진 옮김, 사계절, 2011), 중일전쟁 당시의 소박한 사람들의 삶을 다룬 『경극이 사라진 날』(야오홍 글 · 그림, 전수정 옮김, 사계절, 2011), 전쟁터에서 목숨을 잃은 한 병사의 넋이 이야기를 이끌어 가는 『내 목소리가 들리나요』(다시마 세이조 글 · 그림, 황진희 옮김, 사계절, 2012)가 사계절출판사에서 출간되었다.

평화와 비평화 이슈를 다루는 그림책은 세계시민교육의 또 다른 주제인 인권, 환경, 국제협력과 긴밀히 연결되어 있지만, 이 장에서는 평화와 비평화에 대한 이슈를 중심 주제로 하고 있는 그림책을 주로 살펴보았다.

평화와 비평화 이슈를 다루는 그림책은 교육과학기술부(2008)에서 제안한 세 가지 분류인 '평화로운 우리, 전쟁과 평화, 평화를 위한 노력'을 참고하여 '1. 평화와 마음(평화 개념, 비평화의 원인과 마음, 평화 감수성), 2. 비평화 이슈(비평화가 가져오는 참상, 세계대전과 제국주의 침략, 한국전쟁과 분단, 독재와 사회갈등, 무기), 3. 평화를 위한 노력(평화에 대한 희망, 평화를 위한 실천, 평화를 사랑한 인물)'로 분류하였다. '1. 평화와 마음'은 평화에 대한 기본적인 개념과 평화의 보편적인 가치, 평화의 아름다움과 소중함을 보여 주는 평화 감수성, 사람들의 평화를 지향하는 마음 그리고 비평화가 이기적인 마음에서 비롯됨을 보여 주는 그림책이 포함되었다. '2. 비평화 이슈'는 다양한 모습의 비평화 이슈와 그로 인해 아픔을 겪는 사람들의 이야기를 다룬 그림책이 포함되었다. 일반적인 모습의 전쟁이나 제국주의 침략, 독재, 위안군 등 비평화로 인해 야기되는 참혹함을 보여 주는 그림책과 특별히 세계대전 및 대학살과 관련된 주제, 한국의 특수한 분단 현실에 대한 소주제는 따로 분류하였다. '3. 평화를 위한 노력'은 평화를 위해 행동하고 실천하는 것에 대한 그림책으로서, 일반적으로 사람들이 노래하는 평화에 대한 희망이나 움직임에 대한 그림책, 평화를 위한 상호 협력의 모습이 담긴 그림책 그리고 평화를 사랑한 실제 인물에 대한 그림책을 포함한다.

세 가지 분류 중에서 '2. 비평화 이슈'를 주제로 한 그림책이 가장 많이 나타났는데, 이는 전쟁의 모습이나 참혹함, 사람들의 아픔을 다루는 주제가 다른 주제에 비하여 좀 더 구체적으로 그려질 수 있기 때문인 것으로 보인다. 그러나 비평화 이슈의 주제가 다소 무겁더라도 대부분의 그림책에서는 아동이 주인공으로 등장하여 전쟁의 긴박함 속에서도 의리를 지키거나 정의를 지향하고, 도움을 주고받는 내용이 주로 다루어져 정서적 유대감을 느끼게 해 준다.

장르의 측면에서는 픽션과 더불어 논픽션 그림책도 눈에 띄었는데, 전쟁과 평화에 대한 개념과 지식을 소개하는 정보그림책, 아동의 작품을 모아서 엮은 작품모음집, 기도집 혹은 인물의 생애를 다룬 전기그림책과 같이 다양한 형식의 논픽션 장르가 활용되고 있었다. 특히 픽션이든 논픽션이든 '실화를 바탕으로 한' 소재가 많았는데, 이것은 리얼리티를 강조함으로써 이야기 자체가 갖고 있는 진실함, 진정성을 확보하고, 독자가 이야기에 더욱 감정이입을 할 수 있도록 하기 위함이라고 생각된다. 또 실화를 다룬 책이 아니라 하더라도 주인공이 과거를 회상하는 방식으로 이야기가 진행될 때에는 마치 실제 있었던 이야기를 듣는 것 같은 감동이 더해진다.

이 장에서는 평화를 주제로 하는 그림책 중에서 15권을 선정하여 그림책의 내용을 소개하려고 한다. 소주제별로 선별하였으므로 세계시민 평화교육을 위해 대표적인 그림책을 살펴보고자 할 때 참고가 될 것이다.

〈표 7-1〉 대표적인 평화 관련 그림책

주 제		서 명	글/그림	출판사
평화와 마음	평화 개념	평화는요	토드 파 글 · 그림	예림당
	비평화의 원인과 마음	세상에서 가장 행복한 전쟁	데이비드 맥키 글 · 그림	베틀북
		왜?	니콜라이 포포프 글 · 그림	현암사
	평화 감수성	세상에서 가장 아름다운 나의 마음	고바야시 유타카 글 · 그림	미래아이
비평화 이슈	비평화가 가져오는 참상	언제나 네 옆에 있을게	루스 반더 지 글, 로널드 힘러 그림	맑은가람
	세계대전과 제국주의 침략	백장미	크리스토프 갈라즈 글, 로베르토 인노첸티 그림	아이세움
		에리카 이야기	루스 반더 지 글, 로베르토 인노첸티 그림	마루벌
		토끼들	존 마스든 글, 숀 탠 그림	물구나무
	한국전쟁과 분단	비무장지대에 봄이 오면	이억배 글 · 그림	사계절
	독재와 사회 갈등	글짓기 시간	안토니오 스카르메타 글, 알폰소 루아노 그림	아이세움
	무기	바람이 불 때에	레이먼드 브릭스 글 · 그림	시공주니어
평화를 위한 노력	평화에 대한 희망	나는 평화를 꿈꿔요	옛 유고슬라비아 어린이들 글 · 그림	비룡소
	평화를 위한 실천	도서관을 구한 사서	마크 앨런 스태머티	미래아이
		조각배 함대	루이스 보든 글, 마이클 포어먼 그림	문학과지성사
	평화를 사랑한 인물	안네 프랑크	조세핀 풀 글, 안젤라 배럿 그림	아이세움

(1) 평화와 마음

평화는요

- 소주제 : 평화 개념
- 글작가 : 토드 파
- 그림작가 : 토드 파
- 출판사 : 예림당
- 출판연도 : 2006년(국내 초판)
- 연령 : 유아 이상
- 장르 : 논픽션

이 책은 평화에 대한 개념을 광범위하고 다양한 각도에서 접근한 그림책이다. 한 페이지에 한 문장씩, 작가는 신발이 필요한 친구에게 신발을 주는 것과 같은 다양한 평화의 정의를 내리고 있다. 아동은 이 책을 읽으면서 추상적이고 관념적인 개념의 '평화'가 구체적으로 어떤 의미를 지니는 것인지 깨달을 수 있을 것이다. 또한 더 나아가서는 작가가 한 문장으로 표현한 것처럼 아이들도 자신이 생각하는 평화를 자신의 목소리로 표현할 수 있을 것이다. 그리고 평화는 나와 다른 사람을 인정하고 존중하는 데에서 출발되며, 모든 사람이 누릴 수 있는 권리임을 생각해 볼 수 있다.

세상에서 가장 행복한 전쟁

- 소주제 : 비평화의 원인과 마음
- 글작가 : 데이비드 맥키
- 그림작가 : 데이비드 맥키
- 역자 : 민유리
- 출판사 : 베틀북(프뢰벨)
- 출판연도 : 2004년(초판), 2005년 (국내 초판)
- 연령 : 유아 이상
- 장르 : 픽션

전쟁을 '행복'이라는 단어와 연결하다니……. 제목을 보는 순간 왠지 거부감이 먼저 든다. 게다가 맥키 특유의 귀여운 일러스트레이션은 전쟁이 정말 작고 귀여운 장난감 병정들로 놀이하는 것처럼 보이게끔 한다. 그러나 작가가 말하고자 하는 행복한 전쟁이란, 전쟁 자체에 임하지 않는 '작은 마을'의 평화 사랑을 뜻한다. 전쟁에서 한 번도 져 본 적이 없는 장군은 마지막 남은 아주 작은 마을까지도 차지하고 싶어 전쟁을 일으킨다. 하지만 전쟁을 원하지 않은 작은 마을은 오히려 병사들을 반갑게 맞이하여 함께 평화로운 시간들을 보낸다. 결국 '큰 나라' 사람들은 무기를 전혀 들지 않은 작은 마을의 노래와 놀이를 스스로 즐기며 작은 마을의 문화에 흠뻑 빠져든다. 전쟁은 사람의 마음에서 시작되지만, 평화 역시 사람들의 마음속에 언제나 자리 잡고 있다. 평화를 누릴 줄 아는 작은 나라 사람들이 큰 나라 사람들 마음속에 잠들어 있던 평화를 흔들어 깨우는 이야기다.

왜?

- 소주제: 비평화의 원인과 마음
- 글작가: 니콜라이 포포프
- 그림작가: 니콜라이 포포프
- 출판사: 현암사
- 출판연도: 1995년(초판), 1997년(국내 초판)
- 연령: 유아 이상
- 장르: 픽션

이 책은 단지 한 송이의 꽃을 사이에 두고 한 마리의 개구리와 한 마리의 쥐가 서로 싸우는 것으로 시작된다. 하지만 시간이 흐르면서 점점 개구리 종족과 쥐 종족 간의 싸움, 더 복잡하고 진보된 과학기술이 곁들여진 전쟁으로 상황은 악화된다. 얼핏 이들의 전쟁은 작고 귀여운 장난감처럼, 놀이처럼 보이기도 하지만, 전쟁의 끝은 어느 한 쪽의 승패가 아니라 그들 모두의 죽음과 시든 꽃만을 남긴다는 것을 보여 준다. 글은 단 한 줄도 없지만, 오히려 많은 말을 그림 속에서 찾아낼 수 있기에 이 그림책은 좀 더 어린 연령의 아동이 전쟁의 모습과 평화를 이루는 방법에 대해 생각해 볼 수 있게 해 준다.

세상에서 가장 아름다운 나의 마을

- 소주제: 평화 감수성
- 글작가: 고바야시 유타카
- 그림작가: 고바야시 유타카
- 역자: 길지연
- 출판사: 미래아이(미래M&B)
- 출판연도: 1995년(초판), 2003년(국내 초판)
- 연령: 유아 이상
- 장르: 픽션

이 책은 아프가니스탄의 전쟁을 그린 그림책이다. 그러나 이 책에서는 단 한 명의 군인도, 단 한 대의 탱크도 등장하지 않는다. 오히려 봄이면 자두나무, 벚나무, 배나무 등으로 꽃동산이 되는 파구만 마을의 아름다운 풍경이 먼저 눈에 들어온다. 그리고 소박한 시골 사람들의 정겨운 모습, 읍내의 북적거리는 시장 풍경 등은 여느 마을과 다름없이 아프가니스탄도 평범하고 일상적인 하루가 흘러가는 평온한 곳이었음을 보여 준다. 그러나 파구만 마을의 마지막은 그해 겨울, 전쟁으로 인해 마을이 파괴되고 지금은 아무것도 없다는 단 한 줄의 글뿐이다. 소박하고 아름다운 파구만 마을을 통해 이 책의 독자들은 오히려 끔찍한 전쟁의 얼굴을 더 잘 들여다볼 수 있을 것이다.

(2) 비평화 이슈

언제나 네 옆에 있을게

- 소주제: 비평화가 가져오는 참상
- 글작가: 루스 반더 지
- 그림작가: 로널드 힘러
- 역자: 여우별
- 출판사: 맑은가람
- 출판연도: 2008년(초판), 2009년(국내 초판)
- 연령: 초등 이상
- 장르: 픽션

킴은 네 살 때 집 앞에서 놀다가 폭격을 맞는다. 구덩이에서 함께 몸을 숨겼던 엄마의 마지막 말은 "두려워하지 마. 언제나 네 옆에 있을게."였다. 폭격으로 인해 킴은 엄마도 잃고, 시력도 잃고, 세상에 혼자 덩그러니 남겨진다. 이 책은 베트남 전쟁을 겪은 한 여자아이의 실화를 다루고 있다. 전쟁에 대한 수많은 그림책에 글을 쓴 작가 루스 반더 지는 아동에게 삶의 진실을 알려 주고 희망과 용기를 주는 이야기를 전하고 싶어 이 책을 만들게 되었다고 한다. 이 책의 주인공 킴은 베트남 전쟁 중에 차이나 해변이라는 고아원에 살면서 다친 눈을 치료받기 위해 미국을 오가다가, 결국 미국 가정에 입양되어 보살핌을 받는다. 세계 도처에서 전쟁을 겪고 있는 아이들의 슬픈 현실과 고통을 생각해 보게 해 준다.

백장미

- 소주제: 세계대전과 제국주의 침략
- 글작가: 크리스토프 갈라즈
- 그림작가: 로베르토 인노첸티
- 역자: 이수명
- 출판사: 아이세움
- 출판연도: 1985년(초판), 2003년(국내 초판)
- 연령: 초등 이상
- 장르: 픽션

독일의 작은 도시에 살던 로즈 블랑슈에게 전쟁이란 그저 흥미로운 전차와 낯선 군인들에 대한 것뿐이었다. 그러던 어느 날, 로즈 블랑슈는 한 남자 아이가 트럭에 실려 가는 것을 목격하고, 호기심에 트럭을 따라 갔다가 전기 철조망 담 너머로 노란별을 달고 있는 아이들을 발견한다. 그 후, 로즈 블랑슈는 서로를 감시하는 사람들 틈에서 몰래 수용소 아이들을 찾아가 먹을 것을 전해 준다. 작가는 이 작품을 통해 전쟁을 이해하지 못하는 아동이 어떻게 전쟁을 체험하게 되는지 보여 주고 싶었다고 한다. 특히 작가는 제2차 세계대전 당시 전쟁과 나치에 항거한 독일 젊은이들의 저항 단체 이름인 '백장미(로즈 블랑슈)'를 주인공의 이름으로 택하였는데 이에 대해 아이들과 함께 이야기를 나누어 볼 만하다.

에리카 이야기

- 소주제 : 세계대전과 제국주의 침략
- 글작가 : 루스 반더 지
- 그림작가 : 로베르토 인노첸티
- 역자 : 차미례
- 출판사 : 마루벌
- 출판연도 : 2003년(초판), 2005년(국내 초판)
- 연령 : 유아 이상
- 장르 : 픽션

이 책은 '작가의 글' 에서부터 시작된다. 작가는 제2차 세계대전이 끝난 지 50주년 되는 기념일에 우연히 에리카라는 이름의 부인을 만나는데, 에리카는 자신의 아주 어린 시절 이야기를 들려준다. 갓 태어난 에리카는 원래 부모의 품에 안겨 수용소로 향하는 기차에 올랐었다. 그러나 에리카의 부모는 아기만은 살아남길 바라는 간절한 마음으로 창밖으로 에리카를 던졌고, 결국 에리카만 살아남았다. 마치 덜컹거리는 기차 소리에 슬픈 리듬을 맞추듯 에리카는 부모의 마음을 더듬어 보며 당시의 모습을 그려 나간다. 그러한 에리카의 목소리에는 안타까운 부모의 마음과 부모를 그리워하는 에리카의 마음이 함께 묻어난다. 수용소로 향하는 기차에서 극적으로 생명을 구한 에리카의 이야기는 전쟁이란 나와 상관없는 '단어' 가 아니라, 나와 가족의 생명과 평화를 깨뜨리는 실제적인 것임을 일깨워 준다.

토끼들

- 소주제: 세계대전과 제국주의 침략
- 글작가: 존 마스든
- 그림작가: 숀 탠
- 역자: 엄혜숙
- 출판사: 물구나무(파랑새어린이)
- 출판연도: 2003년(초판), 2004년 (국내 초판)
- 연령: 초등 이상
- 장르: 픽션

언제부터인가 토끼들이 이 땅에 들어오기 시작했다. 토끼들은 점점 더 많이 들어왔고, 자기 나라밖에 몰랐다. 또 온 나라에 퍼져 길을 내고 집을 짓고, 나무를 베어 내고, 결국에는 땅이 헐벗고 검게 불타고 말았다. 이 책은 제국주의적인 침략의 역사, 자연 파괴적인 이민의 역사를 상징적으로 보여 준다. 자기 나라밖에 모르는 욕심에 찬 토끼들은 그야말로 순한 토끼의 탈을 쓰고 대륙을 침략하여 널리 퍼져 나가고 자연과 문화를 해친다. 이 책을 통해 아동은 다소 어려울 수 있는 제국주의적 침략의 역사를 이해하고 오늘날까지 이어지고 있는 전쟁과 가난, 문화 파괴의 원인에 대해 새롭게 생각해 볼 수 있을 것이다.

비무장지대에 봄이 오면

- 소주제: 한국전쟁과 분단
- 글작가: 이억배
- 그림작가: 이억배
- 출판사: 사계절
- 출판연도: 2010년(초판)
- 연령: 유아 이상
- 장르: 픽션

남과 북이 분단된 한국의 현실을 우리는 종종 잊고 살아간다. 분단의 현실을 가장 극명하게 보여 주는 것은 남과 북의 군사분계선 사이에 존재하는 비무장지대일 것이다. 분단의 역사만큼 오랫동안 긴장하고 있는 땅, 그러나 자연 그대로의 평화를 간직한 아이러니한 땅이다. 한·중·일 평화그림책 프로젝트로 기획된 이 책은 비무장지대의 사계절을 보여 준다. 그러나 단순히 자연의 아름다움을 보여 주는 책이 아니다. 각 계절마다 자연의 평화로움과 군대의 긴장 그리고 북녘 고향을 바라보는 할아버지의 안타까운 마음이 대비를 이루어 전개된다. 한국전쟁과 분단의 현실을 깨닫기 위해 비무장지대를 잊어서는 안 되겠지만, 그보다 이 그림책이 의미 있게 다가오는 이유는 비무장지대에 봄이 올 것이라는 희망도 놓지 않고 있기 때문이다.

글짓기 시간

- 소주제 : 독재와 사회갈등
- 글작가 : 안토니오 스카르메타
- 그림작가 : 알폰소 루아노
- 역자 : 서애경
- 출판사 : 아이세움
- 출판연도 : 1998년(초판), 2003년(국내 초판)
- 연령 : 초등 이상
- 장르 : 픽션

지난 몇 달 사이 동네에는 군인들이 배치되고, 엄마, 아빠를 비롯한 어른들은 조그만 라디오에 귀를 기울인다. 페드로는 친구들과 신나게 축구시합을 하는데 문득 거리가 조용해지고 다니엘의 아빠가 군인들에게 끌려가는 것을 보게 된다. 군인들은 학교에도 들이닥쳐 아이들에게 '우리 식구가 밤마다 하는 일' 을 글짓기로 쓰게끔 한다. 독재를 위해 아이들을 이용하고 있는 것이다. 2003년 유네스코 아동문학상을 받은 이 그림책은 독재라는 어두운 현실을 아이의 눈을 통해 그려 내고 있다. 살아남기 위해 글짓기를 하지만, 또한 살아남기 위해 거짓말을 해야 하는 불편한 현실이 잘 드러나 있다.

바람이 불 때에

- 소주제 : 무기
- 글작가 : 레이먼드 브릭스
- 그림작가 : 레이먼드 브릭스
- 역자 : 김경미
- 출판사 : 시공주니어
- 출판연도 : 1970년(초판), 1995년(국내 초판)
- 연령 : 초등 이상
- 장르 : 픽션

전쟁이 일어나 영국에 핵폭탄이 떨어졌다는 무서운 상상에서 출발하는 이 그림책은 핵폭탄으로 인해 시들어 가는 세상과 쓸쓸히 죽어 가는 한 노부부의 삶을 그리고 있다. 레이먼드 브릭스가 보여 주는 수많은 그림을 통해 오늘날 자국의 안전과 평화를 명목으로, 여러 국가에서 보유하고 있는 핵폭탄이 지구와 인류를 위협하는 강력한 무기임을 구체적으로 볼 수 있다.

(3) 평화를 위한 노력

나는 평화를 꿈꿔요

- 소주제: 평화에 대한 희망
- 글작가: 옛 유고슬라비아 어린이들
- 그림작가: 옛 유고슬라비아 어린이들
- 역자: 유니세프
- 출판사: 비룡소
- 출판연도: 1994년(초판), 1994년(국내 초판)
- 연령: 유치 이상
- 장르: 논픽션

이 책의 저자는 전쟁을 겪은 옛 유고슬라비아 어린이들이다. 그들의 마음속 상처와 평화에 대한 희망을 담은 글과 그림을 국제기구인 유니세프에서 책으로 엮은 것이다. 어린이들은 가족이 부상을 당하거나 전쟁터에 나간 것에 대한 걱정과 집과 마을이 부서지는 것에 대한 두려움, 조용하고 깨끗하고 안전한 곳에서 평화롭게 지내기를 바라는 기본 권리를 애타게 희구하는 마음 등을 강렬한 색과 구체적인 이미지로 표현하고 있다. 성인의 교훈적인 목소리가 아닌, 전쟁의 아픔과 고통을 직접 겪은 어린이들의 목소리는 독자의 가슴 속에 더 깊게 울려 퍼질 것이다. 그러나 이 그림책이 더욱 감동적으로 다가오는 것은 단순히 전쟁의 아픔만을 전달하려고 한 것이 아니라, 이 책을 통해 세계의 어린이들이 평화에 좀 더 관심을 갖고, 적극적으로 평화를 지킬 수 있기를 소망하였기 때문이다. 이 그림책을 엮은 단체인 유니세프는 이러한 평화를 위해 노력하는 국제기구 중 하나다.

도서관을 구한 사서

- 소주제: 평화를 위한 실천
- 글작가: 마크 앨런 스태머티
- 그림작가: 마크 앨런 스태머티
- 역자: 강은슬
- 출판사: 미래아이(미래M&B)
- 출판연도: 2004년(초판), 2007년(국내 초판)
- 연령: 초등 이상
- 장르: 픽션

이 책은 이라크의 바스라 중앙도서관장 알리아의 실화를 바탕으로 만들어졌다. 2003년 이라크에 전쟁이 일어났을 때, 후세인 대통령은 무기와 군대를 보호하기 위해 도서관을 이용하였다. 그러나 문화와 역사가 담긴 책이 다치는 것을 염려한 알리아는 폭발음과 총소리들 사이에서 이웃들을 설득하여 도서관의 책을 함께 구해 낸다. 결국 도서관은 불에 타고 말았지만, 알리아는 다시 새 도서관의 설계와 건축에 힘을 쏟는다. 이 책은 사람들의 이기심과 악한 마음으로 인하여 전쟁이라는 참혹한 사태가 벌어질지라도, 우리는 본래 평화로운 마음을 갖고 있을 뿐만 아니라, 평화를 사랑하는 마음을 갖고 있음을 보여 준다. 혼란스럽고 위험한 가운데에서도 사람들은 함께 힘을 합쳐 책을 구해 내고, 귀중한 평화도 함께 이루어 낸다.

조각배 함대

- 소주제: 평화를 위한 실천
- 글작가: 루이스 보든
- 그림작가: 마이클 포어먼
- 역자: 장미란
- 출판사: 문학과지성사
- 출판연도: 1997년(초판), 2004년 (국내 초판)
- 연령: 초등 이상
- 장르: 픽션

1940년 5월, 유럽의 많은 나라는 나치 독일과 전쟁을 벌이고 있었는데, 독일군의 포위로 인해 프랑스의 케르크에는 여러 국가 출신의 병사들이 남겨지게 되었다. 이 책은 케르크에 남겨진 병사들을 구출하기 위해 다양한 국적의 군함과 어선들이 서로 협력하여 기적을 이루어 낸 이야기로, 실제 있었던 사건을 바탕으로 재구성한 것이다. 당시 케르크에 다다른 다양한 국적의 크고 작은 배들은 가족과 형제를 생각하며 국적을 불문하고 병사들을 힘겹게 날랐으며, 이러한 방식으로 33만 8천 명이 넘는 병사들이 무사히 돌아올 수 있었다고 한다. 작은 고깃배일지라도, 다른 나라의 배일지라도, 그들에겐 타인이 더 이상 타인이 아니었던 것이다. 이 책은 진정한 평화란 타인을 나와 같이 여기는 마음이며, 내 가족처럼 사랑하는 마음에서 비롯될 수 있는 것임을 일깨워 준다.

안네 프랑크

- 소주제: 평화를 사랑한 인물
- 글작가: 조세핀 풀
- 그림작가: 안젤라 배럿
- 역자: 김민석
- 출판사: 아이세움
- 출판연도: 2005년(초판), 2005년(국내 초판)
- 연령: 초등 이상
- 장르: 논픽션

나치의 박해를 받던 시절, 가족과 함께 숨어 지내며 일기로 기록을 남겼던 안네 프랑크의 이름은 오늘날 전 세계적으로 유명하다. 그러나 이 책 속에서 그려지는 안네는 어디에서나 볼 수 있는 지극히 평범하고 작은 소녀일 뿐이다. 이 그림책은 상상하기를 즐겼던 평범한 소녀 안네의 삶이 전쟁과 나치의 만행으로 인해 얼마나 안타깝고 슬프게 마감되는지를 보여 준다. 특히 숨어 지내는 그 작은 공간에서 안네는 여느 소녀와 다름없이 한 청년과 사랑에 빠지게 되는데, 전쟁의 그림자는 안네의 꿈, 사랑, 미래를 죽음과 절망으로 바꾸어 놓는다.

4. 그림책을 활용한 평화교육의 예

1) 평화와 마음

평화 개념

평화는요

토드 파 글 · 그림, 예림당, 2006

1. 학습목표
   - 평화의 풍부한 개념을 이해한다.
   - 나의 생활 속에서 평화로운 것과 평화롭지 않은 것을 찾아본다.
   - 세계에서 일어나는 평화와 비평화 이슈에 관심을 갖는다.
2. 대상연령: 유아 이상

3. 소요시간: 60분

4. 집단구성: 소그룹

5. 준비물: 색연필, 사인펜, 필기도구, 편지지, 사진기

✽ 도 입

1. 평화란 무엇이라고 생각하는지 함께 이야기 나눈다.
2. 작가의 어린 시절(유니세프 모금함을 들고 다녔던 경험)에 대해 소개하고, 이 책을 통해 작가가 평화를 실천하는 방식에 대해 이야기 나눈다.

✽ 그림책 읽기

1. 앞표지에 그려져 있는 9명의 모습에서 닮은 점과 다른 점을 찾아본다.
2. 지구와 다양한 얼굴들이 표지에 함께 그려져 있는 이유에 대해 생각해 본다.
3. 몇몇 장면에서는 문장을 미리 가려 놓고, 아동에게 어떤 문장이 있을지 그림을 보고 추측해 보도록 한다.

✽ 전 개

1. 평화에 대해 한 문장으로 말하기
    - 내가 생각하는 평화에 대해 그림을 그리고 한 줄로 글을 쓰도록 한다.
2. 세계화와 평화에 대해 이해하기
    - 아동이 각자 평화에 대해 쓴 종이 뒷면에 작가에게 보낼 편지를 쓰도록 한다(궁금한 것을 물어봐도 좋고, 내가 생각한 평화의 뜻에 대

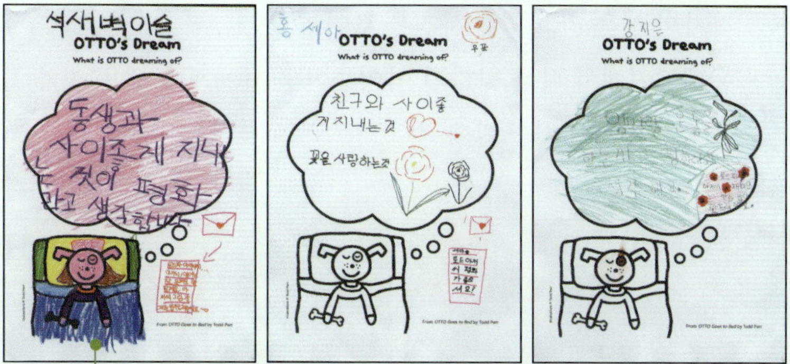

* 활동지 'OTTO's Dream'은 작가의 홈페이지
(www.toddparr.com/images/fun/todd-parr-kit.pdf)에서
무료로 제공한 것을 활용한 것임.
만 7세 아동의 '한 문장으로 평화 말하기' 활동지의 예

해 설명해도 좋다).

- 친구들 앞에서 돌아가며 발표한다.
- 그림책의 앞표지를 다시 보고, 평화와 세계의 관계에 대해서 생각해 본다.
- 교사가 평화와 세계화의 상호연관성에 대해 책 속의 구절을 예로 들며 설명해 준다.

❀ 마무리

1. 작가에게 편지 보내기
   - 작가의 홈페이지(www.toddparr.com)에 접속한다.
   - 작가의 책이 전쟁 중인 여러 나라에 보내져 다른 나라의 아이들이

작가의 책을 읽고 있는 사진을 보여 준다.

- 홈페이지에서 다른 나라의 아이들이 작가에게 보낸 편지와 사진을 소개하는 코너를 함께 본다.

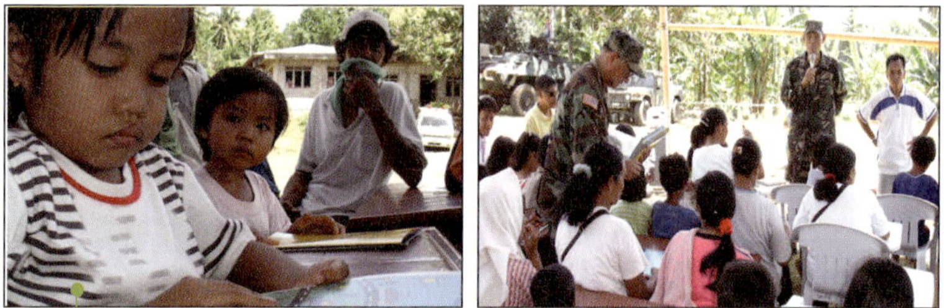

U.S. NGO "3P Foundation" Provides Books on Peace to Children on Jolo
(http://usembassy.state.gov/manila/wwwhr894.html에서 제공)

- 다른 나라의 아이들이 작가에게 어떻게 편지를 보낼 수 있었는지 이야기를 나눈다.

http://www.toddparr.com/schools/bellwood.html
http://www.toddparr.com/schools/index.html
http://www.toddparr.com/schools/allen_brook_school.html에서 제공

• 교사가 인터넷을 통해 편지를 보내는 것에 대해 설명해 준다.

http://www.toddparr.com/contacts

• 교사가 아동이 쓴 편지와 평화에 대해 쓴 장면, 아동의 모습을 사진으로 찍어 작가의 이메일 주소로 보낸다.
• 이후 작가에게서 답장이 온다면 아이들과 같이 이야기 나누는 시간을 갖는다.

비평화의 원인과 마음

세상에서 가장 행복한 전쟁

데이비드 맥키 글 · 그림, 베틀북, 2005

1. 학습목표
   - 사람들에게는 평화를 사랑하는 마음이 있음을 안다.
   - 다툼이나 전쟁이 일어나는 원인에 대해 생각해 본다.
   - 나와 다른 사람을 인정하고 존중하는 태도를 갖는다.
2. 대상연령: 유치 이상
3. 소요시간: 60분
4. 집단구성: 소그룹
5. 준비물: 8절지, 사인펜, 크레파스, 색연필 및 필기도구

✻ 도입

1. 텔레비전이나 책에서 전쟁의 모습을 본 경험을 나눈다.

2. 전쟁이 왜 일어날지 생각해 본다.
3. 책 제목을 함께 읽고, '행복한 전쟁' 이라는 제목이 붙은 이유를 생각해 본다.

❀ 그림책 읽기

1. 그림책의 앞면을 보고 책의 내용을 추측해 본다.
2. 그림책의 뒷면을 보여 주기 전에 앞면지와 비교하여 뒷면지에서는 어떤 그림이 나올지 예상해 본다.

❀ 전 개

1. 전쟁의 원인에 대해 이해하기
   - 장군은 전쟁을 일으키는 이유를 무엇이라고 했는지 찾아본다. 그리고 정말로 장군의 말이 맞다고 생각하는지 이야기 나누어 본다.
   - 큰 나라가 전쟁을 일으켰을 때, 작은 나라 사람들은 어떻게 했는지 이야기를 나누어 본다.
   - 병사들은 작은 나라에서 어떻게 변해 갔는지 이야기를 나누어 본다.
2. 힘이 세고, 강하고, 이기는 것에 대해 이야기 나누기
   - 장군이 다스리는 큰 나라는 힘이 세고, 강한 나라인지 이야기를 나누어 본다.
   - 작은 나라가 큰 나라와 다른 점은 무엇인지 이야기 나누어 본다.
   - 큰 나라와 작은 나라 중, 정말로 힘이 세고 강한 나라는 어떤 나라라고 생각하는지 이유를 들어 설명해 본다.

3. 행복한 전쟁이라는 제목으로 그림일기 쓰기

- 장군과 병사, 작은 나라 사람 중 한 명을 선택한다.
- 선택한 그 사람의 입장이 되어 그림일기를 쓴다.
- 제목은 '행복한 전쟁' 으로 정하고, 내용은 자유롭게 꾸민다.

✽ 마무리

1. 친구들 앞에서 자신이 쓴 그림일기를 발표한다.
2. 장군과 병사, 작은 나라 사람 각각이 생각하는 행복 그리고 전쟁이 각각 어떻게 다른지 살펴본다.
3. 전쟁이 일어나지 않게 하려면 어떻게 해야 하는지 이야기 나누어 본다.

평화 감수성

세상에서 가장 아름다운 나의 마을

고바야시 유타카 글 · 그림, 미래M&B, 2003

1. 학습목표
   - 사람들에게는 평화를 사랑하는 마음이 있음을 안다.
   - 평화로움이 가져다주는 행복과 아름다움을 느낀다.
   - 세계에서 일어나는 평화와 비평화적인 이슈에 관심을 갖는다.
2. 대상연령: 유치 이상
3. 소요시간: 60분
4. 집단구성: 중그룹
5. 준비물: 8절지, 사인펜, 색연필, 필기도구, 전쟁 중인 아프가니스탄의 보도 자료나 사진, 세계 지도

✽ 도입

1. 앞표지의 그림을 자세히 살펴본다.
2. 마을의 풍경과 사람들의 옷차림, 나무와 동물을 확인하고, 이 책이 어느 지역을 배경으로 하고 있는지 추측해 본다.
3. 아프가니스탄이라는 나라에 대해 들어본 적이 있는지 이야기 나누어 본다.
4. 작가가 파구만 마을에 대해 그림책을 만들게 된 배경에 대해 소개해 준다.

✽ 그림책 읽기

1. 파구만 마을의 아름답고 평화로운 장면을 보고 이야기 나눈다.
2. 우리가 살고 있는 마을과 어떤 점이 비슷하고 다른지 비교해 본다.
3. 마지막 장면을 읽기 전에 다시 봄이 되었을 때 파구만 마을에 어떤 변화가 생겼을지 이야기 나누기를 해 본다.

✽ 전개

1. 야모에게 감정 이입해 보기
   - 야모는 파구만 마을을 어떻게 생각할지 추측해 본다(야모의 말과 행동을 토대로 생각해 본다).
   - 야모가 다리를 잃은 병사를 만났을 때 어떤 느낌이 들었을지 생각해 본다.
   - 야모가 아기 양에게 지어 준 이름인 '바할'의 뜻을 다시 생각해 본다. 그리고 야모는 왜 양에게 '바할' 이라는 이름을 지어 주었을지

생각해 본다.

- 내가 만일 야모라면, 다가올 봄에 대해 어떤 소망과 계획을 품을 지 생각해 본다.

2. 전쟁이 마을에 끼치는 영향에 대해 생각해 본다.
   - 파구만 마을에 전쟁이 와서 무엇이 변화했는지 이야기 나눈다.
   - 야모의 생활과 야모의 소망은 어떻게 되었을지 생각해 본다.
3. 결과 다시 써 보기
   - 만약 파구만 마을에 전쟁이 일어나지 않았다면 이 책의 결과는 어떻게 바뀌었을지 상상해 보고, 결과를 다시 써 본다.

만 5세 아동의 '결과 다시 쓰기' 활동지의 예

✽ 마무리

- 각자의 결말에 대해 발표한다.
- 파구만 마을이 다시 예전처럼 아름다운 마을이 되기 위해서 무엇이 필요한지 생각해 본다.

2) 비평화 이슈

세계대전과 제국주의 침략

토끼들

존 마스든 글, 숀 탠 그림, 물구나무, 2004

1. 학습목표

- 국내외의 갈등이나 전쟁이 다양한 나라와 긴밀히 연관되어 있음을 인식한다.
- 전쟁, 분단, 강제 수용 및 격리, 이주, 대학살, 독재 등 구체적인 비평화의 개념을 이해한다.
- 국내외의 갈등이나 전쟁의 원인을 역사적인 배경과 사회경제적인 이슈를 바탕으로 비판적으로 생각해 본다.
- 세계의 평화와 비평화적 현실에 대해 관심을 갖는다.

2. 대상연령: 초등 이상

3. 소요시간: 80분

4. 집단구성: 중그룹

5. 준비물: 아프리카 지도, 다국적 기업에 관련된 신문 기사, 그림책 속의 주요 장면을 출력한 자료, 8절지, 풀, 테이프, 색연필, 사인펜, 자, 칼, 가위, 필기도구

✽ 도 입

1. 아프리카 지도를 보고 네모반듯한 영토 분할에 대하여 이야기 나눈다.
2. 교사가 제국주의적 침략의 역사에 대해 간단히 설명한다.
3. 다시 아프리카 지도를 보고 네모반듯한 구획이 오늘날 아프리카 대륙의 여러 나라에 어떤 영향을 주었을지 생각해 본다.

✽ 그림책 읽기

1. 토끼들의 크기와 모습이 점점 어떻게 변화해 가는지 살펴본다.
2. 그와 비례하여 자연환경이 점점 어떻게 변화해 가는지 살펴본다.

✽ 전 개

1. 토끼의 겉과 속 들여다보기
   - 다른 동물보다도 '토끼'를 주인공으로 한 이유는 무엇인지, 토끼라는 단어가 주는 느낌과 효과에 대해 이야기 나누어 본다.
   - 작가가 우화의 장르를 선택함으로써 전하고 싶은 주제를 전달하는 데 어떤 좋은 효과가 있었는지 추측해 본다.

2. 보도자료와 비교하여 비판적으로 글쓰기

- 준비한 보도자료들 중 하나와 그림책 속 장면 중 하나를 각자 고르도록 한다.
- 8절지 위에 보도자료와 그림책 속 장면을 나란히 붙이고 비교해 보도록 한다.
- 그림책을 통해 이야기 나누었던 것을 바탕으로 보도자료 속의 장면을 비판적인 시각에서 묘사해 본다.

✽ 마무리

1. 각자의 글쓰기를 발표한다.
2. 토끼들의 행동이 초래한 결과에 대해 이야기 나눈다.
3. 보도자료 속의 장면들과 그림책의 결론 부분을 비교하여 살펴본다.
4. 『토끼들』과 같은 결과가 나타나지 않으려면 어떻게 하면 좋을지 이야기 나눈다.

chapter 08

세계시민 환경교육

1. 함께 가꾸는 환경

환경은 우리를 둘러싸고 있는 모든 것을 말하며 우리는 그 안에서 환경과 상호작용하면서 생활한다. 지구는 세월이 흐르면서 문명이 발달하고 사회 · 정치적 문제뿐 아니라 첨단 과학기술의 발달로 인해 급변하고 있다. 이러한 변화는 기상 이변을 일으키고 이로 인한 자연 재앙은 물론, 환경오염, 생태계 파괴와 같은 결과를 가져오면서 기본적인 우리 삶의 터전을 위협하기도 한다. 또한 그 심각성은 일부 특정한 장소나 대상에게만 해당되는 것이 아니라 전 세계적인 문제로 대두되고 있다. 중국의 사막화로 인한 황사가 우리나라에도 영향을 주는 것처럼 한 나라의 환경 문제는 그 나라만의 문제가 아니라 전 세계적으로 연쇄작용을 일으키고 있다. 그렇기 때문에 현재 발생하는 환경의 문제는 한 국가의 차원을 넘어 세계적 관점으로 바라보아야 한다. 특히 '지구 온난화' 는 그 원인이나 결과가 사슬처럼 연결되어 자연 생태계를 변화시켜, 과거에는 예상할 수 없었던 집중호우나 가뭄, 이상 기온과 같은 자연재해를 일으키고 있다. 이렇게 지구의 온도가 높아지는 것은 인류의 과학기술이 발달하고 인구가 증가하면서 소비가 증가하고 온실가스인 이산화탄소의 배출량이 증가하였기 때문이다. 이러한 문제에 대한 심각성을 이미 전 세계인들은 알고 있으며 그것을 해결하기 위해 국지적인 노력에서 국가 간 문제로 협력하여 해결해야 할 것이다. 엘 고어(Al Gore)는 『불편한 진실』(엘 고어 글, 김명남 옮김, 좋은생각, 2006)에서 지구 환경의 변화에 대해 "이제 우리는 도덕적 · 윤리적 · 정신적인 도전이 필요하다."고 말한다. 자연이 우리에게 주었던 경고를 무시하는 비도덕적인 행위는 지구의 미래를 어둡게 할 수 있다는 것이다.

지구는 온 인류가 함께 살아가는 유일한 집이다. 그 누구의 소유가 될 수 없기 때문에 우리 모두가 함께 귀하게 사용하고 돌보아야 할 것이다. 한 나라의 국민으로서 바라보는 환경이 아니라 이 지구의 세계시민으로서 함께 가꾸어 나가야 할 것이다.

1) 환경의 정의

환경은 자연 환경뿐 아니라 인간이 만들어 낸 물리적 · 사회적 · 문화적 환경까지 포함한다. 자연의 사전적 의미를 살펴보면, 사람의 힘이 더해지지 않고 저절로 생겨난 산, 강, 바다, 식물, 동물 따위의 존재 또는 그것들이 이루는 지리적 · 지질적 환경이라고 정의한다(네이버 백과사전). 그와 달리 환경은 생물에 직간접적으로 영향을 주는 자연적 조건이나 사회적 상황을 생활하는 주위의 상태, 사물과 사람과의 관계적 개념이다. 즉, 환경은 인간과 뗄 수 없는 관계로 서로 영향을 주고받는다. 이때 인간의 행동은 환경에 영향을 미치는 주요 변수가 된다. 따라서 인간의 삶 속에서 나타나는 개인의 이익 추구, 인간의 무지와 나태함, 더 나아가서는 국가 간의 이해관계나 자본의 문제는 환경의 문제와 밀접하게 연결되어 있다고 할 수 있다. 환경은 우리를 둘러싸고 있는 모든 것을 포함하기 때문에 하나의 문제가 상호 연관되어 있어 다양한 관점에서 문제를 바라보는 시각도 필요하다.

2) 환경문제

환경문제는 1960년대부터 이슈가 되어 왔다. 레이첼 카슨(Rachel Carson)은 『침묵의 봄』(레이첼 카슨 글, 김은령 옮김, 에코리브르, 2001)에서 무분별한 살충제 사용으로 파괴되는 야생 생물계의 모습을 적나라하게 공개하였다. 이런 것을 계기로 레이첼 카슨은 전 세계 자연의 모든 구성 요소가 서로 연관되어 있다는 생태계의 가장 중요한 진실을 알려 주었다. 그러나 지금은 『침묵의 봄』이 발간되었을 때보다 생태계가 더욱 파괴되고 있어 수질오염, 대기오염, 토양오염 등 환경오염이 심각한 상태에 있다. 생태계는 상호 유기적 관계에 놓여 있기 때문에 한 요소의 문제가 새로운 문제를 발생시키며 결국 전반적인 자연환경 파괴의 결과를 낳는다. 이러한 자연환경 문제는 경제성장으로 인한 산업화와 도시화, 인구 증가, 전쟁, 국가 간 정치적 갈등 등이 원인이 되기도 한다. 이로 인해 인간이 유발하는 환경 문제는 기후변화, 생물 다양성의 손실, 인구 증가 및 소비의 팽창과 같은 것을 들 수 있다(최남숙, 2004). 그렇기 때문에 불안한 대기의 안정, 생물계의 풍요로움, 세계인구 안정은 인류의 미래에 절대적으로 중요하다.

이러한 지구환경 문제에 대해 인식하고, 접근하는 획기적인 전환점이 되었던 것은 1972년 스웨덴(Sweden)의 스톡홀름(Stockholm)에서 '단 하나뿐인 지구(Only One Earth)' 라는 주제로 개최되었던 유엔인간환경회의(The United Nations Conference on the Human Environment: UNCHE)다. 이 회의를 통해서 지구 환경보전을 위한 '인간환경선언'이 채택되었고, 환경 문제가 세계적 차원으로 부각되면서 국제 환경 문제를 보다 종합적이고 정치적인 차원에서 검토하는 계기가 마련되었다. 특히 환경 문제를 개인의 차원에서 공동체의 차원으로 확대함으로써 한 국가의 오염 행위가 다른 다수의 국가에게 피해를 줄 수 있고, 따라서 환경 문제는 전 인류의 문제임을 깨닫게 하였다.

그러나 환경오염은 계속 악화되었다. 그 후 1992년 6월 브라질(Brazil)의 리우데자네이루(Rio de Janeiro)에서 열린 '리우 환경 회의' 또는 '지구 정상회담'이라 불리는 '유엔환경개발회의(United Nations Conference on Environment and Development; UNCED)' 에서는 선진국과 개발도상국 간의 상당한 의견대립에도 불구하고 온실가스와 생물다양성에 관한 협약의 채택을 위해 각국이 서로 노력하였으며, 최종으로 '환경과 발전을 위한 리우선언' 과 '21세기 의제(Agenda 21)' 가 채택되었다(김창희, 1998). 지구환경보전을 위해 각국이 취해야 할 행동지침을 구체적으로 명시하고 실제 법적 구속력을 가진 기후변화협약과 생물다양성협약도 함께 발효되었다. 우리나라 역시 1993년 이 협약에 가입한 바 있다.

환경 문제에 대한 적극적 인식은 환경정책에 영향을 미치고 있다. 여기서 환경정책의 대상과제는 환경공해 문제, 자연환경 파괴, 지구환경 문제로 나눌 수 있는데, 환경정책의 정점은 현재 국가발전 전략을 종래의 GDP(Gross Domestic Product)에서 녹색 GDP로 바꾸는 것이다. 녹색 GDP는 기존의 국민총생산(GDP)이 가지고 있는 문제점을 개선하기 위한 방안으로 제기된 개념으로, 개발에 따른 자연파괴와 환경오염의 사회적 비용을 국내 총생산에서 차감하는 것이다. '삶의 질' 에는 경제적 가치뿐 아니라 환경가치도 포함되어야 한다는 것이 녹색 GDP의 전제다. 또한 녹색 GDP가 삶의 질을 반영하기 위해서는 지구 생태계의 유지가 전제조건이 되어야 한다.

3) 환경의 미래, 지속 가능한 발전

우리의 미래에 대해 그림을 그린다고 가정해 보자. 대부분이 과학발전으로 인한 상상화로 우주, 해저 도시, 하늘을 날아다니는 자동차 등을 떠올리기 쉽다. 미래 환경에 대하여 자연과 더불어 풍요롭게 살아가는 것보다 정보와 기술의 발달로 인한 삶의 편리함을 먼저 생각한다. 특히 요즘의 어린이들은 자연 친화적 경험이 부족하여 자연환경에 대한 풍부한 감성이 발달되지 못한 탓도 있을 것이다. 그러나 환경 문제는 이미 우리의 삶 속에 깊이 자리 잡고 있어 개인의 인식 변화 없이 문제가 해결되기는 어렵다. 우리 집 앞에는 어떤 쓰레기도 혐오시설도 안 된다는 님비(NIMBY) 현상이 대표적인 개인의 이기심이라고 할 수 있다. 환경 문제는 개인이나 국가의 문제가 아니라 지구촌의 문제로 확대되고 있으나 근본적으로 인간의 내면적 의식 구조를 변화시키지 않으면 안 된다(정두용 외, 2000). 지구 환경 문제에 대한 인식은 지구적 규모로 확대되어야 하고, 이를 해결하기 위해서는 일시적인 것이 아닌 지속 가능한 대책이 필요하다. 회복 불가능한 지구환경의 훼손은 우리의 미래를 박탈하는 것임을 깨달아야 한다. 환경을 보전하느냐, 개발하느냐에 대한 양극단의 생각 사이에서 우리는 지속 가능한 개발을 대안으로 생각할 수 있다.

지속 가능한 개발은 1970년대에 처음 출연했지만 이 용어가 발전에 대한 패러다임의 전환을 가져오게 된 결정적인 계기는 1987년 '환경과 개발에 관한 국제위원회(World Commission on Environment and Development: WCED)' 가 '공동의 미래(Our Common Future)' 라는 일명 브런트랜트 보고서(Brundtland Report)를 발간하면서였다. 환경이 개인의 문제가 아닌 우리 인류 전체의 공동의 관심사로 다루어져 미래로 지속 가능한 보존에 대해 관심을 갖게 된 것이다. 그 후 1992년의 리우환경회의에 이르러 이 새로운 패러다임은 전 세계적인 공감대를 형성하였다. '미래세대가 그들의 필요를 충족시킬 능력을 저해하지 않으면서 현세대의 필요를 충족시키는 것' 이라는 브런트랜트 보고서의 정의에서 볼 수 있듯이 지속 가능한 발전의 이념은 세대 간의 형평성을 지향하는 개념이다. 1992년 리우데자네이루에서 개최되었던 유엔환경회의의 지구환경선언에서 밝힌 환경정책의 목표는 '환경적으로 건전하고 지속 가능한 개발(Environmentally Sound and Sustainable Development: ESSD)' 이다. 이 지속 가능한 개발은 환경 문제에 대한 장기적인 대책이라고 할 수 있다. 현재의 자원이 적어도 현세대를 충족시켜 줄 정도로 유지되고 있으며, 이는 맡겨 둔 재산이라는 식으로 생각하는 협의의 범위를 벗어나는 것이다. 즉, 지속 가능한 개발은 다음 세대의 환경에 대한 요구를 훼손시키지 않으면서 현세대의 환경에 대한 요구를 충족시키는 개발로 정의된다. 미래 세대 역시 잘 살게 된다는 것을 보장하면서 우리 인류가 계속해서 잘 사는 것을 지향한다.

1987년 3월 환경과 개발에 관한 국제위원회(WCED)는 인류가 나아가야 할 기본전략 보고서인 '공동의 미래'에서 환경 보존과 개발은 서로 분리될 수 없음을 시사하고 있다. 환경 개발은 자연환경을 손상시킬 수 있고, 그것을 복구하기 위한 비용이 증가할 경우 정치적 · 경제적 이슈가 되기도 한다.

세계시민으로서 환경에 대한 인식은 국제회의를 통해서도 중요하게 다뤄지고 있으며, 지구를 함께 가꾸어 가야 할 대상으로 세계시민이 공동체 의식을 발휘하여 미래세대까지 지속 가능한 개발을 강조하고 있다.

이제 '환경적으로 건전하고 지속 가능한 개발'의 개념은 인간이 모든 문제 해결의 중심이며 후세대를 배려하고 현세대의 과도한 개발로 후세대의 환경을 위협하지 않도록 진행되는 개발을 의미한다. 최근 정치, 경제, 사회, 문화 등 전 분야의 정책 수립 시 가장 우선적으로 고려해야 할 기초개념이다.

환경교육의 목적이 환경적으로 소양 있는 시민을 육성하고 책임 있는 환경행동(responsible environmental behavior: REB)을 증진시키는 데 있다고 하였다(최돈형, 2005). 즉, 환경교육은 환경 친화적인 가치관과 태도를 가지고 지속 가능한 미래를 위하여 행동할 수 있는 환경소양인을 기르는 데 목적을 두어야 한다는 것이다.

4) 세계시민교육으로서의 환경

환경은 지역이나 국가적인 경계가 없이 세계시민 모두의 공동유산이기에 이에 대한 책임이 요구된다. 환경에 대한 의식을 개인과 국가적 차원에서 지구촌으로 확대 · 발전시켜 나가야 한다. 개인의 소유가 될 수 없는 환경을 함께 사용하고 함께 보존해야 하는 것으로 인식되어야 한다. 이제 우리는 세계시민으로서 지구촌에 대한 공동체 의식을 갖고 환경의 지속 가능한 발전과 보존으로 미래를 내다보아야 할 것이다.

2. 세계시민교육과 환경

1) 세계시민 환경교육의 필요성

최첨단 과학기술이 발달하여 생활이 편리해지고, 인간의 능력을 최대로 활용할 수 있는 시대가 온다 하더라도 인간은 자연환경의 순리에 역행하여 살 수 없다. 기상 이변으로 인해 일기예보가 빗나가면 우리 개인의 작은 계획에도 영향을 주는 것처럼 자연환경의 변화로 미래를 예측할 수 없을 때 많은 혼란을 가져올 것이다.

인간은 환경과 상호 관련성을 맺고 있으며, 환경은 다수가 사용하면서 환경문제를 일으키고 있다. 이에 환경문제에 대한 기술을 개발하는 것뿐 아니라 세계시민으로서 도덕성 및 환경 감수성을 증진시킬 필요가 있다. 환경교육은 환경 문제를 사전에 예방하는 것뿐 아니라 미래 환경에 대한 대비를 위해 필요하다.

1972년 스웨덴의 스톡홀름에서 '단 하나뿐인 지구' 라는 주제로 개최된 '유엔인간환경회의' (일명 '스톡홀름 회의')에서 제창된 '유엔 인간환경 선언문'은 환경 문제를 세계적 차원으로 부각시킴으로써 환경교육의 필요성에 대한 역사적 계기를 마련하였다.

세계시민교육의 일환으로 나와 관련한 것에서 국제적인 이슈에까지 확대하여 공동체의식을 함양하는 것을 필요로 한다. 이를 통해 국가 간의 상황을 이해하고, 전 세계적인 환경 이슈에 대해 민감성을 키워 다함께 지구를 보전하고 후대에 물려 줄 올바른 정신을 키워야 한다. 특히 미래의 주인공인 어린이들은 환경에 대한 감수성을 향상시킬 필요가 있다.

2) 세계시민 환경교육의 목표

환경교육은 환경적으로 소양 있는 시민을 개발하고 책임 있는 환경행동을 증진시키는 것을 목적으로 한다. 책임 있는 환경행동을 유발하기 위한 환경교육을 통해 주인의식과 실천역량(empowerment)을 개발하는 기회를 어린이에게 부여해야 한다.

오늘날 환경교육은 자연연구와 현장학습, 도시연구에 중심을 두었던 60, 70년대 교육에서 벗어나 점차 전 지구적인 수준의 시각을 기르는 세계시민교육으로 발전하고 있다. 따라서 환경의 문제에서 정치, 경제, 문화의 관계를 고려하며 개인이 환경 문제를 해결하는 데 행동할 수 있는 실천역량이 중심주제가 되고 있다. 이때 환경에 대한 지식, 가치, 태도의 기초로써 정서적인 반응, 즉 '환경 감수성(Environmental Sensitivity: ES)'

이 선행되어야 한다. 환경 감수성이란 환경에 대한 정서적인 느낌 또는 환경을 감정이입적 시각으로 보는 정의적 속성이다(남상준, 1999). 환경 감수성은 환경에 대한 더 많은 문제, 쟁점에 대해 알 수 있게 하는 기본 바탕이 된다.

환경교육의 원리는 환경에 관한 교육과 환경을 위한 교육으로 이루어져야 한다. 환경에 관한 교육은 환경에 대한 관심, 지식, 개념, 태도, 기능과 함께 경험적인 요소를 포함한다. 환경을 위한 교육은 환경 감수성, 도덕적인 측면을 포함하며, 더 나아가 환경을 위한 행동으로 나아가는 것이다. 이러한 과정을 통한 환경교육은 지속적인 영향을 줄 수 있도록 해야 한다.

✻ 유아 수준

유아의 경우 관계적 환경의 의미를 알게 되는 입문단계다. 환경교육은 환경을 구성하고 있는 자연환경과 인공환경에 대한 지식과 인식을 하며 자기 주변에서부터 환경의 개념을 형성하여 폭넓게 확장해 나가야 한다. 〈표 8-1〉(환경부, 2002)은 유치원 교육과정에서 실천할 수 있는 환경교육의 내용을 제시한다. 환경에 대한 지식과 기술을 익히기 위해 가정, 유치원, 또래 집단 속에서 다양한 경험이 필요하다. 그리고 환경과 환경변화에 대한 인식이 필요하며 관심을 기를 수 있도록 해야 한다.

가. 지식

① 우리를 둘러싼 환경의 다양성에 대해 안다.

② 환경문제와 원인에 대해 안다.

〈표 8-1〉 유치원 과정의 지속 가능성 관련 교육 내용

영역	내용	
건강생활	목표	건강과 안전에 관련된 지식과 기술을 익힘으로써 건강하고 안전한 생활습관을 가진다.
	내용	안전: 환경오염이나 재해에 대비하기
사회생활	목표	나와 다른 사람의 관계를 이해함으로써 서로 협력하고 더불어 살아가는 능력을 기른다.
	내용	사회 현상과 환경: 환경 보전에 관심 가지기
탐구생활	목표	주변생활과 자연현상을 이해하는 데 필요한 기초적인 탐구 능력과 태도를 기른다.
	내용	과학적 탐구: 생물에 대하여 관심 가지기, 자연현상에 대하여 알아보기

나. 기능

① 세계시민으로서 환경의 문제에 대한 심각성에 대해 판단할 수 있다.

② 환경 보전에 대해 관심을 갖는다.

다. 가치 · 참여

① 세계시민으로서 지구환경을 가꾸기 위한 개인의 노력을 실천한다.

✽ 초등 수준

초등 과정의 환경교육에 대해 최영분(2004)은 [그림 8-1]에서 환경교육의 목표인 지식 · 인식, 기능, 태도, 행동 · 참여가 정치, 경제, 사회, 환경 등과 조화와 균형을 이루어 지속 가능성 교육으로서 환경교육이 달성되는 것이라고 말한다.

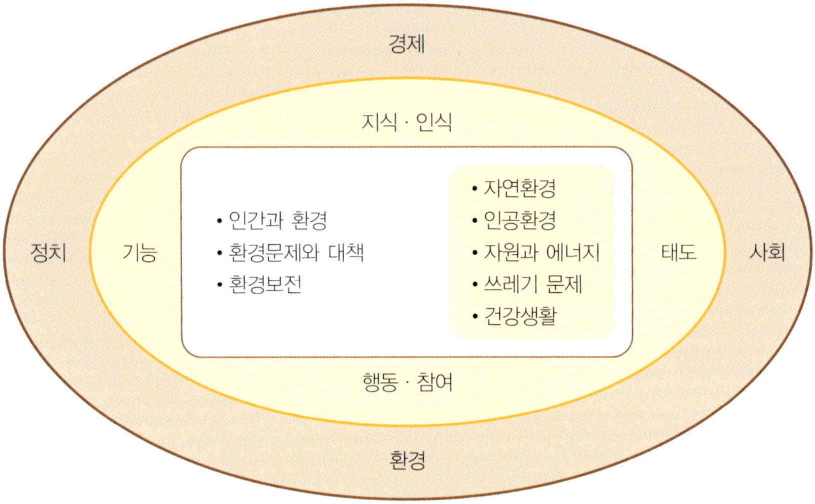

그림 8-1 지속 가능성 교육으로서 초등학교 환경교육의 영역

가. 지식

① 자연 환경을 이루고 있는 요소에 대해 안다.

② 전 지구적 차원에서 자연 환경이 연관되어 있음을 안다.

③ 지구의 환경문제에 대해 안다.

④ 환경 보전에 대한 방법을 안다.

나. 기능

① 지구 환경이 처한 문제를 파악하고 인류 공동의 문제로 인식할 수 있다.

② 환경 문제에 관한 경험을 증진시킬 수 있다.

다. 가치 · 참여

① 쾌적한 환경을 위한 참여 행동에 대해 찾아본다.

② 환경 문제의 심각성을 깨닫고, 지속 가능한 발전을 위해 할 수 있는 일을 찾는다.

3) 세계시민 환경교육의 내용

세계시민교육으로서의 환경은 상호의존적인 특성을 고려하여 정치, 경제, 문화와 같은 다양한 맥락 안에서 다뤄져야 한다. 환경에 대한 개념과 환경 문제 발생의 원인, 결과 그리고 대책을 인식하고 공감하여 개인이 활발하게 참여할 수 있는 적극적인 태도를 보여 주는 것이 중요하다.

환경교육에서 가장 중요하게 다루어야 할 관점은 '상호의존성' 이다. 환경을 유기체를 위한 물리적 · 생물적 · 사회적 · 경제적 · 정치적 · 미적 · 구조적인 주변 것들의 총체라고 했을 때, 상호의존성이란 인간을 둘러싼 자연환경, 인공환경, 인간행동환경 등의 환경요소들이 서로 연관을 맺고 영향을 미치는 유기적 관계로 존재하고 있음을 의미한다.

한국교육개발원에서는 세계시민 환경교육의 내용을 환경 개념, 환경 문제, 환경 보호로 구분하여 제시한다.

여기에서 환경 개념은 다시 자연환경, 인공환경, 인구로 세분화하여 볼 수 있는데 자신과 가까운 개념에서 관계적 범위로 확장시켜 나가게 된다. 환경 문제의 경우 도시화와 산업화의 개념에서 그로 인한 문제를 다루고, 자원은 무엇이며 그것이 고갈되는 것에 대한 문제와 환경오염의 여러 가지 원인을 내용 속에 포함하고 있다. 이러한 환경 개념이 발달하고 환경 문제에 대한 인식이 형성되었을 때 환경 보호를 위한 행동의 차원이 포함된다. 이때 세계시민 환경교육은 그 행동 범위가 지역 수준에서 국가 수준, 국제 수준의 문제와 대책으로 확대되어 그 관심과 쟁점을 환경 교육 안으로 끌어들이게 된다. 세계시민 환경교육의 내용을 유아와 초등 수준으로 나누어 보면 다음과 같다.

✽ 유아 수준

- 자연환경, 인공환경, 인구의 개념
- 환경 문제의 원인과 그 결과
- 환경오염에 대한 우리의 자세

✽ 초등 수준

- 생태계의 순환과 환경의 중요성 인식
- 정치, 경제, 사회적 관점에서 본 환경 문제의 상화의존성
- 환경 문제의 원인과 그 대책
- 세계시민으로서 환경 문제에 참여할 수 있는 방법

4) 세계시민 환경교육의 학습방법

환경교육을 실천하는 교육적 접근은 크게 세 가지로 구분 지을 수 있다. 첫째는 환경에 대한 지식을 강조하는 과학적 접근법, 둘째는 유아와 환경 간의 정서적 유대감 형성을 강조하는 정의적 접근법, 정의적 · 인지적 접근 간의 통합을 강조하는 탐구적 접근법이 있다(박희숙, 2010). 1980년대 초기의 환경교육은 환경에 대한 지식을 강조하였으나, 지식이 태도와 행동의 변화를 초래하는 데 한계가 있다는 인식이 확산되면서

정의적 접근법에 관심이 모아졌다. 정의적 접근법은 유아와 환경 간의 정서적 유대감을 형성한 후 현재 직면한 환경문제의 실태를 자연스럽게 다루어야 한다는 입장이다. 그러나 최근에는 유아의 가치와 태도만으로는 행동으로 연계되지 못한다는 지적이 제기되면서 환경에 대한 지식과 태도는 상보적인 관계이므로 통합적으로 다루어져야 한다는 주장이 제기되고 있다. 즉, 정의적인 측면을 기초로 인지적 · 행동적인 측면까지 통합적으로 다루어져야 한다는 것이다(김정화, 2011).

환경교육은 환경 안에서(in), 친환경적 태도를 형성하고, 환경에 대한(about) 지식을 습득하며, 궁극적으로 환경을 위해(for) 행동할 수 있도록 하는 것이라 규정할 수 있다(Murdh, 1993). 예를 들어 몰리 뱅(Molly Bang)의 그림책 『(우리 모두의 지구) 물과 숲과 공기』(2006)는 공동으로 쓰던 풀밭을 여럿이 나눠 쓰게 되면서 자원이 고갈되자, 서로 규칙을 정하여 공동 소유를 지켜 내려고 노력하는 한 마을 사람들의 이야기로 시작된다. 이 책 한 권에 환경의 구성요소인 자연환경, 인공환경, 인구가 등장하며

몰리 뱅 글 · 그림, 최순희 옮김, 마루벌, 2006

이들이 행하고 있는 갖가지 환경 파괴 그리고 그것을 해결할 수 있는 대체에너지 등이 글 또는 그림 속에 표현되고 있다. 마을과 공동묘지를 함께 그려 자연의 순환에 대해 암시하고, 이는 나만의 지구가 아니라 모두가 잠시 사용하는 것이기에 최선의 선택으로 환경을 사용하고 다음 세대에 물려주어야 할 것을 시사하고 있다.

그림책은 글과 그림을 통해 공감하고 감정이입할 수 있는 매체로서 세계시민 환경 교육의 목표인 '환경 감수성'을 함양하고 책임 있는 환경행동을 증진시키기에 적절한 매체다. 환경에 대한 기본적인 개념이나 지식의 습득을 통해 글로벌 관점의 상호 의존적인 관계를 이끌어 내어 환경 문제가 우리 모두의 문제라는 것을 인식하도록 도울 것이다.

3. 그림책 속 환경

1) 환경교육과 그림책

대부분의 어린이는 자연환경에 직접적으로 노출되기보다는 도시생활에 더욱 익숙하여 자연에 대한 감성이나 참여가 소극적일 수밖에 없다. 환경에 대해 그림책은 환경과 생태계의 파괴를 직접적이며 사실적으로 서술하고, 동시에 그 파괴의 원인에 대해 성찰한다. 한편, 자연이나 환경이 직접 나타나지 않더라도 생태적 문제를 심도 있게 다루거나 환경을 보호하고 아끼는 관점에서 생태계 문제를 바라보고 생태계의 현 상황을 비판하는 것을 넘어서서 미래의 생태사회를 꿈꾸고 모색하기도 한다(김용민, 1999: 195-213). 어린이들은 이러한 문학작품을 통해 감정 이입을 하고 상상력을 발달시킬 수 있다. 또한 자연의 아름다움과 환경의 다양한 요소를 관찰하며 공감할 수 있고, 파괴되거나 오염되는 환경 문제에 대해 공감하는 능력을 발달시켜 자연 환경을 보살피고자 하는 태도를 형성하게 된다.

그림책은 환경교육을 위한 다양한 주제와 내용을 담고 있다. 첫째, 환경의 개념을 인식할 수 있도록 사실적인 정보를 일상생활 경험을 다룬다. 『나무는 좋다』(재니스 메이 우드리 글, 마르트 시몽 그림, 강무홍 옮김, 시공주니어, 1997)는 나무가 우리 생활에 필요한 존재임을 인식시켜 준다. 『숲은 어떻게 만들어지는가?』(윌리엄 재스퍼슨 글, 척 에카르트 그림, 이은주 옮김, 비룡소, 2000)는 제목에서처럼 숲의 형성 과정을 보여 주며, 특히 그림 읽기를 통해 숲 속의 다양한 생명체들이 어울려 살아가고 있음을 읽어 낼 수 있다. 둘째, 자연 훼손에 관한 내용을 담고 환경 보호에 대한 인식을 일깨워 주고 있다. 『(우리 모두의 지구) 물과 숲과 공기』(2006)는 인간의 이기적인 행동으로 인해 자연환경을 파괴하는 과정을 보여 주고 있다. 『사라지는 물고기』(앨런 시더 글, 킴 미셸 도프프 그림, 윤나래 옮김, 다섯수레, 2006)는 화려한 그림으로 바다 속의 아름다움을 표현하면서 각 장면의 하단에 흑백으로 그려진 부분에 우리가 행하는 자연훼손의 행동이 표현되었다. 원래의 바다 모습만큼이나 아름답게 그려진 그림에 점점 물고기가 사라져 가고 맨 마지막에는 '없음'으로 끝나며 허무함과 후회를 느낄 수 있다. 셋째, 환경 파괴의 원인을 다양하게 다루고 있는데, 그중에서 산업 발달로 인한 도시화와 과학 발달이 가져올 수 있는 자연환경을 어떻게 파괴시키고 있는가를 보여 주고 있다. 직접적으로 환경을 보호하자는 목소리를 내는 것이 아니라 개인의 경험을 통해 공감을 불러일으킨다. 『강물이 흘러가도록』(제인 욜런 글, 바버러 쿠니 그림, 이상희 옮김, 시공주니어, 2004)과 『뗏목을 타고』(짐 라마르크 글 · 그림, 이주희 옮김, 느림보, 2005)는 그림 또한 부드러운 톤으로 표현되어 자연스럽게 그림책에 집중할 수 있도록 돕는다. 넷째, 환경 보전을 위한 참여 행동을 제안하기도 한다. 분리수거를 주제로 환경파괴를 막을 수 있는 실천적 대안을 통해 우리가 할 수 있는 환경 참여 행동을 제안하고 있다. 『이건 꿈일 뿐이야』(크리스 반 알스버그 글 · 그림, 손영미 옮김, 베틀북, 2006)와 같은 그림책이 그러하다. 다섯째, 인간이 자연과 함께 공동체를 이루며 살아가야 함을 제시하기도 한다. 『아프리카의 기적』(사쿠사 카즈마사 글, 요 쇼메이 그림, 양미화 옮김, 문학동네, 2005)은 밀렵꾼에게 엄마를 잃은 아기 코끼리를 돌보는 동물 보호소의 사육사 다프네와의 우정을 통해 인간과 동물이 동반자로 살아가야 함을 말하고 있다.

이렇듯 그림책은 친근한 내용과 경험을 바탕으로 자연친화적인 경험을 떠올릴 수 있고, 그림 감상을 통해 심미적인 안목을 기르며 글과 연관된 내용을 풍부하게 상상하고 해석하며 환경 감수성을 발달시키는 데 기여할 수 있다는 장점이 있다.

2) 환경 관련 그림책

환경을 주제로 한 책들이 이미 많이 나와 있다는 것은 환경문제의 심각성과 교육의 필요성이 반영된 것이라 할 수 있다. 특히 기본적인 생태환경에 대한 지식과 정보를 주로 전달하였거나 특정 지역의 환경을 소개하는 차원의 이야기는 배제하고, 세계시민교육의 관점에서 자연과 인간과의 관계, 전 지구적인 환경의 문제, 환경오염 실태, 참여 행동을 보여 주는 책들을 골라 보았다. 그림책은 유아와 아동을 대상으로 하여 환경에 대한 개념을 보다 친근하게 이해할 수 있는 책들이 많이 있다. 아름다운 자연환경이 어떻게 오염되고 파괴되고 있는지에 대한 내용은 세계시민 환경교육의 이슈이기 때문에 가장 많은 비중을 차지하였던 반면, 적극적인 참여 행동을 이끄는 내용은 많이 찾아볼 수 없었다. 또한 환경에 대한 기본 개념을 다루고 있는 책을 배재하였음에도, 환경과 인간의 보편적인 관련성을 담고 있는 개념 중심의 책이 많은 것은 그림책이 어린 연령을 대상으로 그려졌기 때문인 것으로 해석된다.

환경에 대한 내용을 좀 더 구체적으로 살펴보면 환경에 대한 지식과 개념을 습득할 수 있는 책 중에서 동물이나 식물과 같은 한 영역의 주제를 다양하게 다큐멘터리 형식으로 설명하는 책, 나무, 공기, 지구와 같이 구체적인 주제를 선정하여 다양하고 깊이 있게 다루고 있는 책들이 있었다. 이처럼 그림책에는 유아들이 환경 감수성을 발달시킬 수 있는 친근한 주제들이 많은 것으로 보인다.

생태계의 파괴 원인이 나타난 책들 중에는 개발로 인한 자연환경의 파괴를 다루고 있는 책, 과학 발전으로 인해 개발과 보존의 갈등을 표현하고 있는 책, 도시화로 인한 파괴의 결과를 다루고 있는 책, 우리의 잘못된 생활습관으로 인한 파괴를 다루는 책이 있었다. 이러한 책들은 어린 유아들이 도덕적 추론능력을 발달시켜 환경을 보존하기 위한 올바른 태도를 형성하는 데 기여할 것이다.

환경보호를 위한 우리의 노력과 참여 방법을 다루고 있는 책은 소극적

대처방법이라고 할 수 있는 개인의 일상적인 노력을 보여 주는 책이나 단체의 도움을 받거나 공동체를 이루어 문제를 해결하려는 책들이 포함되었다.

그림책은 유아나 초등 저학년을 대상으로 하는 책이 많으므로 자연환경에 대한 개념을 형성할 수 있도록 돕는 책과 환경 문제를 인식할 수 있는 책이 우세하게 많았으며, 적극적인 참여 행동을 보여 주는 책의 수는 적었다. 그림책을 통해 자연환경의 아름다움을 경험하고 환경 감수성을 길러 지속 가능한 환경 보전의 의식을 함양할 수 있다.

세계시민 환경교육에 적합한 그림책은 자연환경에 대한 개념 형성을 돕는 책, 환경 파괴를 다루는 책, 참여 행동을 이끄는 책으로 나누어 소개하고자 한다.

〈표 8-2〉 대표적인 환경 관련 그림책

주 제		서 명	글/그림	출판사
환경 개념	자연의 소중함	두고 보자! 커다란 나무	사노 요코 글 · 그림	시공주니어
환경 보호	미래지향적 환경	(우리 모두의 지구) 물과 숲과 공기	몰리 뱅 글 · 그림	마루벌
	자연보호의 중요성	우리의 소중한 약속	마가렛 덩클 글, 로버트 잉펜 그림	마루벌
환경 파괴	수질오염	사라지는 물고기	앨런 시더 글, 킴 미셀 도프트 그림	다섯수레
	도시화	엄마가 미안해	이철환 글, 김형근 그림	미래아이
	산업화	강물이 흘러가도록	제인 욜런 글, 바버러 쿠니 그림	시공주니어
	동물학대	별이 된 시로	이노우에 유우카 글, 요 쇼메이 그림	태동출판사
	전쟁	도도새와 카바리아나무와 스모호 추장	손춘익 글, 송수정 그림	다림
	과학발전	잭과 못된 나무	브라이언 와일드 스미스 글 · 그림	시공주니어
참여 행동	분리수거	이건 꿈일 뿐이야	크리스 반 알스버그 글 · 그림	베틀북
	환경보호	숲을 그냥 내버려 둬!	다비드 모리송 글 · 그림	크레용하우스
	수질보호	피터의 바다	셜리 그린드레이 글, 마이클 폴먼 그림	정인출판사

(1) 환경 개념

두고 보자! 커다란 나무

- 소주제: 자연의 소중함
- 글작가: 사노 요코
- 그림작가: 사노 요코
- 역자: 이선아
- 출판사: 시공주니어
- 출판연도: 1992년(초판), 2004년(국내 초판)
- 연령: 유아 이상
- 장르: 픽션

나무 한 그루와 그 나무를 싫어하는 아저씨의 이야기로 항상 곁에 있는 자연이 우리에게 얼마나 소중한 존재였는지를 깨닫게 해 주며 나와 자연과의 관계를 생각해 보게 하는 책이다. 이 책은 제목 '두고 보자'에서 볼 수 있듯이 아저씨는 나무에 대한 감정이 좋지 않다. 나무가 집 옆에 있으니 새들이 날아와 시끄럽고, 그늘 때문에 빨래도 마르지 않고, 가을에는 나뭇잎을 쓸어야 하고……. 불평이 쌓인 아저씨는 결국 나무를 잘라 버리지만 곧 후회를 하며 참회의 눈물을 흘린다. 그리고 얼마 후 나무 밑동에서 새싹이 나오는 것을 보고 열심히 나무를 돌보며 그 소중함을 깨닫게 된다. 불평으로 시작한 이 이야기는 나무가 얼마나 우리에게 소중한 존재였는지 깨닫게 되면서 자연환경에 대한 올바른 인식을 불러 일으키고 있다.

(2) 환경 보호

(우리 모두의 지구) 물과 숲과 공기

- 소주제: 미래지향적 환경
- 글작가: 몰리 뱅
- 그림작가: 몰리 뱅
- 역자: 최순희
- 출판사: 마루벌
- 출판연도: 1997년(초판), 2006년(국내 초판)
- 연령: 유치 이상
- 장르: 픽션

지구의 환경, 자원, 에너지는 개인의 것이 아니라 공공의 소유라는 것을 알려 주면서 우리 인간이 환경에 대해 어떻게 행동해야 하는가를 생각하게 하는 책이다. '이제 우리는 후손들을 위해 결단을 내려야 합니다.' 라고 시작하는 이 책은 우리에게 주어진 자연환경을 함께 사용하기 위해 규칙을 정하고 그것을 따르며 살아가는 모습을 보여 준다. 현재 주어진 자원을 마음대로 사용하거나 고갈시켜 다음 세대에게 나눠 줄 것이 없다면 우리의 미래는 없을 것이다. 지금 당장을 위해 물고기를 많이 잡고, 나무를 베어 버리면 결국 우리 모두의 물과 숲과 공기가 없어지게 된다는 것을 일깨워 준다. 책을 펼치면 각 장면은 그림이 많은 부분을 차지하고 있으며, 글은 책의 하단에 구분되어 있다. 이러한 배치는 그림 속에서 암시하는 메시지를 각 장면의 그림에서 찾아볼 수 있도록 한다. 우리의 자원을 지혜롭게 사용하고 후대를 위해 보존하기 위해 우리는 무엇을 해야 하는가 생각해 보게 된다.

우리의 소중한 약속

- 소주제: 자연보호의 중요성
- 글작가: 마가렛 덩클
- 그림작가: 로버트 잉펜
- 역자: 이명희
- 출판사: 마루벌
- 출판연도: 1987년(초판), 2003년(국내 초판)
- 연령: 초등저 이상
- 장르: 논픽션

우리가 해야 하는 자연보호란 어떤 것일까? 작가는 글과 그림의 관계를 적절히 사용하여 자연보호의 중요성을 표현하였다. 그림이 글을 그대로 설명하는 것이 아니라 그림 속에서 해석되는 부분이 더 큰 책이다. '지구'는 우리의 집이고 우리의 집을 돌보기 위해 우리가 해야 하는 것이 자연보호라고 말한다. 오래된 것을 그대로 지켜서 아름답게 보존하여 우리 미래를 보다 밝게 해야 함을 강조한다. 그림 속에는 글로 표현되지 않은 의미가 담겨 있어 더욱 깊이 사고할 수 있도록 돕는다. 전 세계 사람들이 자연보호를 배우고 있고, 우리는 가장 최선의 선택을 해야 함을 강조한다.

(3) 환경 파괴

사라지는 물고기

- 소주제 : 수질오염
- 글작가 : 앨런 시더
- 그림작가 : 킴 미셸 도프트
- 역자 : 윤나래
- 출판사 : 다섯수레
- 출판연도 : 1997년(초판), 2006년 (국내 초판)
- 연령 : 유아 이상
- 장르 : 논픽션

화려한 그림과 숫자의 개념을 도입하여 바다 생명체들에게 닥친 위기를 그려 낸 감동적인 그림책이다. 바다의 물고기들이 사라져 가는 데에는 무분별한 낚시, 마음대로 버린 쓰레기, 석유 개발, 오염물질을 버리는 등 여러 가지 이유가 존재한다. 책의 펼침면 하단에는 검은 그림으로 사람들이 저지르는 환경오염 행태가 표현되어 있다. 이 그림책의 마지막 장은 물고기들이 하나씩 사라지고 결국 아무것도 남지 않게 되어 '없음' 이라는 글과 함께 '0' 으로 끝이 난다. 이를 통해 허무함과 공허함이 느껴지고 우리의 행동을 반성하면 다시 아름다운 바다의 모습을 찾을 수 있다는 희망도 갖게 된다.

엄마가 미안해

- 소주제: 도시화
- 글작가: 이철환
- 그림작가: 김형근
- 출판사: 미래아이
- 출판연도: 2008년(국내 초판)
- 연령: 유치 이상
- 장르: 픽션

사람들이 도시 건설을 위해 바닷가의 모래를 퍼 가면서 자갈밭이나 강가 모래밭에서 둥지를 틀고 살아가는 쇠제비갈매기들이 살아갈 터전을 잃어가는 과정을 그린 그림책이다. 어느 날 모래바닥이 점점 낮아지면서 비가 많이 오자, 쇠제비갈매기가 있을 수 있는 모래들이 부족하게 되어 알이 모두 없어지고 그로 인해 어미새는 새끼들을 잃어버린다. 사람들은 계속해서 모래 포구를 퍼 가고, 포크레인은 끝도 없이 밀려 오면서 쇠제비갈매기들의 터전을 파괴한다. 어미가 자기 새끼를 지키고자 하지만 할 수 있는 것이 없는 안타까움은 제목에서도 느낄 수 있다. 오로지 인간만을 위한 무분별한 행동이 자연 속에서 어울려 가는 생명체들에게 얼마가 가혹한 결말을 가져다주는지 보여 주는 책이다.

강물이 흘러가도록

- 소주제: 산업화
- 글작가: 제인 욜런
- 그림작가: 바버러 쿠니
- 역자: 이상희
- 출판사: 시공주니어
- 출판연도: 1992년(초판), 2004년(국내 초판)
- 연령: 유치 이상
- 장르: 픽션

다수의 나은 삶을 위해 자연이 희생되어야 하는, 즉 '인간의 발전이냐, 자연의 보존이냐' 하는 문제를 생각하게 하는 그림책이다. 주인공은 아름다운 강이 흐르는 마을에 살고 있었는데, 그녀가 살던 마을이 댐을 개발하는 목적으로 사라지게 되면서 강 아래로 잠긴 고향을 그리워하는 이야기다. 책의 마지막 부분에서는 어릴 적 개똥벌레를 잡았을 때 "놔, 주렴, 셀리제인." 하던 엄마의 목소리를 회상하며 자연 앞에 우리가 할 수 있는 최선의 것이 무엇인가 생각하게 된다. 인간의 삶에서 개발을 통한 발전의 이로움은 있을지 몰라도 그로 인해 파괴되는 환경은 시간이 흐를수록 더 큰 문제를 낳게 된다. 작가는 구체적이면서 서정적으로 그려 낸 그림 속에서 자연의 아름다움과 소중함을 느낄 수 있게 해 준다.

별이 된 시로

- 소주제: 동물학대
- 글작가: 이노우에 유우카
- 그림작가: 요 쇼메이
- 역자: 장상영
- 출판사: 태동출판사
- 출판연도: 1998년(초판), 2001년(국내 초판)
- 연령: 유치 이상
- 장르: 픽션

이 책은 인간의 과학 발전을 위해 사용된 동물에 대해 우리는 함부로 할 권리가 없다는 것을 깨닫게 한다. 즉, 과학 발전과 동물보호의 두 가지 대립되는 논점을 가지고 있다. '시로'는 실험을 당하여 척수가 끊기고, 털이 빠지고, 목소리까지 잃은 아픈 개다. 이런 시로를 불쌍하게 생각하던 사야카와 관리인은 윗사람 몰래 시로를 치료해 주려 하지만 손상된 척수신경은 돌아오지 않는다. 정상적인 개로 살아갈 수 없었던 시로는 눈이 오던 겨울 날 달리던 차에 치어 죽고 만다. 시로의 영혼은 하늘에 올라가 빛나는 별이 되어 우리의 마음속에 살아 있다. 푸른색과 노란색의 절제된 색으로 복잡한 주제를 간명하게 표현하고 있다. 이야기의 흐름을 차가운 파란색에서 따뜻한 노란색으로 변화를 주어 시로의 희생이 얼마나 숭고했는가를 느끼게 해 준다.

도도새와 카바리아나무와 스모호 추장

- 소주제: 전쟁
- 글작가: 손춘익
- 그림작가: 송수정
- 출판사: 다림
- 출판연도: 2004년(초판)
- 연령: 초등저 이상
- 장르: 픽션

자연환경이 풍부한 땅에 외부 침입자가 들어오면서 환경이 파괴되고, 세월이 지난 지금도 그들의 존재를 찾기 위해 노력하고 있다는 이야기다. 400년 전 남아메리카 브라질에 리우라는 땅에는 카바리아나무와 도도새, 인디오의 추장 스모호가 살고 있었다. 그러던 어느 날 배를 타고 이 땅을 멋대로 정복한 포르투갈 사람들은 카바리아 숲과 도도새를 이용하여 부를 축적하려 하였다. 인디오들은 살해를 당하거나 노예가 되고, 카바리아나무가 잘리고 도도새도 잡히게 되어 숲은 점점 황폐해진다. 깊은 숲 속에서 마지막 남은 카바리아나무를 발견한 스모호 추장은 더 이상 사람들에게 모습을 드러내지 않고 세월이 흐른다. 이 책은 자연을 훼손하여 이득을 얻으려는 인간의 이기심에 대해 반성하며 권력을 어떻게 사용해야 하는가 생각해 보게 한다.

잭과 못된 나무

- 소주제: 과학발전
- 글작가: 브라이언 와일드 스미스
- 그림작가: 브라이언 와일드 스미스
- 역자: 김선애
- 출판사: 시공주니어
- 출판연도: 1994년(초판), 1996년(국내 초판)
- 연령: 유치 이상
- 장르: 픽션

옛 이야기 『잭과 콩나무』를 패러디한 그림책으로 인간의 섣부른 욕심이 오존층을 파괴하여 자연의 대재앙을 불러올 수 있다는 것을 경고하고 있다. 책 속의 주인공 잭은 옛 이야기에 등장하는 어린 잭과 같이 어리석은 판단을 하게 된다. 채소를 빨리 자라게 하기 위해 약을 발명했다는 것이다. 실험실에서 만든 약을 씨앗에 뿌리자 씨앗에서 커다란 나무가 자라나 오존층을 뚫었고 인간들의 어떠한 노력으로도 그것을 해결할 수 없게 된다. 이를 알게 된 동물들은 힘을 합해 나무의 뿌리를 잘라 그 거대한 괴물 같은 나무를 쓰러트린다. 자연은 그냥 내버려 두면 스스로 알아서 해 낼 수 있다는 것을 깨닫게 하는 책이다. 특히 작가 특유의 화려한 색채는 눈에 보이는 아름다움이 거대한 공포가 될 수 있음을 경고하듯 표현하고 있다.

(4) 참여 행동

이건 꿈일 뿐이야

- 소주제 : 분리수거
- 글작가 : 크리스 반 알스버그
- 그림작가 : 크리스 반 알스버그
- 역자 : 손영미
- 출판사 : 베틀북
- 출판연도 : 1990년(초판), 2006년(국내 초판)
- 연령 : 초등저 이상
- 장르 : 픽션

우리의 소중한 미래를 위해 무엇을 해야 할 것인가 실감할 수 있는 책이다. 에베레스트 산 꼭대기에 호텔을 짓고, 매연 때문에 그랜드 캐넌의 장관을 볼 수 없는 미래가 온다면 그것이 꿈이었기를 바랄 것이다. 이 책은 아이의 환상적인 꿈을 통해 환경에 대한 자각을 일깨워 주는 그림책으로 환상적인 그림 톤과 아주 잘 어울리는 책이다. 쓰레기 분리수거를 하지 않고 나무를 생일 선물로 받는 것을 이해할 수 없었던 아이 월터는 어느 날 꿈속에서 쓰레기투성이인 미래 세계를 여행하게 된다. 연기를 뿜어 내는 거대한 공장 굴뚝, 물고기가 사라진 바다, 엄청난 교통체증……. 아무리 가도 월터가 만난 미래는 악몽 같을 뿐이었다. 환경 보전을 위한 행동은 분리수거와 같은 쉬운 것부터 시작하면 될 것이다. 행동하지 않으면 환경을 보전할 수도 없다는 것을 다시 깨닫게 된다.

숲을 그냥 내버려 둬!

- 소주제: 환경보호
- 글작가: 다비드 모리송
- 그림작가: 다비드 모리송
- 출판사: 크레용하우스
- 출판연도: 1998년(초판), 1998년(국내 초판)
- 연령: 유치 이상
- 장르: 픽션

숲 속의 발명왕 생쥐는 편리한 생활을 위해 새로운 발명품을 만들어 냈지만, 그 발명품에서 나온 보라색 오염 물질이 숲을 오염시킨다. 하지만 생쥐는 오염이 될 때마다 감쪽같이 숨기고, 바다 속에 버리고, 우주로 내 버린다. 숲 속의 친구들은 모두 떠나고, 결국 오염 물질은 비가 되어 온 땅에 쏟아진다. 우리의 편리한 삶만을 위해 과학을 발전시키는 것은 인간의 이기심을 드러내는 것이다. 또한 환경 문제를 생쥐처럼 해결하려는 우리의 모습을 되돌아보아야 할 것이다. 당장 나에게 피해를 주지 않는다고 해서 소극적으로 대처한다면 미래 세대들에게는 남겨 줄 자연이 없어지게 될 것이다. 환경 문제의 심각성과 인간의 이기심과 같은 주제를 동물로 의인화하여 쉽게 전달하고 있다. 우리는 무심코 환경을 오염시키고 있지 않은지 생각해 볼 수 있게 하는 그림책이다.

피터의 바다

- 소주제: 수질보호
- 글작가: 셜리 그린드레이
- 그림작가: 마이클 폴먼
- 역자: 이성실
- 출판사: 정인출판사
- 출판연도: 1995년(초판), 2002년(국내 초판)
- 연령: 유아 이상
- 장르: 픽션

바다를 오염시키는 원인 중의 하나는 유조선에서 새어 나오는 기름, 무분별한 고기잡이 등이 있을 것이다. 바다의 많은 생명이 잘 살아갈 수 있도록 보존해야 하는 것은 인간이 마땅히 해야 할 일일 것이다. 책 속의 주인공 피터는 바다를 사랑하는 소년이다. 그 바다에는 많은 생명이 공존하고 있으며 아이에게는 추억의 놀이공간이다. 어느 날 갑자기 유조선이 바위에 부딪혀 기름이 흘러 나오자 사람들은 힘을 합해 기름을 제거한다. 오랜 시간 걸쳐 작업을 완성했지만 바다가 예전과 똑같은 모습으로 돌아오지는 않았다. 하지만 그곳에도 많은 생명이 찾아와 보금자리를 만들며 살아간다. 기름투성이가 된 바다에서 애처롭게 쳐다보는 동물들의 섬세한 묘사가 더욱 감동을 준다. 오염된 바다를 깨끗하게 하기 위해 함께 해결하는 사람들의 실천 행동이 사실적으로 그려졌다.

4. 그림책을 활용한 환경교육의 예

우리는 환경교육을 통해 환경의 소중함을 인식하고, 환경 문제에 대해 민감하게 대처하는 참여적 행동을 결정할 수 있어야 한다.

그림책은 환경 감수성을 기를 수 있는 좋은 매체로 쉽게 공감할 수 있는 책의 선정이 중요하다. 나를 둘러싼 환경의 소중함을 느낄 수 있는 주변의 생활을 다룬 생활 이야기에서 자연의 정보를 정확히 다루고 있는 지식 과학 그림책, 환경과 관련된 사회적 이슈를 다룬 그림책을 통해 가능하다.

최근 유아 환경교육은 대기오염, 수질오염, 토양오염, 식품오염, 소음 등 환경오염의 영역을 다루는 한편, 환경오염 예방을 위한 환경보전의 실천내용을 담고 있다(현온강, 이완정, 김영명, 2002). 유아를 위한 세계시민 환경교육은 환경 감수성을 발달시켜 환경에 대한 정보를 인지하고, 주변 세계에 관심을 가져 환경보호에 대한 참여 행동을 자발적으로 일으켜야 한다. 이에 '환경 개념과 인식 형성을 돕는 책 → 환경 보호에 대한 의식을 갖게 하는 책 → 환경문제를 인식할 수 있는 책 → 참여 행동으로 확장되는 책' 순서로 진행하여 세계시민 환경교육의 단계적 과정을 제시하였다.

여기에서 아동의 경우 환경을 관계적 개념으로 확장하여 아동 주변의 사회와 관련지어 환경 개선운동에 참여할 수 있는 보다 적극적인 실천을 할 수 있도록 하였다. 크게 지식과 태도를 형성하고 환경 감수성을 형성하는 단계를 거쳐 행동으로 옮길 수 있는 실천적인 내용으로 구성하였다.

1) 환경 개념

자연의 소중함

두고 보자! 커다란 나무

사노 요코 글 · 그림, 이선아 옮김, 시공주니어, 2004

1. 학습목표
   - 나무에 대해 안다.
   - 나무의 소중함에 대해 안다.
2. 대상연령: 유치 이상
3. 소요시간: 80분
4. 집단구성: 소집단(7명)
5. 준비물: 참고도서 『나무와 숲』(마루벌), PPT 동화 자료, 물감, 붓, 색종이, 잡지, 전지 3장 이상

✽ 도 입

1. '나무'에 대해 알고 있는 것을 이야기해 본다.
2. 참고 도서 『나무와 숲』을 보여 주며, 나무에 대한 정보를 정교화한다.

✽ 그림책 읽기

1. 표지 감상하기
   - 제목을 읽고, 어떤 이야기가 전개될 것인가 예측해 본다.
   - 표지 그림에서 떠오르는 생각을 표현해 본다.
2. 책의 내용을 부분 발췌하여(책을 들고 부분적으로 보여 주며) 이야기를 본격적으로 읽기 전에 유추하는 활동을 해 본다.
   - (아저씨가 나무를 째려 보는 장면) 아저씨는 왜 그런 표정을 짓고 있을까 생각해 보게 한다.
   - (아저씨가 엉엉 우는 장면) 아저씨가 왜 우는 것일지 추측해 본다.
3. PPT 동화로 이야기를 들려준다(유아들이 그림을 좀 더 자세히 관찰하고 각 장면에서 이야기를 추측하고 생각해 볼 수 있도록 PPT 동화를 사용한다).

✽ 전 개

1. 그림책 감상 후, 책의 내용 흐름에 대한 이야기를 나누며 주제에 접근한다.
   - 아저씨가 커다란 나무를 싫어한 이유는 무엇이었나?
   - 작가 사노 요코 아저씨는 왜 '두고보자!' 와 같이 제목을 지었을까?
   - 나무를 베어 낼 때 아저씨는 어떤 마음이 들었을까?
   - 나무가 없어지고 나자 아저씨는 어떤 일들을 겪었는가?

- (아저씨가 우는 장면을 보며) 이 장면은 어떤 장면인가? 아저씨처럼 이렇게 울어 본 적이 있나?
- 앞으로 아저씨는 나무를 어떻게 대할까? 여러분은 어떻게 할 것인가?

2. 커다란 나무를 함께 그려 보며, 나무가 자라기까지 얼마나 오래 걸리는지 간접 경험해 볼 수 있도록 한다.
   - 큰 종이를 여러 장 붙여 교실 바닥에 깔고, 가장 커다란 나무를 그려 본다. 각자 맡은 부분을 협력하여 그릴 수 있도록 격려한다.
   - 나무가 완성되면, 색종이를 이용하여 찢어 붙이거나 물감을 이용해 붓으로 찍어 표현한다.
   - 20분 정도 시간을 주고 붙여 보게 하고, 미완성된 부분을 그대로 벽에 붙여 놓는다.

바닥에 전지를 깔고 나무를 그려 본다.

붓으로 점을 찍어 나뭇잎을 완성한다.

나무를 완성하는 데 시간이 오래 걸린다는 것을 직접 경험할 수 있다.

✽ 마무리

1. 나무를 만들어 본 경험을 이야기 나눠 본다.
2. 벽에 걸린 나무를 완성하기 위해 얼마나 시간이 필요한지 예상해 보고, 시간이 날 때마다 붙여서 완성하도록 한다.
3. '내가 나무라면…….' 역할극으로 확장활동을 진행할 수 있다.
   - 책 속의 등장인물인 아저씨와 나무의 역할을 정한다.
   - 도입 부분에서 들려준 이야기를 중심으로 역할놀이를 해 볼 수 있도록 한다.
   - 나무는 부직포로 나무 옷을 만들어 주어 실감나게 역할놀이를 할 수 있도록 한다.

자신의 키와 비교해 본다.

친구와 여럿이 길이를 재 본다.

2) 환경 보호

미래지향적 환경

(우리 모두의 지구) 물과 숲과 공기

몰리 뱅 글 · 그림, 최순희 옮김, 마루벌, 2006

1. 학습목표
   - 지구의 미래에 대해 생각해 본다.
   - 지구를 지키기 위한 자신의 의견과 계획을 표현할 수 있다.
2. 대상연령: 초등저 이상
3. 소요시간: 80분
4. 집단구성: 소집단(5명)
5. 준비물: 지구의, 도화지, 색연필, 사인펜

✽ 도 입

1. 지구의를 준비하여 함께 보며, '지구' 를 주제로 이야기 나눠 본다.

- 지구에는 무엇이 있을까?
- 이 중에서 우리가 살아가는 데 꼭 필요한 것은 무엇이 있을까?
- 이 지구는 누구의 것일까?

✽ 그림책 읽기

1. 그림책 표지의 그림을 살펴보고, 이야기를 나눠 본다.
2. 그림책을 읽어 준다.
3. 그림 읽기를 한다.
    - 책 속에서 군인과 같은 사람을 찾아보자.
    - 왜 군인과 같은 사람이 필요한 것일까?

✽ 전 개

1. 책을 읽고 이야기를 나눈다.
    - '우리 모두의 지구' 라는 말은 무엇을 뜻할까?
    - (풀밭에 양떼를 서로 밀어 넣는 장면과 사람들이 떠나는 장면을 연속으로 보고 나서) 이 장면에 대해 어떻게 설명할 수 있을까?
    - (물고기를 잡는 장면에서) 우리는 어떤 일을 할 수 있을까?
    - '고래 목소리' 를 들려주며 인간이 하고 있는 마구잡이식 고래잡이에 대해 이야기해 준다.
2. 물고기, 나무, 공기를 지키기 위해 나는 무엇을 할 수 있는지 그림으로 그려 설명해 보게 한다.

✽ 마무리

1. 환경 서약서를 써 봄으로써 환경보호에 대한 참여 의식을 고양한다.
   - 환경을 지키기 위해 내가 할 수 있는 일을 말해 보게 한다.
   - 그 내용을 서약서로 작성하여 앞에 나와 읽고, 다시 다짐하여 실천할 수 있도록 한다.

3) 환경 파괴

수질오염

사라지는 물고기

앨런 시더 글, 킴 미셸 도프트 그림, 윤나래 옮김, 다섯수레, 2006

1. 학습목표
   - 환경오염에 대한 지식을 확장한다.
   - 물고기의 입장이 되어 환경 문제에 대해 경험해 보고, 해결방법

을 찾아본다.

2. 대상연령: 유치 이상
3. 소요시간: 80분
4. 집단구성: 대집단(15명 이상)
5. 준비물: 부교재 『미산계곡에 가면 만날 수 있어요』, 복사한 물고기 그림, 머리띠 가면을 만들 도화지, 크레용, 가위, 풀, 양면테이프

✽ 도 입

1. '물고기' 의 여러 종류가 나오는 책을 보며, 물고기의 이름, 서식지, 생김새 등에 대해 살펴본다.
    • 『미산계곡에 가면 만날 수 있어요』를 펼쳐 놓고, 우리나라에 살고 있는 다양한 민물고기에 대해 알아본다.
    • 『사라지는 물고기』의 배경이 되는 호주의 바다와 비교하여 설명해 준다.

✽ 그림책 읽기

1. 표지를 감상한다.
    • 표지를 크게 펼쳐서 그림에 대한 느낌을 말해 볼 수 있도록 한다.
2. 그림책을 읽는다.
    • 그림의 양쪽 면을 모두 감상할 수 있도록 한다.
    • 물고기가 사라질 때마다 그림의 틀이 작아지고 있다는 것을 알려 주고 사라진 물고기를 찾아볼 수 있도록 한다.
    • 오른쪽 아랫부분의 검은 색 그림과 글을 진지하게 읽어 준다.

✽ 전개

1. 책을 읽고 난 후, 이야기 나누기를 통해 내용 이해를 확인한다.
    - 물고기들이 왜 사라져 갔을까요? 기억나는 사건을 말해 보세요.
    - 가장 아름다운 물고기는 어떤 물고기였는지 찾아보자.
    - 친구들이 하나씩 사라질 때, 남아 있는 물고기들은 어떤 마음이었을까요?
    - 가장 마음이 안 좋았던 장면은 어느 장면인가요? 왜 그렇게 생각하나요?
    - 물고기들이 사라지지 않도록 하는 방법이 있을까요?
2. 열두 마리 물고기가 되어 보는 역할놀이를 한다.
    - 사라진 열두 마리 물고기를 컬러 복사하여 머리띠 가면으로 준비하고, 배경 음악을 준비한다.
    - 물고기 역할을 맡은 아동을 교실 가운데로 모이도록 하고 방법을 설명한다.

〈놀이 방법〉

① 물고기 열두 마리가 교실 가운데에서 춤을 추며 놀고 있을 때 '얼음' 하고 언어적으로 제시하면 동작을 멈춘다.

② 교사가 한 아동의 어깨를 두드리며 다가가 "너는 왜 멈추게 되었니?" 라고 물으면 물고기 역할을 하고 있는 아동은 책 속에 표현된 것처럼 '아이들이 아무거나 먹이로 주어서/석유가 물속에 들어와서/낚시꾼에게 잡혀서…….' 와 같이 대답한 후 사라진다.

③ 열두 번째 아동이 사라지면 음악을 잔잔하게 틀고, 1분 정도 후에 신나는 음악으로 바꿔 사라진 물고기들이 모두 나와 춤을 춘다.

✽ 마무리

1. 역할놀이에 대해 회상하고 평가한다.

산업화

강물이 흘러가도록

제인 욜런 글, 바버러 쿠니 그림, 이상희 옮김, 시공주니어, 2004

1. 학습목표
    - 글과 그림을 대응하며 읽을 수 있다.
    - 자연의 보전에 대한 아름다운 가치를 느낄 수 있다.
2. 대상연령: 초등저 이상
3. 소요시간: 60분
4. 집단구성: 4~5명
5. 준비물: 전지, 색연필, 크레파스

✽ 도 입

1. 댐에 대한 자료를 활용하여 댐에 대한 정보를 제공한다.
2. 댐과 물의 이용에 대해 이야기 나눠 본다.

✽ 그림책 읽기

1. 그림책의 표지를 보며 이야기를 나눈다.
   - 제목이 왜 '강물이 흘러가도록'일까요?
   - 그림 속의 마을은 어떤 것 같나요? 내가 살고 있는 곳과 비교해서 어떤가요?
   - 여러분도 이런 마을에 살고 싶나요?
2. 작가 '바버러 쿠니' 의 다른 그림책을 소개한다.
   - 그림책 『달구지를 끌고』 『에밀리』(비룡소)
3. 그림만 먼저 보면서 그림 속 사람들의 행동에 중심을 두고 이야기를 나눈다.
4. 글을 읽어 주고, 다시 내용을 감상하고 이야기를 나눈다.
   - 셀리 제인의 마을에 어떤 일이 벌어졌나요?
   - 마을이 변해 가는 모습을 지켜본 셀리 제인은 어떤 기분이었을까요?
   - 셀리 제인의 엄마가 말한 "봐 주렴, 셀리 제인." 은 무슨 뜻일까요?
   - (물속에 묻힌 장면을 보여 주고) 만약 우리 동네가 물속에 파묻힌다면 어떨까요?
5. 제목의 의미에 대해 다시 생각해 본다.
   - 왜 작가는 '강물이 흘러가도록' 이라고 제목을 지었을까요?

✽ 전개

1. 강물 속에 갇혀 버린 마을을 그림으로 그려 본다(공동작업).
   - 집, 교회, 마을 회관, 다리, 나무, 풀, 꽃, 벌레 등을 자세히 그려 보게 한다.
2. 그림을 벽에 걸어 놓고, 각자가 셀리 제인이 되어 마을을 회상하는 이야기를 지어 본다.

✽ 마무리

1. 셀리 제인이 되어 본 느낌을 말해 본다.

4) 참여 행동

수질보호

피터의 바다

셜리 그린드레이 글, 마이클 폴먼 그림, 이성실 옮김, 정인출판사, 2002

1. 학습목표
   - 환경을 보호하기 위해 개인이 할 수 있는 일이 무엇인지 알 수 있다.
   - 환경보호를 위한 참여행동에 대해 안다.
2. 대상연령: 초등저 이상
3. 소요시간: 60분
4. 집단구성: 10명
5. 준비물: 유조선 유출사건 관련 자료, 그림 그릴 자료

✽ 도입

1. 유조선 유출사건에 대한 자료를 공유한다. 더럽혀진 바다를 깨끗이 청소하고 있는 자료를 함께 보며 사건의 심각성을 인지하는 데 도움을 준다.
2. 깨끗한 바다와 오염된 바다의 차이점에 대해 이야기 나눠 보고, 각자의 생각을 정리해 볼 수 있도록 시간을 갖는다.

✻ 그림책 읽기

1. 그림책의 표지를 펼쳐 앞과 뒤의 그림을 함께 보고, 그 장면을 설명해 보게 한다.
2. 제목을 읽고, 어떤 내용일지 추측해 보게 한다.
3. 책을 읽고 그 내용에 대해 이야기를 나눈다.
   - 피터의 바다는 어떤 곳인가요?
   - 피터의 바다에 어떤 일이 생겼나요?
   - 바다에 기름을 없애지 않았다면 어떤 일이 벌어졌을까요?
   - 피터가 바다를 소중히 여기는 것처럼 나의 소중한 것을 누군가 망쳤다면 나는 어떤 기분이 들까?
   - 바다는 사람에게 어떤 존재일까요? 소중히 아껴야 하는 이유는 무엇일까요?

✻ 전 개

1. 생명들이 많이 어우러져 살고 있는 행복한 '피터의 바다'를 다함께 그려본다.
2. '피터의 바다'를 더럽히는 행동과 보호하는 행동을 이야기해 보고 글로 써 본다.

✻ 마무리

1. '피터의 바다' 그림을 '○○반의 바다'로 바꾸고, 바다와 같은 환경을 더럽히는 행동을 할 경우 검은 스티커를 붙이도록 한다.
2. 바다를 깨끗하게 보호할 수 있도록 다 함께 애쓴다.

chapter 09

세계시민 국제협력교육

1. 서로 협력하는 세계

최근 국제사회는 금융위기와 아프리카와 중동 지역의 분쟁과 내전, 일본의 대지진 · 쓰나미 같은 각종 자연재해 등으로 많은 혼란을 겪고 있다. 미국 내에서 벌어진 금융위기 사태가 전 세계에 미친 파급력은 놀라울 정도로 거대하였다. 당사국인 미국은 물론 동유럽에서도 금융위기 사태를 겪을 위험에 노출되었으며, 유럽에 이어 아시아와 아프리카까지 대량 실업, 경기침체라는 경제위기를 겪어야만 했다. 이와 더불어 일본에서 발생한 대지진으로 인한 원자력 발전소 방사선 누출사고는 국제원자력 기구(IAEA)가 조사에 나서야(YTN뉴스, 2011) 할 만큼 전 세계인들을 방사능 공포 속에 떨게 했다. 일본과 지리적으로 가까운 우리나라뿐 아니라 멀리 떨어져 있는 유럽이나 미국조차 안심할 수 없는 상황에 이를 수도 있다는 경고가 나오기도 했다.

이처럼 국제사회는 더 이상 한 국가의 문제가 당사국만의 문제로 그치지 않는다. 국가 간의 관계 역시 복잡하게 맺어져 있어 한 국가에서 그치지 않고 그 국가와 관계를 맺고 있는 다른 국가에게도 그 영향력이 미칠 수 있기 때문이다. 또한 교통 · 통신의 발달로 인해 국경선이 무의미해진 지구촌 시대에 한 국가의 국민이 아닌 전 세계시민이라는 지위가 더 적합한 용어로 사용될 수 있는 시대이기도 하다. 따라서 지구상에 존재하는 여러 가지 갈등이나 문제들을 해결하기 위해 여러 국가가 함께 노력하고 있다.

G20 회원국 정상들이 한자리에 모여 국제 금융위기 사태를 해결하기 위한 방안을 모색(한국경제TV, 2011)하기도 하였으며, 신종 인플루엔자가 전 세계를 휩쓸었을 때는 이를 퇴치하기 위해 국제보건기구(WHO)를 중심으로 각국의 보건당국이 긴밀한 협조를 하기도 했다(YTN뉴스, 2009). 또한 일본과 중국의 대지진 등이 발생했을 때는 세계 각국에서 구조대를 파견하고 이후의 복구 지원에 동참하였다(파이낸셜뉴스, 2008). 이는 자국의 국민 건강을 지키는 것은 물론, 더 나아가 인류의 건강을 위한 것이고 지구촌 시민으로서 재해나 분쟁으로 고통 받는 지역의 사람들을 외면한 채 인류 전체의 평화와 공존을 누릴 수 없다는 공감대에 기초한다. 그리고 많은 자연재해나 분쟁들이 해당 국가나 국민만의 책임이 아닌 산업화와 세계화의 역사 속에 나타난 산물이라는 인식 속에 함께 문제를 해결해야 한다는 책임감과 공동체 의식을 가지게 되었다. 인류는 공동 운명체라는 책임의식 아래, 국제적 협력과 공조를 위해 다양한 분야에서 노력하고 있으며, 특히 다양한 목적의 정부 · 비정부 간 국제협력기구를 통해 지속적이고 효과적인 국제협력 활동을 유지하고, 이러한 협조 체계는 점점 강화 · 확대되고 있다.

1) 국제협력의 정의

국제협력(國際協力, international co-operation)은 실제로 볼 수 있는 개념이 아니며 비교적 추상적이며 이상적인 개념이다. 세계화되고 있는 근래의 사회에 의해서 새로 생성된 개념이며, 개인과 개인, 국가와 국가, 국가와 개인, 개인과 국가 간에 많이 사용되는 개념이다. 따라서 세계시민교육에 있어서 학생들에게 제시되는 중요한 개념 중의 하나다.

국제협력의 정의를 내리기 전에 국제와 협력의 사전적 뜻을 찾아보면, 국제는 '① 나라 사이에 관계되는 것, ② 여러 나라 사이에 통용하는 것, ③ 여러 나라를 포괄하는 것'이란 뜻을, 그리고 협력은 '(사람과 사람이 또는 어떤 사람이 다른 사람에게) 힘을 합하여 돕는 것'이란 뜻을 갖는다. 여기서 국제와 협력의 사전적 의미를 조합하여 보면, 국제협력은 여러 나라 사이에 힘을 합하여 돕는 것이란 정의를 내릴 수 있다(국립국어연구원, 1999).

이 장에서는 국제협력의 정의를 '국제적 사항에 관한 국가 간의 모든 협력'으로 사용하고자 한다.

2) 국제협력의 역사와 종류

(1) 국제협력의 역사

국제협력의 역사는 근대 국제사회의 발전과 그 궤를 같이한다. 19세기 들어 국제사회는 유럽을 중심으로 교류가 확대되고 상호의존성이 커지면서 공통의 관심사를 논의하고 합의점을 도출해야 할 필요성도 점차 커졌다. 특히 전쟁의 방지와 국제질서의 유지라는 측면에서 이러한 필요성은 더욱 시급한 것이었다.

이러한 국제기구 혹은 협의체는 1815년 나폴레옹 전쟁의 결과로 체결된 '비엔나 회의'와 '비엔나체제(유럽협조체제, The Concert of Europe)'가 그 효시라고 할 수 있다. 비엔나체제는 나폴레옹 전쟁 이전의 상태로 유럽을 되돌리는 것에 목표를 두고 그러한 상태하에서 평화를 추구한 강대국 중심의 회의체였다. 그러나 국제안보 및 평화 분야의 국제기구는 이후 큰 발전을 이루지 못하였다. 이에 비해 경제 및 사회 분야는 보다 큰 진전을 이루었다. 18세기부터 시작된 산업혁명에 힘입어 19세기에는 통신·교통의 발달, 무역의 증가 등으로 국가 간의 접촉이 빈번해졌기 때문이었다. 교통의 문제를 해결하기 위한 기구로 라인강, 엘베강 등을 관리하기 위한 국제하천위원회(River Commissions)가 탄생하였고 통신 문제를 다루기 위해서 1868년에 만국전기통신연합(ITB, 후에 ITU), 1874년에 만국우편연합(GPU, 후에 UPU)이 국제공공연맹(Public Unions)의 성격으로 설치되었다. 이와 함께 각국에서 인도적·종교적·경제적·과학적·기술적 문제를 다루는 민간단체들(NGO, 비정부기구) 혹은 국제적십자사(ICRC), 국제노동기구(ILO)와 같은 반관반민(半官半民)[1)] 단체들도 생겨나기 시작했다(국가기록원 웹사이트).

19세기 여러 국제기구의 탄생과 발전에 힘입어 1920년 비로소 상설

---

1) 정부와 민간인이 공동으로 자본을 대어 회사, 시설, 단체 따위를 설립·경영하는 일(네이버 백과사전)

국제기구로 '국제연맹(The League of Nations)'이 탄생하였다. 국제연맹은 제1차 세계대전이라는 대참사를 경험한 후, 새로운 차원에서 국제평화를 달성하는 것에 목표를 두고 있었으나 실제 활동과 성과에 있어서는 매우 제한적이었고 제2차 세계대전의 발발로 그 한계가 명확해졌다.

이러한 한계를 극복하고자 제2차 세계대전 후 1945년 창설된 국제연합(UN)은 지난 65년여 간 꾸준한 발전과 변화를 거듭하여 왔다. 강대국 간 갈등이나 대결로 인해 그 기능을 완전히 발휘하기에는 여러 가지 제약이 있지만 국제연합(UN)은 여러 측면에서 그 역할과 기능을 확대 혹은 강화하여 왔다. 창설 당시 51개국에 불과했던 회원국 수는 현재 192개국에 이르러 사실상 전 세계의 국가들이 유엔의 회원국이라고 해도 과언이 아닐 정도로 유엔은 그 규모가 커졌다. 또한 강대국 위주의 안보리 상임이사국 중심의 운영에서 벗어나 비상임 이사국이 확대되고 아시아 · 아프리카와 같은 소위 제3세계 국가들이 유엔의 의사결정과정에서 중요한 역할을 하게 되었다(국가기록원 웹사이트). 또한 1945년 당시 5개에 불과하던 산하전문기구 및 각종 프로그램은 지속적으로 증가하여 현재 16개의 전문기구, 38개의 각종 프로그램을 갖고 있다. 세계무역기구(WTO), 국제해양재판소(ITLOS), 국제형사재판소(ICC), 지속개발위원회(CSD), 유엔인권고등판무관제도(UNHCHR) 등이 탈냉전 시대 이후 신설된 대표적인 산하기구들이다.

국제연합(UN)이 각 회원국으로 이루어진 공식적인 국제기구(Inter-Governmental Organization: IGO) 조직인 반면, 지구시민사회운동으로 첨단정보통신기술의 발달에 힘입어 든든한 인류적 연대망을 넓혀 가고 있는 지역적 · 국가적 · 국제시민(즉, 정부에 속하지 않는) 집단으로 엔지오

(NGO) 또는 비정부기구가 있다. 개인이나 민간단체가 연합하여 국제적 기관을 조직한 국제 비정부기구(International Non-Governmental Organization: INGO)와 같은 뜻으로 사용되는 경우가 많다(위키백과).

다양한 민간단체가 19세기 중반에 반노예제, 여성인권운동, 군비축소 등에 중점을 두고 조직되기 시작하였지만, 비정부 기구라는 용어는 1945년 국제연합 설립과 함께 국가가 아닌 기구를 설명하기 위해 본격적으로 사용되기 시작했다. 20세기 들어 세계화로 인해 한 국가 단위로 해결할 수 없는 많은 사항이 생겨나기 시작했다. 특히 자유무역협정 같은 조약이나 국제무역기구 같은 국제기구의 활동은 경제 부문에 한정되므로, 세계화로 인한 다양한 사회 문제를 해결하기 위해서 새로운 유형의 단체가 필요하게 되었다. 이러한 시대적 요구에 부응하기 위해 비정부 기구는 인권문제, 지속 가능한 개발, 저개발국 지원, 긴급구호 등 다양한 사항에 중점을 두고 활동하고 있다.

이들 국제 비정부 기구는 국제연합(UN) 헌장에 따라 국제연합경제사회이사회의 자문기관으로 인정받고 있으며 해마다 국제연합총회에서 결의되는 내용을 의뢰받아 자문과 운영상의 문제점을 지적하고 프로그램을 제작한다. 또 UN 사무총장 주최로 UN 임원진과 정기적으로 만나 국제연합총회 안건과 비정부기구의 정책에 대해 논의하며, 건의사항을 제안한다. 2001년 세계 1,600여 민간단체가 가입하였으며, 본부는 미국 뉴욕에 있다. 현재 국제적으로 활동하는 비정부 기구는 4만여 개에 이른다.

대표적인 국제 비정부 기구의 예로는 국제사면위원회(Amnesty International, 엠네스티), 국제적십자위원회(International Committee of the Red Cross), 국경없는 의사회(Medecins Sans Frontieres: Doctors Without

Borders), 국제올림픽위원회(International Olympic Committee: IOC) 등이 있다.

(2) 국제협력의 분류 및 대표기구(Margaret & Karen, 2004)

국제협력은 국가 간, 국가와 국제기구 간에 일어나는 유 · 무상의 자본 및 교역협력, 기술 및 인력협력, 사회 및 문화협력 등 국제사회에서 발생하는 다양한 국제적 교류를 필연적으로 모두 포함한다. 이러한 국제협력의 동기는 전 세계적 형평이라는 인류애적 국제윤리에 근간을 둔 인도주의적 측면에만 국한되어 있지 않고 국제사회에서의 리더십 확보와 경제적 실리추구를 위한 정치적 · 외교적 측면과 수출시장 확대 및 자원 공급 확보 등의 경제적 측면 등이 복합적으로 상호작용되는 것이라 볼 수 있다. 따라서 이러한 요소들 중 각국이 어떠한 요소에 협력동기를 두느냐에 따라 국제협력의 목적도 달라질 수 있다. 이러한 목적에 따라 국제협력을 분류하면 국제협력을 정치적 협력, 경제적 협력, 문화적 협력, 사회적 협력, 인도적 협력으로 나눌 수 있다. 국제협력을 이해하기 위해서는 정치적 협력, 경제적 협력, 문화적 협력, 사회적 협력, 인도적 협력 등의 다양한 개념과 그에 해당하는 대표적인 국제기구들 대한 이해도 병행되어야 한다.

그러나 이 책에서는 유아나 초등학생들을 대상으로 '국제협력'을 분류하는 데 있어 정치적 협력, 문화적 협력, 인도적 협력으로 제한하도록 하였다. 이것은 유아와 초등학생들의 흥미와 국제협력 개념을 학생의 발달 수준에서 이해할 수 있도록 접근하기 위해서다. 실제 국제협력을 다루고 있는 관련 교과서의 내용을 살펴보면, 사회적 협력의 모습보다도 인도적 협력이 주류를 이루고, 정치 · 경제 협력이 부가적으로 서술되어 있다(이경민, 2001). 정치적 협력 및 경제적 협력, 문화적 협력은 개괄적인 개념이나 대표적 기구에 대한 학습이 단계적인 교과 지도 또는 뉴스 등의 시청각 자료 등을 통하여 이미 이루어지고 있어 친근한 개념으로 접근하기 용이하고 학생들의 관심의 대상이 되기 때문이다. 인도적 협력 역시 학생들의 흥미를 끌기에 충분한 내용이며, 국제 사회에서의 우리의 모습을 보여 줌으로써 긍정적인 국가관 및 국제협력의 필요성을 획득시키는 데 있어서 효과적이라고 볼 수 있다.

다음에서는 '국제협력'의 분류에 따라 유아 지도서나 초등 교과에 등장하거나 아동에게 익숙한 대표적인 국제기구를 소개하고자 한다.

① 정치적 협력

국제간의 정치적 협력은 국제 평화를 유지하기 위하여 국가 간에 이루어지는 협력을 의미하는 것으로, 정치적으로 불안한 국가에 세계 여러 국가의 대표가 되는 기관이나 대표자를 통하여 적극적으로 나라의 정치에 개입하는 등의 행위도 정치협력의 일환이다. 이 중에서 가장 대표적인 기구는 국제연합(UN)이다.

국제연합(UN)은 전쟁 방지와 평화 유지를 위해 설립된 기구로 1945년 10월 24일 설립되었으며 평화 유지 활동, 군비 축소 활동, 국제협력활동을 주로 한다. 세계 평화와 인류의 발전을 위하여 정치뿐만 아니라, 경제 발전, 환경, 아동의 인권 보호, 여성의 인권보호 등 다양한 차원의 국제 협력을 위해서 노력하고 있으며 많은 산하 기구를 두고 있다. 사회과 교과서나 각종 매체를 통해 가장 자주 등장하는 기구 중 하나이며, 특히

2006년부터 우리나라의 반기문 사무총장이 제8대 사무총장으로 재직하고 있어, 아동들이 더욱 친숙하게 느끼는 정치적 협력의 형태를 띠고 있는 기구다(네이버 백과사전).

② 경제적 협력

국가 간의 경제적 협력으로 이것은 선진국의 개발도상국에 대한 경제협력을 가리키는 경우가 많다. 좁은 뜻으로는 자본에 의한 협력(자본 원조)과 기술에 의한 협력(기술 원조)을 가리키며, 넓은 뜻으로는 여기에 무역에 의한 협력을 포함시킨다. 자본 원조나 기술 원조에는 국제연합이나 세계은행 또는 아시아 개발 은행 등의 국제기구를 통하여 이루어지는 것과 양국 간의 협약에 의하여 행해지는 것이 있다(두산 세계대백과사전).

세계 주요 34개 국가들이 참여한 경제협력개발기구(Organization for Economic Cooperation and Development: OECD)가 대표적이다. 경제협력개발기구는 1961년에 선진국을 통합하여 발족한 경제 협력기구다. 경제협력개발기구는 경제 발전과 세계 무역 촉진을 위하여 발족하였으며, 1948년 4월 선진 자본주의 제국의 국제 경제협력을 목적으로 프랑스 파리에 본부를 두고 있다(네이버 백과사전). 한국은 1996년 12월, 29번째 회원국으로 가입하였다.

개방된 시장 경제와 다원적 민주주의라는 가치관을 공유하는 국가 간 경제 사회정책 협의체로서, 경제 사회 부문별 공통의 문제에 대한 최선의 정책 방향을 모색하고 상호의 정책을 조정함으로써 공동의 안정과 번영을 도모하는 것을 목적으로 한다.

정책 방향은 다음 세 가지로 요약할 수 있다. 첫째, 고도의 경제 성장과 완전 고용을 추진하여 생활 수준의 향상을 도모하고, 둘째 다각적이고 무차별한 무역 · 경제 체제를 마련하기 위해 노력하며, 셋째 저개발 지역에의 개발 원조를 촉진하는 것이다.

③ 문화적 협력

국제 간의 문화적 협력은 국가 간에 차이를 보일 수밖에 없는 다양한 문화를 서로 존중하고, 후손에게 물려줄 만한 가치가 있는 문화를 보전하거나 각국의 문화를 배우고 문화를 통하여 국가들을 이해하도록 양국가의 협의나 세계 각국의 협의에 의해서 행해진다.

문화적 협력의 대표적인 기구는 유네스코(UNESCO)로 불리는 국제연합교육과학문화기구(United Nations Educational, Scientific and Cultural Organization)다. 유네스코는 교육 · 과학 · 문화의 보급 및 교류를 통하여 국가 간의 협력 증진을 목적으로 설립된 국제연합전문기구다. 1945년 11월 영국과 프랑스의 공동 주체로 런던에서 열린 유네스코 창설 준비위원회에서 44개국 정부 대표에 의해 유네스코 헌장이 채택되었으며, 1946년 11월 20개 서명 국가들이 헌장 비준서를 영국 정부에 기탁함으로써 최초의 국제연합 전문 기구로 발족했다.

모든 이를 위한 평생 교육, 인류에 기여하는 과학, 세계 유산 보호와 창의성을 바탕으로 하는 문화 발전, 정보와 정보학의 기반 구축에 활동 목표를 두고 있으며, 각 분야별 주요 활동은 다음과 같다.

- 교육분야: 문맹 퇴치, 초등 의무 교육의 보급, 난민 교육 등
- 과학분야: 생물학 · 해양학 · 환경 문제에 대한 국제적인 연구, 정보

교환 등, 사회과학 분야에서는 인권 문제에 관한 연구 · 분석, 개발도상국의 통신 설비 · 정보 시설 지원, 언론인 육성 지원 등

- 문화분야: 세계 문화유산 지정, 가치 있는 문화 유적의 보존 및 보수 지원, 세계 각국의 독자성 있는 전통 문화 보존 지원, 세계 각국의 문학 및 사상에 관한 문헌의 번역 소개 등

이 밖에 라디오 · 텔레비전 · 영화의 개발 보급, 출판 기술의 향상, 우주 통신의 개발과 평화적 이용, 매스 미디어를 이용한 교육의 보급에도 많은 기여를 하고 있으며, 교육 · 과학용 자재의 구입을 용이하게 하기 위하여 '유네스코 쿠폰제도'를 운영한다. 또한 인재 양성을 위한 연구 보조금의 지급 등도 이루어지고 있다.

회원국은 188개국이며, 6개의 준 회원국이 있다. 준 회원국은 총회의 투표권이 없고 이사회의 직책을 맡을 수 없는 점 외에 회원국과 같은 권한을 갖는다. 한국은 1950년에 가입했고, 1987년 제24회 총회에서 집행위원국에 선출된 바 있다. 또한 1995년에 종묘, 불국사 석굴암, 팔만대장경 등이 세계 문화유산으로 지정되었으며, 2000년에 강화군 · 화순군 · 고창군의 고인돌과 경주 유적이 세계 문화유산으로 지정되었다. 본부는 프랑스 파리에 있다.

④ 인도적 협력

천재지변에 의한 사고나 전쟁, 지리적 여건, 문화적 여건 등에 의해서 어려움을 겪고 있는 국가나 지역 또는 사람들을 돕는 국가 간의 협력으로서 국가에 의한 협력, 기구에 의한 협력, 개인에 의해 이루어지며, 원

조 · 교육 · 의료 봉사 등의 형태로 이루어지는 협력을 말한다.

대표적인 기구로는 국제연합아동기금(United Nations International Children's Emergency Fund: UNICEF)과 한국국제협력단(Korea International Cooperation Agency: KOICA)이 있다. 한국국제협력단(KOICA)은 대한민국과 개발도상국가와의 우호 협력 관계 및 상호 교류를 증진시키고, 이들 국가의 경제 · 사회 발전을 지원하기 위하여 각종 협력 사업 및 해외 인력 협력 사업을 수행하게 함으로써 국제협력의 증진에 이바지함을 목적으로 설립된 외교통상부 산하의 기관으로 경제적 협력 및 사회적 협력과 더불어 인도적 협력도 함께 이루어진다.

국제연합아동기금(UNICEF)은 전쟁 피해 아동의 구호, 저개발국 아동의 복지 향상을 목적으로 한 국제기구로서 현재 182개국이 가입해 있다. 1946년 12월 국제연합총회의 결의에 따라 전쟁 피해 아동과 청소년들의 구호를 위해 설립된 기구다. 처음 명칭은 국제연합 국제아동구호기금(United Nations International Children's Emergency Fund)이었으며, 1953년 현재의 명칭으로 바뀌었으나, 유니세프(UNICEF)라는 약호는 그대로 쓰기로 했다. 지원 분야는 긴급구호 · 영양 · 보건 · 예방접종 · 식수 및 환경개선 · 기초교육 · 모유 수유 권장에 이르기까지 다양하다. 가입국은 182개국이며, 활동 기구는 개발도상국형 기구인 대표 사무소와 선진국형 기구인 국가위원회로 나뉜다. 전 세계 144개 개발도상국에 설치된 대표 사무소는 자국 아동 구호를 위한 각종 지원 사업을 펼치며, 38개 선진국에 설치된 국가위원회는 아동 구호를 위한 지원 마련과 자국민에게 세계의 아동 문제를 홍보하는 역할을 한다.

3) 세계시민교육으로서의 국제협력

정보화, 세계화 시대에 세계 각국은 경제, 정치, 사회, 문화적으로 서로 연결되어 있으며 문제가 발생했을 때 협력하여 대처하는 것이 훨씬 효과적이라는 것을 인식하는 것이 중요하다. 이러한 세계의 주요한 협력 노력이 국제연합(UN)으로 대표되는 정부 간 국제기구(IGO)와 각 분야에서 더욱 그 의미와 중요성을 확대해 가고 있는 국제비정부기구(INGO)다. 국제기구는 정치, 경제, 사회, 문화적으로 다양한 분야에 걸쳐 협력을 펼치고 있으므로 이러한 국제기구의 종류나 역할에 대해 알고 지구촌 시민으로서 참여 가능한 방법을 모색하며 아동이 생활 속에서 쉽게 실천할 수 있는 작은 일부터 시작할 수 있도록 하는 것이 중요하다.

2. 세계시민교육과 국제협력

1) 세계시민 국제협력교육의 필요성

세계화가 진행됨에 따라 지구촌에서 일어나고 있는 다양한 문제들은 더 이상 한 국가의 문제가 아닌 그 인접국가 및 국제사회에 영향을 주고 있어 이에 대한 대처를 위한 국제협력이 점차 중요시되고 있다. 이를 위해서는 기존의 개인중심, 국가중심의 사고를 넘어 지속 가능한 사회·더불어 살아가는 세상을 위하여 필요한 것을 가르칠 수 있는 교육에 대한 필요성이 제기되었다. 특별히 현재의 유아나 초등학생들은 앞으로 세계화가 더욱 심화되면서 한국이라는 국경을 넘어 세계시민으로서 살아갈 것을 시대적으로 요청받기에, 이에 필요한 지식 및 기능, 가치, 태도 등을 기르기 위한 교육이 필요하다.

이처럼 더욱 다원적이고 상호의존적으로 변화해 가는 국제화 · 세계화 시대에서는 개별 국가의 영향력이 점차 감소하게 되고, 오히려 국제기구의 역할이 증대될 것이라는 조심스러운 견해가 우세해지고 있다. 물론 아직도 세계는 미국을 비롯한 강대국들이 정치, 경제, 군사, 과학기술, 사회문화 등 모든 분야에서 국제질서를 주도해 나가고 있는 것이 현실이지만 세계적 보편 가치를 추구한다는 면에서, 즉 평화와 협력, 인권과 자유, 환경보존과 지속 가능한 발전, 빈곤 퇴치, 불평등의 해소 등과 같은 측면에서는 UN과 같은 국제기구의 역할이 매우 크게 작용한다고 보아야 할 것이다. 최근 10년간 UN이 주최한 범세계적인 규모의 정상급 국제회의 주제만 보더라도 아동, 환경, 인권, 인구, 사회개발, 여성, 인간주거, 식량, 평화와 같은 인류가 공통으로 직면하고 있는 세계문제를 다루고 있어 그 세계적인 파급효과는 매우 크다고 할 수 있다.

한편, 지구시민사회운동이라는 슬로건을 내걸고 국제사회에 새로이 등장하여 그 세력을 확장해 가고 있는 NGO 활동 역시 우리가 주목해야 할 국제기구활동의 한 영역이다. 최근에 개최된 NGO 세계 대회의 주제도 유엔 관련 기구들이 다룬 주제들과 상당히 공통된 점을 가지고 있어서 세계문제를 보는 시각이 유사함을 알 수 있다. 그리고 이런 주제와 내용들이 바로 세계시민교육이 다루어야 할 주제이고 내용이라는 점에서 세계시민교육의 한 영역으로서 국제협력의 필요성과 정치 · 경제 · 문화 · 인도적 협력과 관련된 정부 · 비정부 간 국제기구 이해교육을 포함시킬 필요가 있다.

2) 세계시민 국제협력교육의 목표

그림책을 활용한 국제협력 교육의 궁극적인 목적은 국제협력의 필요성과 국제연합(UN) 및 전문기구들, 비정부기구(INGO)와 같은 국제협력 기구의 성격과 활동을 이해하고, 이러한 기구에 참여할 준비를 함으로써 평화롭게 더불어 살 수 있는 세계를 만드는 데 이바지하기 위한 것이다.

국제협력 개념의 획득을 위한 교육의 목표는 국제협력의 대표적인 기관과 다양한 활동 모습을 통하여 국제협력의 개념과 필요성을 파악하게 하며, 국제협력을 위해 힘쓰려는 태도를 기르는 데 있다.

국제협력의 교육목표인 국제협력의 개념 및 필요성을 이해하기 위해서는 세계적 시각이 필요하므로 유아나 초등 저학년의 경우 세계화로 인한 인적 · 물적 교류를 통한 협력 개념을 이해하고 협력 방안의 하나인 국제협력기구에 관심을 가질 수 있도록 하는 것이 중요하다.

✽ 유아수준

가. 지식

① 세계 여러 나라에 대해 안다.

② 세계가 서로 밀접한 관련이 있음을 이해한다.

③ 세계 각국이 상호 협력하고 있음을 이해한다.

나. 기능

① 각종 자료를 보고 국제협력의 필요성을 생각하고 판단할 수

있다.

다. 가치 · 참여

① 세계시민으로서 세계의 이웃들을 위해 할 수 있는 일들에 관심을 갖는다.

✽ 초등 수준

가. 지식

① 국제협력의 개념을 이해한다.

② 정치협력, 경제협력, 문화협력, 인도적 협력의 개념을 이해한다.

③ 국제협력의 필요성을 이해한다.

④ 국제협력의 대표적인 기구를 안다.

나. 기능

① 각종 자료를 분석하여 국제협력의 필요성을 생각하고 판단할 수 있다.

② 다양한 국제협력의 모습을 파악하여 자신이 해야 할 일을 찾을 수 있다.

다. 가치 · 참여

① 국제협력의 필요성을 깨닫고, 이바지하려는 자세를 갖는다.

3) 세계시민 국제협력교육의 내용

국제협력교육의 주요 내용은 국제협력의 필요성 및 개념, 국제협력 기구의 종류와 역할, 국제협력에의 참여 방법 등에 관한 것이다. 이와 같은 내용을 지식 및 기능, 가치 참여 측면에서 통합적으로 구성하여야 한다. 이를 유아와 초등 수준에 따라 구분하여 제시하면 다음과 같다.

❋ 유아 수준

- 세계가 상호 의존하고 교류하는 현상 · 사례
- 국제협력의 필요성
- 주요 국제협력 기구의 종류와 역할

❋ 초등 수준

- 국제협력의 필요성 및 개념
- 정치협력, 경제협력, 문화협력, 인도적 협력의 개념
- 주요 국제협력기구의 종류와 역할
- 정부 간 국제기구와 국제 비정부기구의 개념 및 역할
- 다양한 국제협력 방안
- 다양한 국제협력에 직접 참여할 수 있는 방법

4) 세계시민 국제협력교육의 학습방법

국제협력과 국제기구에 대한 일반적 지식보다는 기능, 가치, 참여에 중점을 두고, 특히 다른 어떤 주제보다 적극적 태도를 가지고 아동의 참여를 이끌어 낼 수 있는 교수-학습방법을 활용하도록 한다.

이를 위해서 국제협력이나 기구와 관련된 개념적인 설명보다 사례 중심의 활동과 경험이 가능하도록 지도한다. 이러한 사례나 관련된 국제

협력기구는 가급적 학생들의 생활주변에서 쉽게 보거나 접할 수 있는 내용으로 구성한다. 교수학습 자료는 학습 효과를 높이기 위해서 그림책 외에도 관련 시청각 자료의 활용을 극대화하도록 한다. 특히 인터넷을 통한 정보 탐색이 효과적인데, 관련 국제협력기구의 홈페이지를 방문하면 기구에 대한 기본 정보는 물론, 학생과 교사를 위한 각종 교육자료 및 동영상 자료를 얻을 수 있다. 무엇보다 인터넷을 통해 각종 국제협력 기구에서 벌이는 활동에 손쉽게 직접 참여할 수도 있다.

아동이 직접 국제적인 협력기구나 관련 활동에 참여한다고 할 때 중요한 것은 나와 별개의 문제로 인식하지 않도록 현재 아동 주변에 일어나고 있는 개인적인 경험 및 이웃에서의 경험을 통해 지구촌의 문제점까지 확대시켜야 한다. 이를 위해 아동에게 다양한 분야에서 활발한 활동을 벌이고 있는 국제비정부기구(INGO)나 유니세프 같은 아동 관련 기구 또는 어린이들이 비교적 이해하기 쉬운 주제인 환경과 관련된 기구를 통해 교육을 시작하는 것이 좋다. 예를 들어 『바다로 돌아간 돌고래』(버

버지니아 매케너 글, 이언 앤드류 그림, 햇살과나무꾼 옮김, 두레아이들, 2005

지니아 매케너 글, 이언 앤드류 그림, 햇살과나무꾼 옮김, 두레아이들, 2005)의 경우 아이들에게 친숙한 존재인 동물원에 있는 돌고래를 바다로 돌려보내는 과정을 사진 등의 자료를 통해 생생하게 보여 주고 있어 어린이들이 '본 프리 재단(The born free foundation)' 의 설립동기와 역할 등을 쉽게 이해할 수 있다.

유아와 초등 수준에 따라 교수-학습방법을 구분해 보면 유아의 경우 인터넷이나 각종 자료 검색 등에 어려움이 있으므로 교사의 도움이 필요하고, 초등학생보다 경험의 폭이 더 제한적이므로 생활주변에서 사례와 참여방법을 찾을 수 있도록 지도하는 데 유의해야 한다.

3. 그림책 속 국제협력

1) 국제협력교육과 그림책

제한된 지면과 글의 그림책을 가지고 유아나 초등학생을 대상으로 국제협력이라는 주제를 다루는 것은 쉽지 않은 일이다. 국제협력교육을 실시할 때 가장 중요한 것이 국제협력의 필요성을 이해하는 것인데, 이를 위해서는 아동들이 지구촌에서 일어나는 여러 가지 문제와 그 해결책 등에 세계적인 시각을 가지고 접근할 수 있어야 한다. 또한 국가 간의 복잡한 관계나 강대국과 약소국 간 힘의 논리 등에 대한 설명이 필요한 경우도 있는데, 유아나 초등 저학년 아동들이 이를 이해하기가 쉽지 않다.

예를 들어, 아동들에게 익숙한 인도주의적 협력을 다룬 그림책의 경우 주로 미국이나 유럽 국가는 원조자, 아시아나 아프리카 등지의 국가는 수혜자로 그려지고 주로 원조국 작가의 일방적인 관점에서 창작된 작품이 많다. 근대 서구열강의 식민주의 역사에 대한 지식이 부족한 아동들은 현재의 결과만을 보고 원조를 받는 제3세계 국가에 대한 선입견을 가지게 될 수도 있다.

한편으로는 아동이 이해하기 어렵고 복잡해서 그림책에서 다루기가 쉽지 않다는 이유로 세계화 이면에 감추어진 불편한 진실과 그로 인한 국제협력의 필요성은 간과한 채 세계화 현상으로 인한 편리함을 극대화하기 위한 국제협력 이해교육에 치중할 수도 있다. 그럴 경우 자칫하면 더 잘 먹고 잘 살기 위해, 나와 우리나라에 이익이 되는 수단으로서 국제협력이 유용하다는 교육이 되는 것에 유의해야 한다. 이것은 마치 지구촌 세상에서 의사소통이 중요하므로 영어만 잘하면 글로벌 인재라는 식의 영어지상주의에 사로잡혀 세계시민의식을 갖추는 것을 경시하는 것과 같다.

최근 각종 국제기구에 진출하여 일하는 한국인이 늘어나면서 이를 소재로 한 그림책을 활용할 경우, 그곳에서 일하는 한국인만 부각시키거나 위인화하거나 일할 수 있는 방법을 소개하는 진로지도 식의 교육이 이루어지지 않도록 주의해야 한다.

그리고 국제연합과 같이 명성이 있고 널리 알려진 국가 간 국제기구에 비해 주로 환경이나 인권문제 등을 많이 다루고 그 규모나 국제적 위상이 높지 않은 비정부 간 국제기구를 소홀히 다루지 않도록 주의해야 한다. 실제 아동에게는 국제적인 주요 문제보다 아동인권이나 환경 문제들을 다루는 이러한 비정부 간 국제기구가 이해하기 쉽고 참여 가능성도 높기 때문에 훨씬 효과적인 교육이 가능하다.

또한 국제협력을 다루고 있는 그림책의 경우 세계화 및 국제협력과 관련된 사실 및 국제기구 등에 대한 지식을 위주로 한 논픽션 그림책이 주로 많아 지식 전달 위주의 교육이 이루어지기 쉽다. 이를 보완하기 위해 픽션을 활용하거나 논픽션 중에서도 인물 이야기책 등을 활용하면 아동들이 보다 쉽게 국제협력의 필요성을 공감하고 국제기구의 역할을 이해해서 실천에 옮기도록 할 수 있을 것이다.

2) 국제협력 관련 그림책

다른 나라와 문화, 지구촌에 대한 관심이 높아지면서 그와 관련된 아동도서의 수가 점점 증가하였고, 최근 2~3년 사이에 세계의 상호의존성 및 세계화로 인한 문제점과 그로 인한 국제협력의 필요성에 대한 책이 출판되기 시작하였다. 특히 2006년 우리나라의 반기문 전 외교부장관이 사무총장에 올라 관심이 증가한 대표적인 국제기구인 국제연합(UN)을 다룬 책들이 많이 출간되었다. 같은 시기 반기문 사무총장의 전기나 국제기구에서 일하는 사람들을 소개하는 책들도 출간되기 시작됐다. 그러나 이러한 국제기구에서 일하는 사람들 이야기는 직업소개서 같은 유형의 도서로 국제기구의 설립 취지나 본질적인 활동이 중요한 것이 아니라 외국에서 일하는 사람을 동경하는 식의 내용으로, 그로 인해 상대적으로 국제비정부기구(INGO) 단체에서 일하는 것의 중요성이나 가치가 평가절하될 위험성을 가지고 있다. 그리고 이러한 도서의 대부분은 그림책이 아닌 일반 아동도서의 형태로 출판되었고 여전히 국제협력이나 관련 기구와 관련된 그림책은 소수에 불과했다.

국제협력과 관련된 그림책은 비록 소수에 불과했지만 크게 두 가지로 나누어 분류할 수 있다. 첫째, 국제협력의 필요성을 설명하기 위해 다양한 분야의 세계화 현상과 그로 인한 세계의 불평등을 다루고 이러한 문제를 해결하기 위한 국제협력 방안들을 함께 다루고 있는 책들이다. 이러한 책들의 경우 대부분 문화이해, 인권, 평화, 환경 등 모든 분야에 걸쳐 세계화와 불평등 문제를 광범위하게 다루고 있으며 그러한 문제의 해결을 위해 일하는 국제협력기구들에 대한 내용을 담고 있다. 다양한 사진 및 그림 자료를 활용하고 많은 정보를 담은 백과사전식 구성으로 이루어졌다[예: 『둥글둥글 지구촌 국제구호이야기』(이수한 글, 유남영 그림, 풀빛, 2010)].

둘째, 국제협력기구를 주로 다루고 있는 경우로 어린이 책 속에서 직접 국제기구의 설립 배경이나 역할을 다룬 도서[예: 『나는 평화가 좋아요』 클로드 파베르 글, 김주경 옮김, 대교출판, 2007)], 어린이와 관련된 국제기구인 유네스코나 유니세프 등에서 출판을 후원하거나 권장한 도서[예: 『세계의 내 친구들』 삼성출판사 편집부 글, 최재숙 옮김, 삼성출판사, 2003)]가 있었다. 국제연합(UN)과 같이 정부 간 국제기구를 다루고 있는 도서는 대부분 인권이나 평화 등 다른 분야의 내용을 소개하는 중에 부분적으로 언급되고 있는 경우가 대부분이었고 단독으로 다루고 있는 경우는 거의 없었다. 비정부 간 국제기구를 다루고 있는 도서도 많이 출간되어 있지는 않았으나 국가 간 국제기구를 다룬 도서에 비하면 좀 더 다양했다. 특히 국제비정부기구(NGO)의 설립배경[예: 『존 뮤어』(토마스 코커 글 · 그림, 이상희 옮김, 초록개구리, 2006), 『바다로 돌아간 돌고래』]이나 역할 [『안녕하세요 그린피스씨』(사이먼 제임스 글 · 그림, 유시주 옮김, 비룡소, 2006)]을 주제로 다룬 작품이 3권 있었는데 모두 민간 환경단체에 관한 것이었다.

국제협력기구를 그 목적이나 역할에 따라 정치, 경제, 문화, 인도적인 국제협력기구로 분류할 수 있는데 정치적 국제협력을 다룬 경우 대부분 국제연합(UN)을 다루고 있었고, 경제적 협력기구를 다룬 도서는 거의 없었다. 그리고 아동에게 친숙한 문화적 · 인도적 협력기구인 유네스코와 유니세프, 각종 아동 관련 인권단체(예: 『잃어버린 아이들』)나 그린피스와 같은 환경단체를 다룬 책이 대부분이었다.

결과적으로 국제협력의 필요성을 본격적으로 다룬 도서는 지나치게 많은 자료와 정보 전달 위주의 구성으로 유아나 초등 저학년 아동들이 보기에 너무 어려운 경우가 많았고, 논픽션 위주로 아동들의 공감이나 흥미를 유발하기 어려웠다. 또한 다양한 분야의 국제협력기구를 본격적으로 다룬 도서도 부족했다. 그러므로 세계화 현상이나 불평등 등 국제협력을 다루는 보다 간결하고 이해하기 쉬운 그림책 개발과 다양한 분야의 국제기구와 관련된 도서의 출판이 필요할 것으로 보인다.

다음에서는 앞의 도서 중 총 7권의 국제협력 관련 도서를 소개하려고 한다.

〈표 9-1〉 대표적인 국제협력 관련 그림책

<table>
<tr><th colspan="2">주 제</th><th>서 명</th><th>글/그림</th><th>출판사</th></tr>
<tr><td colspan="2" rowspan="2">국제협력의 필요성</td><td>지구촌의 불평등</td><td>스테파니 르뒤 · 스테판 프라티니 글, 엘로디 발랑드라스 · 줄리앙 카스타니에 그림</td><td>그린북</td></tr>
<tr><td>주니어 아틀라스 세계는 지금</td><td>장 크리스토프 빅토르, 도미니크 푸샤르, 카트린느 바리슈니코프 글, 클레망 제르베 그림</td><td>책과함께 어린이</td></tr>
<tr><td rowspan="5">국제협력기구</td><td>정치적 협력</td><td>나는 평화가 좋아요</td><td>클로드 파베르 글 · 그림</td><td>대교출판</td></tr>
<tr><td>문화적 협력</td><td>세계의 내 친구들</td><td>편집부 글</td><td>삼성출판사</td></tr>
<tr><td rowspan="3">인도적 협력</td><td>바다로 돌아간 돌고래</td><td>버지니아 매케너 글, 이언 앤드루 그림</td><td>두레아이들</td></tr>
<tr><td>안녕하세요, 그린피스</td><td>사이먼 제임스 글 · 그림</td><td>비룡소</td></tr>
<tr><td>존 뮤어</td><td>토마스 로커 글 · 그림</td><td>초록개구리</td></tr>
</table>

(1) 국제협력의 필요성

지구촌의 불평등

- 소주제: 국제협력의 필요성
- 글작가: 스테파니 르뒤, 스테판 프라티니
- 그림작가: 엘로디 발랑드라스, 줄리앙 카스 타니에
- 역자: 김이정
- 출판사: 그린북
- 출판연도: 2009년(원본), 2010년(국내초판)
- 연령: 유치 이상
- 장르: 논픽션

세계에 만연해 있는 여러 가지 문제를 통해 세계의 자원, 교육, 건강, 경제 상황 등에 대해 생각해 볼 수 있는 기회를 제공해 준다. 선진국은 나날이 발전하는 반면, 지구 반대편에서는 가난과 기아에 허덕이고 있는 저개발국, 출신·나이·성별·인종이 다르다는 이유로 다른 사람들과 똑같은 것을 누리지 못하는 세계의 현실에 대해 보여 주며 어린이들에게 불평등에 관한 시각을 넓혀 준다. 세상은 얼마나 불평등할까에 대한 정보를 지구평면도 위에 도표와 사진으로 시각화하고 전 세계의 구체적인 사례와 통계수치를 통해 이해하기 쉽게 설명해 주고 있다. 불평등이 개발도상국 또는 최빈국처럼 먼 나라만의 이야기가 아니라며, 우리나라 안에서의 소득격차와 아동 빈곤에 대해서도 함께 이야기해 준다. 그리고 그 불평등의 원인에 대해서도 세계화의 관점에서 다각도로 분석해 주며 더불어 사는 세상을 위하여 불평등에 관한 시각을 넓히고, 세계의 자원, 교육, 건강, 경제 상황과 같은 문제들에 대해 생각해 보는 계기로 삼아 우리에게 당면한 문제를 올바로 알고, 해결하기 위해 노력해야 한다는 것을 이야기한다. 그리고 그 해결책의 출발점이 바로 '더불어 사는 세상' 이라는 것을 깨닫는 것이라고 주장하고 있다.

주니어 아틀라스 세계는 지금

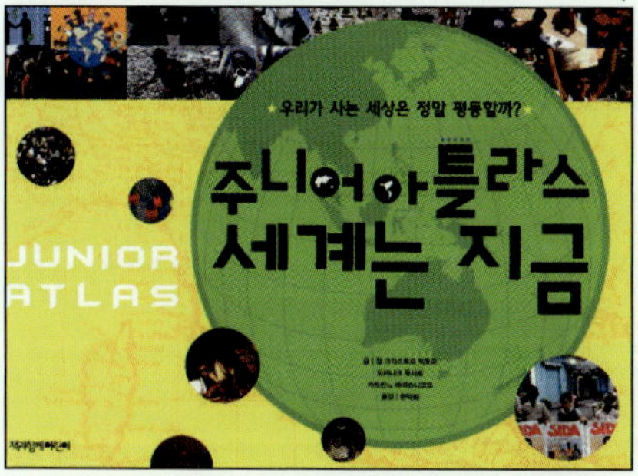

- 소주제 : 국제협력의 필요성
- 글작가 : 장 크리스토프 빅토르, 도미니크 푸샤르, 카트린느 바리슈니코프
- 그림작가 : 클레망 제르베
- 역자 : 한덕화
- 출판사 : 책과함께어린이
- 출판연도 : 2010년(원본), 2011년(국내초판)
- 연령 : 초등 이상
- 장르 : 논픽션

우리가 살아가고 있는 '지금', 세계의 모습을 43개의 소주제를 통해 세계 곳곳에서 일어나고 있는 사회적 문제나 이슈들을 짚어 보며, 그 현실을 직시해 볼 수 있다. 지리학의 기본 정의부터 각국의 입장이 나타난 다양한 세계 지도, 인구 문제, 빈익빈부익부, 인권, 기후 변화, 자원 분쟁, 여러 국제기구, 인도주의적 활동까지 세계 곳곳에서 벌어지는 거의 대부분의 주제를 다루고 있다. 지구상의 여러 국가가 모두 똑같은 모습으로 살아가고 있는 것은 아니고, 이러한 불평등이 야기하는 여러 가지 문제를 보여 준다. 이와 같은 인구 고령화, 어린이 인권, 에너지 분쟁, 종교 전쟁, 환경 문제 등 세계 곳곳에서 일어나는 다양한 현상을 사진 자료와 그림 지도와 함께 알기 쉽게 소개하고 있다. 또한 어려운 용어나 배경

지식이 필요한 부분은 책 뒤쪽에 따로 정리하여 아동들의 이해를 도와준다. 마지막 장에서는 더 나은 세상을 만들기 위해 나서서 노력하는 사람들과 단체들을 보여 주어 아동 스스로 여럿이 어우러져 살아가는 이 세상에 존재하는 불평등에 의문을 던지고, 그 답을 찾아보는 힘을 기를 수 있도록 한다.

(2) 국제협력기구

나는 평화가 좋아요

- 소주제: 정치적 협력
- 글작가: 클로드 파베르
- 역자: 김주경
- 출판사: 대교출판
- 출판연도: 2006년(원본), 2007년(국내초판)
- 연령: 유치 이상
- 장르: 논픽션

진정한 평화의 의미와 그 중요성을 일깨워 주는 책이다. 먼저 평화란 무엇인지, 전쟁은 왜 일어나는지에 대해 설명하고 있다. 역사 속에서의 평화, 평화를 위해 평생을 바친 사람들, 내전과 국제적 분쟁을 겪고 있는 국가들과 그것을 해결하기 위한 다양한 국제기구의 창립과정과 역할 등에 대해 알려 준다. 풍부한 사진 자료가 생생한 느낌을 전해 주며, 각 장의 주제에 맞춘 일목요연한 잡지식 구성은 아이들이 평화의 개념을 쉽게 이해하도록 도와준다. 세계의 평화를 지키는 일은 대통령처럼 높은 사람들만 할 수 있는 일이 아니라, 어린이들도 할 수 있는 일임을 이야기해 준다. 자기와 다른 생각을 가진 사람을 이해하고 대화를 나누는 일, 전쟁과 학살로 얼룩졌던 과거를 잊지 않는 일, 다른 사람들의 권리를 인정하고 불평등이 설 자리가 없도록 하는 일이 평화를 위한 첫걸음이 된다는 점을 강조한다. 아이들은 이 책을 통해 우리의 일상적인 행동 하나하나가 모두 평화와 관련되어 있다는 사실을 알 수 있다.

세계의 내 친구들

- 소주제: 문화적 협력
- 글작가: 삼성출판사 편집부
- 역자: 최재숙
- 출판사: 삼성출판사
- 출판연도: 2003년(원본), 2003년(국내초판)
- 연령: 유치 이상
- 장르: 논픽션

세계 곳곳에 사는 어린이들의 용기와 기쁨 그리고 희망을 담은 책으로, 전 세계에서 각기 다르게 살아가고 있는 수백만 명의 어린이들과 서로 다른 언어를 사용하고 생김새도 다르며 매일매일 여러 가지 다른 어려움이나 도전에 맞닥뜨리며 살아가는 친구들의 모습을 그림 지도, 사진과 함께 담아 냈다. 이 책에 담긴 어린이들의 모습은 유니세프 직원들과 함께 세계 각지에서 방문하여 촬영한 생생한 자료를 바탕으로 구성되었다. 첫 페이지의 소개글을 보면 전 세계 어린이들의 행복과 밝은 미래라는 유니세프의 역할과 목표뿐 아니라, 이 책을 통해 전 세계 어린이에게 전하고 싶은 평화와 화해의 메시지가 무엇인지 더욱 확실히 알 수 있다.

바다로 돌아간 돌고래

- 소주제: 인도적 협력
- 글작가: 버지니아 매케너
- 그림작가: 이언 앤드루
- 역자: 햇살과 나무꾼
- 출판사: 두레아이들
- 출판연도: 1997년(원본), 2005년(국내초판)
- 연령: 유치 이상
- 장르: 논픽션

20여 년간 '돌고래 쇼'를 하며 살아온 영국의 랭커셔 주 모어캠브 머린랜드 수족관의 로키 이야기를 바탕으로 쓰여진 이 책은 크게 두 부분으로 나뉜다. 먼저 바다로 돌아가기까지의 이야기가 돌고래의 눈으로 펼쳐지고, 그다음에는 구조 작업에 관한 자세한 이야기와 사진들이 일지 형식으로 실려 있다. 이 책에서는 많은 야생동물 가운데 우리, 특히 어린이들에게 친근한 돌고래 로키가 콘크리트 수족관에서 다시 야생의 바다로 돌아가 자유를 되찾는 과정과 환경단체 '본 프리 재단' 및 많은 사람의 노력을 사실적이고도 감동적으로 그려 내고 있다. 책의 뒷부분에 그 진행 일지가 사진과 함께 자세히 소개되고 있으며, 마지막 부분에는 돌고래에 관해 궁금해할 만한 사실들을 부록으로 실어 어린이들의 궁금증을 풀어 주고 있다. 가족들이 나들이 코스로 즐겨 찾는 동물원에 갇힌 야생동물의 입장에서 한번 생각해 볼 수 있는 기회를 준다.

안녕하세요, 그린피스

- 소주제: 인도적 협력
- 글작가: 사이먼 제임스
- 그림작가: 사이먼 제임스
- 역자: 유시주
- 출판사: 비룡소
- 출판연도: 2000년(원본), 2006년(국내초판)
- 연령: 유치 이상
- 장르: 논픽션

소녀 에밀리는 어느 날 자기 집 연못에서 고래 한 마리를 발견하고 환경단체 그린피스에 편지를 보내 도움을 청한다. 그린피스는 고래의 먹이, 고래의 종류 등 여러 지식을 알려 준다. 고래는 바다에서만 살기 때문에 에밀리가 본 것은 고래일리가 없다는 그린피스의 답장에도 자기 집 연못에 사는 것이 고래라고 믿는 엉뚱한 에밀리의 모습이 재미를 준다. 또한 초등학교 1학년 어린이가 직접 쓴 손글씨는 실제로 어린이가 쓴 편지를 보는 듯한 느낌을 살려 준다. 고래라는 친근한 동물과 재미있는 편지글 형식을 통해 어린이들이 국제기구(그린피스)에 친근하게 접근할 수 있는 기회를 제공해 준다. 고래의 생태에 관한 다양한 지식을 알려 주고 뒤의 부록을 통해 세계적인 환경단체 그린피스에 대한 자세한 정보도 함께 다루고 있다.

존 뮤어

- 소주제: 인도적 협력
- 글작가: 토마스 로커
- 그림작가: 토마스 로커
- 역자: 이상희
- 출판사: 초록개구리
- 출판연도: 1982년(원본), 1999년 (국내초판)
- 연령: 유치 이상
- 장르: 논픽션

처음으로 국립공원을 세웠으며, 세계 최초의 비영리 환경운동단체인 시에라 클럽을 만든 박물학자 존 뮤어의 전기다. 인물의 생애와 업적을 나열하는 기존의 전기와는 달리, 존 뮤어가 자연을 새롭게 바라보고 자연보호 운동을 정치적인 운동으로까지 발전시킨 계기가 되었던 요세미티 시절을 간결하게 잘 그리고 있다. 또한 본문 왼쪽에는 시처럼 짧은 글을 실으면서 오른쪽에는 한 면 가득 그림을 실어 인물에 초점을 맞추기보다는 인물이 자연을 바라보는 시선을 따라가도록 하여 자연에 대한 주인공의 사랑을 더욱 인상적으로 느낄 수 있다.

4. 그림책을 활용한 국제협력교육의 예

유아와 초등생을 대상으로 세계화에 대한 이해를 높이고, 교사들이 수업 시간에 그림책을 활용하여 우리가 살고 있는 세상이 나 혼자 살아가는 것이 아니라 서로 협력하여 살아가는 것이라는 국제협력의 필요성을 이해시키는 것이 중요하다. 그리고 세계 각국이 이러한 문제해결을 위해 벌이고 있는 다양한 국제협력기구의 종류와 그 역할에 대한 이해를 통해 세계시민으로서 문제의식과 문제해결을 위한 적극적인 태도를 기를 수 있어야 한다.

유아와 초등생 모두 세계 속에서 협력 이전에 먼저 나와 가족, 유치원, 학교, 지역사회와 우리나라에 대한 이해와 그 속에서 함께 살아가야 한다는 점을 먼저 이해하는 것이 필요할 것이다. 그러나 이러한 과정은 이미 유치원 및 초등학교 교과과정에서 포함하여 교육하고 있으므로 이 장에서는 세계화와 국제협력의 필요성과 국제협력기구를 중심으로 수업을 구성하였다. 사실적인 자료와 구체적인 사례를 보여 주는 그림책을 통해 다양한 종류의 국제협력기구와 역할을 알아보고, 아동이 현재 나의 위치에서 국제협력을 위해 실천할 수 있는 실질적인 방안을 찾을 수 있도록 하는 데 초점을 맞추었다.

1) 국제협력의 필요성

국제협력의 필요성

지구촌의 불평등

스테파니 르뒤 · 스테판 프라티니 글, 엘로디 발랑드라스 그림, 김이정 옮김, 그린북, 2010

1. 학습목표
    - 세계의 불평등한 현실에 대해서 알 수 있다.
    - 세계의 불평등한 현상에 대해 지속적으로 관심을 갖도록 한다.
    - 세계의 불평등을 협력하여 해결할 수 있는 방법에 대해 생각할 수 있다.
    - 세계의 여러 불평등을 해결하기 위해 협력해야 함을 안다.
2. 대상연령: 초등 이상
3. 소요시간: 80분
4. 집단구성: 소그룹

✽ 도 입

1. 내가 꿈꾸는 좋은 세상은 어떤 모습인지 이야기 나눈다.
   - 혼자서 행복하게 사는 세상이 아닌 모든 사람이 인간답게 사는 세상에 대한 의미에 대한 감수성을 갖게 하기 위한 토론이 되어야 한다.
2. 평등 또는 불평등의 의미에 대해 알아본다.
3. 내가 생각하는 평등한 세계는 어떤 모습인지 이야기 나눈다.

✽ 그림책 읽기

1. 18개 주제 중 앞의 3개 주제는 불평등과 관련된 관심을 일으키고 배경지식을 쌓는 의미로 꼭 이야기 나눈다.
2. 14개의 주제 중 아이들이 이해할 수 있는 부분이면서 관심을 보이는 주제를 선정하여 함께 이야기 나눈다.
   - 목이 마를 때 우리는 어떻게 하나요?
   - 세계에는 물이 많은 곳이 있고 적은 곳도 있어요. 왜 그럴까요?
   - 부유한 나라에서 물을 낭비하는 것이 왜 문제가 될까요?
   - 오염된 물로 병에 걸린 친구들을 위해 우리가 할 수 있는 무엇일까요?

✽ 전 개

1. 가장 시급하게 해결해야 할 불평등은 무엇이고 왜 그렇게 생각하는지 이야기해 본다.
2. 세계의 불평등이 어떻게 해결되면 좋을지 그림과 글로 표현해 보세요.

✻ 마무리

1. 그림 또는 글로 표현한 내용을 발표한다.
2. 지속적으로 세계의 사람들과 협력할 수 있는 일이 무엇인지 이야기 나눈다.

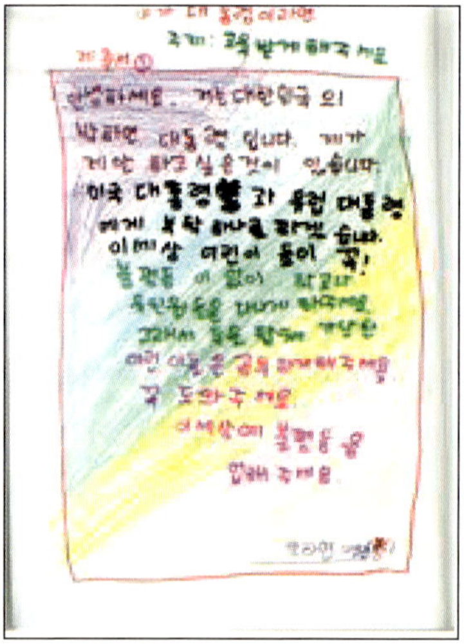

글로 표현한다.

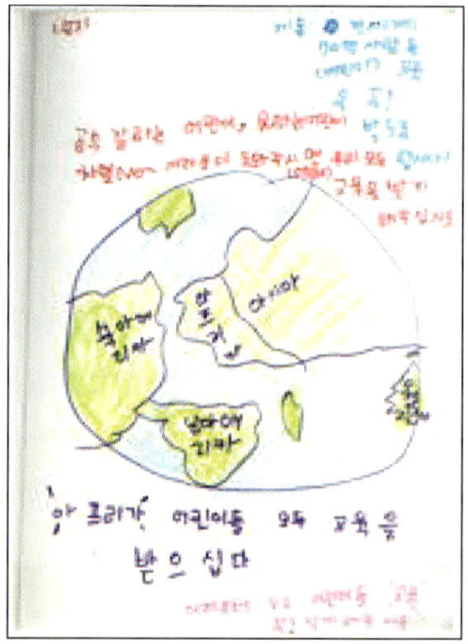

글과 그림으로 표현한다.

Tip

1. 모든 페이지마다 토론할 필요는 없다.
2. 앞부분(3개 주제)은 전반적인 도입처럼 배경지식을 전해 주는 정도로 하고 그 이후 몇 가지 주제를 집중적으로 토론할 수 있다.
3. 많은 내용이 담겨 있는 책이므로 모든 내용을 다 읽어 주기보다 필요한 부분을 선별하여 읽어 주도록 한다.

2) 국제협력기구

정치적 협력

나는 평화가 좋아요

클로드 파베르 글, 김주경 옮김, 대교출판, 2007

1. 학습목표
   - 다양한 국제기구와 그 역할에 대해 인식한다.
   - 세계문제 해결에 있어서 국제기구의 필요성을 이해한다.
   - 국제기구를 통한 문제해결 방법을 찾을 수 있다.
   - 국제문제 해결에 적극적으로 참여할 수 있는 태도를 가진다.
2. 대상연령: 초등 3~4학년 이상
3. 소요시간: 80분
4. 집단구성: 중그룹
5. 준비물: 4절지, 색연필 및 필기도구

✽ 도 입

1. 국제기구 하면 생각나는 것이 무엇인지 이야기해 본다.
2. 교사가 국제연합과 국제기구가 설립된 시대의 역사적 상황에 대해 간략한 설명을 한다.

✽ 그림책 읽기

1. 책 속에 등장하는 국제기구는 무엇이 있는지 찾아보고 이전에 들어본 적이 있거나 알고 있는 국제기구가 있는지 알아본다.
2. 내용을 읽고 각 국제기구가 생긴 이유와 역할은 무엇인지 이야기해 본다.

✽ 전 개

1. 세계의 문제
    - 세계에서 벌어지고 있는 여러 가지 사건에 대해 알아본다. 각자 현재 세계에서 가장 중요한 문제가 무엇인지 이야기해 본다. 수업 전에 미리 생각해 오거나 신문에서 찾아오는 것을 과제로 해도 좋다. 또는 교사가 신문 기사 등을 제시할 수도 있는데, 이때 아동노동이나 아동 기아문제, 소년병 이야기 등 아동과 관련된 기사면 더욱 효과적이다. 이를 바탕으로 교사가 아이들과 의논하여 한 가지 문제를 정한다.
    - 한 가지 문제가 정해지면 2~3명씩 조를 만들어 이 문제를 해결할 수 있는 방법이 무엇인지 이야기해 본다.

2. 국제기구를 통한 문제 해결하기

- 책에서 살펴보았던 국제기구 중 앞의 문제를 해결할 수 있는 국제기구에는 무엇이 있는지 찾아본다.
- 앞에서 찾은 국제기구를 선택한 이유와 내가 그곳에서 일한다면 어떤 방법으로 문제를 해결할지 조별로 의견을 나누고 종이에 정리한다.

✽ 마무리

1. 조별로 자신들이 선택한 국제기구와 해결방법에 대해 발표한 후 서로의 공통점과 차이점에 대해 이야기 나눈다.

확장활동

주어진 문제를 해결할 수 있는 새로운 국제기구를 아동 스스로 만들어서 설립 목표와 주요 업무 등을 구성한 후 자신이 맡을 역할을 정하게 한다.

인도적 협력

안녕하세요, 그린피스

사이먼 제임스 글 · 그림, 유시주 옮김, 비룡소, 2006

1. 학습목표
   - 고래의 생태에 대해 안다.
   - 환경단체 그린피스의 역할에 대해 안다.
   - 내 주변에서 그린피스와 같은 환경단체를 찾아볼 수 있다.
2. 대상연령: 유치 이상
3. 소요시간: 80분
4. 집단구성: 소집단(7명)
5. 준비물: 깃발 모양의 종이와 나무젓가락, 그림 그릴 도구, 사인펜

✽ 도 입

1. '고래'에 대해 알고 있는 것을 이야기해 본다.

2. 멸종 동물에 대한 참고 도서 『백조의 노래』를 보여 주며, 멸종 동물에 대한 정보를 정교화한다.

3. 환경단체에 대해 들어본 적 있는지 이야기해 본다.

✽ 그림책 읽기

1. 표지 감상하기
   - 제목을 읽고, 어떤 이야기가 전개될 것인지 예측해 본다.

     그린피스는 누구(무엇)일까요?
   - 표지 그림에서 떠오르는 생각을 표현해 본다.

     그림 속 아이는 지금 무엇을 하고 있나요?

2. 책을 들고 본문을 읽어 준다.

✽ 전 개

1. 그림책 감상 후, 이야기를 나누며 주제에 접근한다(본문의 내용만 읽어 준다).
   - 에밀리가 편지를 쓴 이유는 무엇인가?
   - 고래에 대해 새로 알게 된 점은 무엇인가? (고래가 사는 곳, 먹이, 고래의 습성)
   - 에밀리네 연못에 고래가 산다고 생각하는가?
   - 편지를 읽고 그린피스가 하는 일은 무엇이라고 생각하는가?

2. 그림책의 뒷면지 부분을 다시 읽어 주며 주제에 접근한다.
   - 그린피스는 어떤 단체인가?
   - 그린피스가 하는 일은 무엇인가?

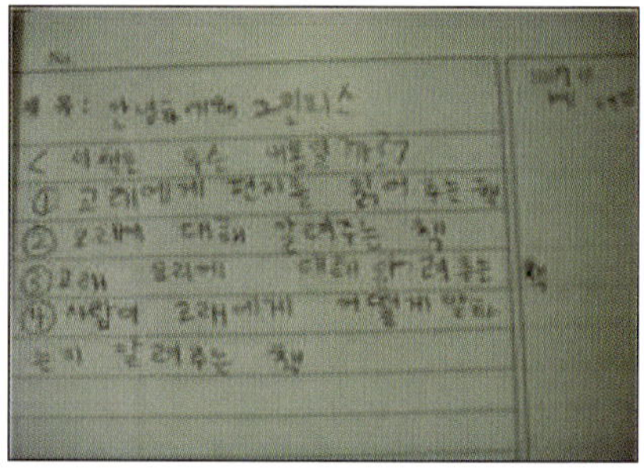

▲ 책의 내용에 대해 써 보게 한다. ▶

- 그린피스가 있는 곳은 어디인가?
- 우리나라에도 그린피스 같은 단체가 있는가?

3. 종이를 나누어 주고 그린피스 로고와 표어를 그려 넣고 나무젓가락에 붙여 깃발을 만들어 본다. 이것을 통해 그린피스의 의미를 이해하고 환경단체에 대해 친근감을 느껴 볼 수 있다.
   - 하얀 종이를 깃발 모양으로 잘라 각자 원하는 색깔로 칠하고, 그림이나 로고를 그려 넣고, 자신이 생각하는 적절한 표어를 써 넣어 보게 한다.

하얀 종이를 깃발 모양 종이에 그림이나 로고를 그려 본다.

- 깃발이 완성되면 돌아가며 자신이 그린 그림과 표어에 대해 이야기한다.
- 그린피스의 원래 로고나 표어 그림 등을 보여 주고 자신들의 그림과 비교해 보게 한다.

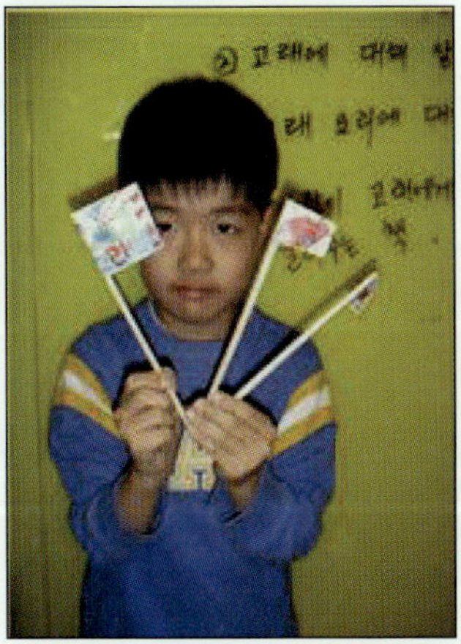

자신이 그린 그림과 표어에 대해 이야기한다.

친구들과 각자 그린 그림과 표어에 대해 비교해 본다.

✽ 마무리

1. 자신이 그린피스 회원이라면 하고 싶은 일이 무엇인지 이야기해 본다.

확장활동

에밀리처럼 환경에 대한 궁금한 점이 있으면 그린피스나 우리나라 환경단체(예: 환경운동연합)에 편지를 써 본다.

- 그린피스 홈페이지 http://www.greenpeace.org
- 환경운동연합 홈페이지 http://www.kfem.or.kr
- 녹색연합 홈페이지 http://www.greenkorea.org

1. 문화간이해 그림책 목록

소주제	서명	글쓴이	그린이	옮긴이	연도	출판사	장르	줄거리 및 특징	대상 연령
다양성	EGYPTOLOGY 이집트학-오시리스 왕의 무덤을 찾아서	에밀리 샌즈	·	정규영	2006	서돌	픽션	편지 봉투, 플랩 등의 다채로운 편집과 함께 게임, 고대 이집트 문화에 대한 다양한 자료로 가득하다.	초등중 이상
	가면 쓰고 춤춰요	국립 한경대 디자인학부	김삼현	·	2006	보림	논픽션	각 나라의 인사와 가면에 얽힌 이야기가 간략하게 소개된 책이다. 가면 모양으로 책이 디자인 되어, 책을 가면으로 활용하여 재미있는 놀이를 할 수 있게 하였다.	유아 이상
	거미 아난시	제럴드 멕더멋		윤인웅	2005	열린 어린이	전래	아프리카의 민담 영웅인 거미 아난시의 모험담을 담은 그림책이다.	유아 이상
	고대 그리스 어린이들은 어떻게 살았을까?	비비안 쾨닉		임미경	2002	주니어 김영사	논픽션	성별과 신분에 따라 삶이 달랐던 그리스에서 7명의 인물을 등장시켜 각각 받았던 교육, 놀이와 그리스에 대한 상식을 알려 주고 있다.	초등 이상
	고대 이집트 어린이들은 어떻게 살았을까?	비비안 쾨닉		김윤진	2002	주니어 김영사	논픽션	이집트 어린이들의 집, 음식, 옷, 교육, 놀이 등 고대 이집트 어린이들의 생활에 대한 궁금증을 어부, 파라오, 농부, 화가의 아이들과 하녀와 왕자 등 다양한 인물을 통해 알려 준다.	초등 이상
	고대 이집트의 비밀, 미라	필립 스틸	앵거스 맥브라이드	이충호	2004	시공주니어	논픽션	미라를 왜, 어떻게 만들었는지 후세에 사람들이 미라에 대하여 어떻게 생각하였는지를 보여 준다. 고대 이집트의 풍속을 잘 살린 그림과 쉽게 쓴 글이 고대 이집트의 문화를 전한다.	초등 이상
	고혈압에 걸린 플라타너스	베히크 아크		윤원미	2003	파란	자전거	터키의 그림책 작가의 책으로, 늙고 고혈압에 걸린 플라타너스 나무와 아이들 간의 우정을 그린다.	유아 이상

소주제	서명	글쓴이	그린이	옮긴이	연도	출판사	장르	줄거리 및 특징	대상 연령
다양성	곰이 되고 싶어요	스테판 프라티니	야니크 하스트룹	안수연	2004	문학동네 어린이	픽션	북극의 풍경과 북극 마을의 모습이 잘 전개된다. 북극의 에스키모 인들과 곰과의 독특한 문화적 연관성을 엿볼 수 있다.	유아 이상
	구름 공항	데이비드 위즈너		·	2012	베틀북	픽션	엠파이어 스테이트 빌딩 꼭대기에서 꼬마 구름을 만난 이후의 사건을 상상력 있게 보여 준다.	유아 이상
	구석구석 지구촌 탐험 (전 12권)	로랑스 캉텡, 카트린 레세르	·	장석훈	2005	아이세움	논픽션	아마존강, 인도, 티베트, 네팔, 부탄, 캐나다, 러시아, 아일스란드의 오지에서의 삶의 모습과 부족에 대한 전번적인 정보와 생태를 그림과 사진 지도 등으로 소개한다.	초등저 이상
	그림자	블레즈 상드라르	마샤 브라운	김서정	2003	보림	픽션	'주술사'란 산문시에 케냐와 탄자니아 등 아프리카의 강렬한 이미지를 그림으로 묘사하고 있다.	초등 이상
	글짓기 시간	안토니오 스카르메타	일폰소 루아노	서애경	2003	아이세움	픽션	칠레의 군부독재 시절, 민간인을 감시하기 위해 아이들의 글짓기를 이용하는 어두운 현실을 어린이의 눈으로 담담하게 그렸다.	초등 이상
	긴 머리 여자아이	천롱		안명자	2005	청년사	픽션	우연히 사슴의 목숨을 구해 준 긴 머리 여자 아이. 사슴은 은인에게 물을 길을 수 있는 장소를 가르쳐 주며 비밀을 지킬 것을 당부한다. 하지만 가뭄이 들자 아이는 마을 사람들을 위해 물구멍의 위치를 공개하고, 산도깨비에게 벌 받을 위기에 처한다. 진한 유화로 그려낸 중국의 산과 바위, 들판은 생소하면서도 힘 있게 다가온다.	유아 이상

소주제	서명	글쓴이	그린이	옮긴이	연도	출판사	장르	줄거리 및 특징	대상 연령
다양성	꼬리를 돌려 주세요	노니 호그로지안		홍수아	2001	시공주니어	전래	빛나는 해와 동심의 세계를 상징하는 노란색을 중심으로 그에 어울리는 주황색 여우, 연하고 진한 숱한 초록의 숲, 거슬리지 않는 분홍과 보라색 작은 꽃들, 색의 조화가 놀라운 아르메니아의 민속의상이 아름다움으로 하나 되어 녹아 있다.	유치 이상
	꿀벌나무	페트리샤 폴라코		서남희	2003	국민서관	픽션	벌이 날아가는 길을 따라 꿀벌나무를 찾아가는 할아버지와 손녀 그리고 그들이 만나는 사람들의 다양한 삶의 모습을 보여 준다.	유치 이상
	나는 조그만 돌사자예요	시옹량		노경실	2007	꿈소담이	픽션	아이가 성장해 마을을 떠나 돌사자를 잊어버려도 항상 자리를 지키고 있는 돌사자상에 대한 이야기다. 중국 문화를 볼 수 있다.	유아 이상
	내 어린 시절의 북극	노르미 에쿠미악		이혜선	2005	사계절	논픽션	북극에서 살아가는 이누이트가 고유의 문화와 생활방식을 살아가다가 서구문명으로 문화가 파괴되어 간 이야기를 이누이트가 직접 들려준다.	초등 이상
	눈보라 치던 날	셀리나 쇤츠	알로이스 카리지에	박민수	2006	아이세움	픽션	스위스 지방의 한겨울 썰매축제 이야기를 담고 있다.	유치 이상
	달 토끼의 길고 긴 여행	시옹량	미야두안	노경실	2007	꿈소담이	픽션	달에 살고 있는 토끼는 날마다 계수나무 아래에서 불멸의 영약을 만들어 낸다. 혼자라서 너무 외로운 달 토끼와 친구가 되고 싶다는 소원을 한 소년과의 이야기다.	유아 이상

소주제	서명	글쓴이	그린이	옮긴이	연도	출판사	장르	줄거리 및 특징	대상 연령
다양성	대통령이 되고 싶다고?	주디스 세인트 조지	데이비드 스몰	김연수	2003	문학동네 어린이	논픽션	미국 대통령들의 이름, 몸무게, 키 등 다양하고 소소한 정보를 소개하고 있다.	유아 이상
	마들린느와 쥬네비브	루드비히 베멀먼즈	루드비히 베멀먼즈	이선아	1994	시공 주니어	픽션	파리의 기숙학교 아이들을 다룬 유명한 그림책 시리즈다. 파리의 유명한 풍경들이 배경으로 등장한다.	유아 이상
	모기는 왜 귓가에서 앵앵거릴까?	버나 알디마	레오 딜런 · 다이앤 딜런	김서정	2003	보림	전래	서아프리카의 옛이야기로 이구아나에게 말도 안 되는 허풍을 떤 모기로 인한 이야기다.	유아 이상
	모로코의 이야기꾼	테드 르윈		양녕자	2006	미래 M&B	픽션	모로코의 도시 페즈에 살고 있는 할아버지와 손자의 하루를 그린 책이다. 모로코의 전통과 현대, 아슬람교도들의 문화와 아랍어들을 경험할 수 있다.	유아 이상
	미랜디와 바람 오빠	패트리샤 맥키색	제리 핑크니	김서정	2004	열린 어린이	픽션	19세기 말 미국 남부 흑인들의 독특한 '케이크워크'를 소재로 한 이야기다.	유치 이상
	바다 이야기	질 바클렘		강경혜	2005	마루벌	픽션	마을 들쥐들이 먹을 소금을 구하기 위해 배를 타고 바다로 나가는 모습을 담고 있는 이야기로 들쥐마을을 통해 생활상을 보여 준다.	유치 이상
	바람이 휙, 바람이 쏴	에벌린 하슬러	케티 벤트	유혜자	2002	비룡소	전래	스위스 산악지역 옛이야기로 스위스판 '혹부리영감' 이야기다.	초등 이상
	배고픈 외투	데미		유정화	2007	비룡소	픽션	터키를 대표하는 민중 철학자이자 재담꾼인 나스레틴 호카(1208~1284)의 일화를 담은 그림책이다.	유아 이상

소주제	서명	글쓴이	그린이	옮긴이	연도	출판사	장르	줄거리 및 특징	대상 연령
다양성	벤의 트럼펫	레이첼 이사도라		이다희	2006	비룡소	픽션	지그재그 재즈클럽에서 나오는 음악을 들으며 멋진 트럼펫 연주자가 되고 싶은 벤의 이야기를 담고 있다.	유아 이상
	붉은 땅의 기억	장안거	·	홍연미	2007	문학동네 어린이	논픽션	1966년에 시작되어 10년 동안 이어진 중국 문화대혁명을 겪으면서 자신의 정체성을 찾아가는 한 소년의 노력을 담담하게 그리고 있다.	초등중 이상
	북쪽 나라 자장가	낸시 화이트 칼스트롬	다이앤 딜론 · 레오 딜론	이상희	2003	보림	전래	알래스카의 하늘에 오로라가 수놓을 때 잠자리에 드는 아이를 위해 자장가를 부른다. 이때 아이 주변의 모든 생물이 인간의 모습과 조화를 이루며 나타난다.	초등 이상
	사라진 마을	카디르 넬슨	앤 그리 팔코니	이선오	2006	미래 M&B	픽션	노예무역이 성행하던 17세기에서 19세기까지 2000만 명이 넘는 아프리카인들이 노예로 팔려 아메리카 대륙으로 끌려갔다. 이 시대, 평화롭던 마을에 쳐들어 온 노예상인들에게서 지혜롭게 마을을 지켜낸 아프리카의 야오 부족이야기를 담았다.	초등 이상
	샌지와 빵집 주인	로빈 자네스	코기 폴 브릭스	김중철	2001	비룡소	픽션	중동 지역을 배경으로 펼쳐지는 재미있는 명판결 이야기로 빵 냄새만을 맡은 샌지에게 빵집 주인이 빵 값을 내라고 협박한다.	유아 이상
	세 개의 황금 열쇠	피터 시스		송순섭	2004	사계절	픽션	피터시스가 개인적인 기억을 바탕으로 고국인 체코의 프라하의 문화와 역사를 보여 주는 책이다.	초등 이상

소주제	서명	글쓴이	그린이	옮긴이	연도	출판사	장르	줄거리 및 특징	대상 연령
다양성	세상에서 가장 아름다운 나의 마을	고바야시 유타카		길지연	2003	미래 M&B	픽션	아프카니스탄의 한 마을이 전쟁으로 인해 파괴되어 가는 모습을 과거와 현재를 대비하면서 보여 준다.	유치 이상
	셰익스피어와 글로브 극장	알리키 브란덴브르크		마은영	2003	미래 M&B	논픽션	셰익스피어의 일생과 그의 희곡을 공여했던 글로브 극장에 대한 이야기를 셰익스피어 당시의 영국 모습을 잘 보여 주고 있다.	초등 이상
	수호의 하얀말	오츠카 유우조	아키바 수에키치	이영준	2001	한림 출판사	전래	몽골의 악기 '마두금'이 생기게 된 이야기를 담고 있다. 전통적인 이야기에 전통적인 그림풍이 조화롭다.	유아 이상
	시인과 여우	팀 마이어스	한성옥	김서정	2001	보림	픽션	17세기 일본의 유명한 시인 바쇼(松尾芭蕉)와 영리하고 변덕스런 독자를 대변하는 여우를 통해 예술의 소통에 대해 나눈다. 더불어 일본의 정형시 하이쿠를 경험할 수 있다.	유치 이상
	쉿!	민퐁 호	홀리 미드	윤여림	2006	곧은나무	픽션	곤히 잠든 아기를 깨우지 않으려고 엄마는 이런 동물들을 쫓아다니며 "쉿!" 하고 잠을 재운다. 이국적인 타이의 풍광은 아름답고, 엄마와 아기의 모습에선 사랑을 느낄 수 있다. 종이를 붙여 만든 콜라주 기법이 독특하다.	유아 이상
	쌍둥이 빌딩 사이를 걸어간 남자	모디캐이 저스타인		신형건	2004	보물창고	픽션	1974년 필립 쁘띠라는 사람이 쌍둥이 빌딩 사이에 줄을 매고 공중묘기를 부린 실화에 대한 이야기다.	유아 이상

소주제	서명	글쓴이	그린이	옮긴이	연도	출판사	장르	줄거리 및 특징	대상 연령
다양성	씩씩한 마들린느	루드비히 베멀먼즈	루드비히 베멀먼즈	이선아	1994	시공 주니어	픽션	독립심이 강한 여자아이 마들린느가 프랑스 파리의 오래된 기숙사에서 열두 명의 여자아이와 생활하면서 벌어지는 일들을 다룬 책이다.	유치 이상
	아메리칸 인디언 어린이들은 어떻게 살았을까?	미셸 피크말	미셸 피크말	정재곤	2002	주니어 김영사	논픽션	북아메리카 중앙에서 살아가는 라코타족, 샤이엔족, 크로족, 코만치 족의 생활상을 담은 책이다.	초등 이상
	아빠와 함께 한 베니스 여행	크리스티나 비외르크	잉가카린 에릭슨	윤희기	2003	미래사	논픽션	사려 깊고 박식한 가이드 노릇을 하는 아빠와 함께 베니스를 방문한 벤델라는 운하, 궁전, 말 조각상, 사자상, 박물관, 세상에서 가장 멋진 카페 플로리안을 둘러본다. 직접 발로 뛴 현장취재가 빛이 난다.	초등중 이상
	아이 러브 아프리카	류회향, 황금물고기 (엮은이)	오진욱	·	2006	교학사	전래	모로코, 말리, 니제르, 나이지리아, 남아프리카 공화국 등 아프리카 대륙에 속한 여러 나라의 특징을 담은 옛이야기 14편입니다. 대륙과 나라마다 저마다 다른 지방색이 드러나 있다.	초등 이상
	아툭	미샤 다미안	요젭 빌콘	신형건	2004	보물창고	픽션	에스키모 소년 아툭이 사랑했던 개 타룩이 늑대에 물려 죽자 복수할 마음을 키운다. 늑대를 죽이고도 허전한 아툭은 봄이 되어 사랑을 나눌 친구를 만나게 되며 더 큰 사랑을 담게 된다.	유치 이상

소주제	서명	글쓴이	그린이	옮긴이	연도	출판사	장르	줄거리 및 특징	대상 연령
다양성	아프리카 소년 샤카	마리 셀리에	마리옹 르사주	이정민	2005	웅진주니어	픽션	손자가 할아버지에게 아프리카에 대해 질문하고 그것에 대한 대답으로 아프리카의 문화와 미술품 등을 소개한다.	유치 이상
	애니의 노래	미스카 마일즈	피터 패놀	노경실	2002	새터	픽션	나바호 사막의 인디언 소녀인 애니가 부모님과 할머니와의 관계를 통해 '생명'을 이해해 가는 과정이 그려져 있다.	유치 이상
	얼음 세상의 생명, 극지방에 사는 동물	크리스티안 군치	존 프랜시스	윤소영	2004	시공 주니어	논픽션	북극곰, 펭귄, 북극여우 등의 극지방에서 살아가는 동물들의 생태를 소개하고 있다.	유치 이상
	에스키모 아프치아크의 일생	폴 에밀 빅토르	·	장석훈	2006	비룡소	픽션	모의 삶을 통해 에스키모의 삶을 보여 준다.	유치 이상
	엘로이즈	케이 톰슨	힐러리 나이트	김동미, 홍민경	2007	예꿈	픽션	주인공 꼬마 아가씨 엘로이즈는 뉴욕시에서 가장 화려하고 훌륭한 플라자 호텔에 살면서 바쁘게 보내고 있는 자신의 이야기를 쉴새없이 말해 주고 있다.	초등 이상
	엘로이즈, 파리에 가다	케이 톰슨	힐러리 나이트	김동미, 이혜인	2007	예꿈	픽션	엄마의 부름으로 파리에 도착한 엘로이즈는 노트르담 성당, 개선문, 루브르 등 파리의 명소를 구경하고, 완벽한 파리지엔느가 되기 위해 프랑스어 연습도 한다.	초등 이상
	엘리베이터 여행	마울 마르	니콜라우스 하이델바하	김경연	2005	풀빛	픽션	로자가 엘리베이터를 타고 7과 30이란 숫자로 이뤄진 낯선 세계로 빠져드는 이야기다.	유치 이상

소주제	서명	글쓴이	그린이	옮긴이	연도	출판사	장르	줄거리 및 특징	대상 연령
다양성	여름 산 아이 플루리나	셀리나 쇤츠	알로이스 카리지에	이지연	2002	아이세움	픽션	스위스 고산지대에 사는 플루리나가 여름이면 산으로 올라가 살아가면서 인간과 야생동물의 저마다의 길이 있다는 것을 보여 주는 책이다.	유치 이상
	여행 그림책: 덴마크 편	안노 미쓰마사		·	2006	한림 출판사	논픽션	안데르센의 고향인 덴마크의 풍경과 명소뿐 아니라 유명인과 역사 이야기, 단편 이야기들의 내용이 그림으로 담겨 있다.	초등 이상
	여행 그림책: 미국편	안노 미쓰마사		·	2004	한림 출판사	논픽션	말을 탄 여행자와 함께 미국을 여행하며, 풍경 속에서 미국의 여러 상징을 만나게 해 주고 있다.	유치 이상
	여행 그림책: 스페인편	안노 미쓰마사		·	2006	한림 출판사	논픽션	배로 해안가의 마을에 도착한 여행자가 바로셀로나를 거쳐 라만차, 그라나다와 세비야와 세고비아로 향하는 여정을 그리고 있다.	초등 이상
	여행 그림책: 영국 편	안노 미쓰마사		·	2003	한림 출판사	논픽션	영국의 전원 풍경과 메리포핀스, 곰돌이 푸와 세익스피어의 생각 등 영국과 관련된 이야기들이 담겨 있다.	유치 이상
	여행 그림책: 이탈리아 편	안노 미쓰마사		·	2001	한림 출판사	논픽션	이탈리아의 전원과 도시의 풍경뿐 아니라 세계적으로 유명한 명화와 동화 속 주인공들이 그림 속에 숨겨 있다.	초등 이상
	여행 그림책: 중부유럽편	안노 미쓰마사		·	1999	한림 출판사	논픽션	중부유럽의 목초지와 도시 등 다양한 삶의 모습을 그림으로만 전해 주는 이야기다.	초등 이상

소주제	서명	글쓴이	그린이	옮긴이	연도	출판사	장르	줄거리 및 특징	대상 연령
다양성	오리건의 여행	라스칼	루이 조스	곽노경	2002	미래 M&B	픽션	미국 오리건 주에서 태어난 재주 부리는 곰 오리건과 어릿광대 난쟁이 듀크가 여행을 통해 자신을 찾아가는 과정을 그리고 있다.	초등 이상
	옥상의 고깔모자	오리하라 케이	오리하라 케이 (사진)	김창원	2005	진선 출판사	논픽션	저자는 물탱크 회사인 로젠워크사를 찾아가 물탱크 회사의 역사와 나무로 만들어진 물탱크에 대한 설명을 듣게 된다. 뉴욕 거리의 풍경은 다양한 구도와 시점에서 생생하게 찍어서 보여 준다.	초등저 이상
	우리 마을에 서커스가 왔어요	고바야시 유타카		길지연	2005	미래 M&B	픽션	20여 년간 전쟁을 겪었던 아프가니스탄의 한 시골 마을 파구만. 긴 전쟁이 시작되기 바로 전 가을에 일어난 즐거운 추억을 감미롭게 읊고 있다.	유치 이상
	우리 집은 너무 좁아	마고 제마크		이미영	2006	비룡소	전래	자신이 가진 것의 소중함을 깨닫게 하는 그림책이다. 이스라엘 전통적인 랍비의 지혜를 느낄 수 있다.	유치 이상
	우리 할아버지는 106세	마츠다 모토코	칸노 유키코	최진	2004	아이세움	픽션	켄이치네 집은 한 집에 5대가 산다. 가장 어른이신 고조할아버지는 106세. 켄이치와 딱 백 살 차이다. 세대 간의 이어짐을 담은 책. 타문화에 대한 공통성을 느낄 수 있다.	유치 이상
	이모의 결혼식	선현경		·	2004	비룡소	픽션	외국인을 이모부로 맞이하기 위해 크레타섬에서의 결혼식에 참석한 아이의 경험을 담고 있다.	유치 이상

소주제	서명	글쓴이	그린이	옮긴이	연도	출판사	장르	줄거리 및 특징	대상 연령
다양성	이야기 이야기	게일 헤일리		임혜숙	1996	보림	전래	거미 사람 아난스는 이야기를 하나님에게 사려고 거미줄을 짜 하늘까지 닿으려 한다. 아난스는 하느님의 어려운 값으로 이야기를 팔겠다는 말씀에 표범과 말벌, 요정을 하느님에게 바치고 이야기를 사온다는 내용이다.	유아 이상
	이집트	안네 바이스, 파스칼 에스테용, P. 샤보		최윤정	2001	계림 북스쿨	논픽션	'모든 것은 아프리카 대륙에서 시작되었다.'라고 시작하여 이집트의 간단한 역사에서부터 사회 조직, 그 조직에 속한 각 계층의 삶, 태양왕 파라오, 이집트 사람들이 모신 신들 그리고 그 유명한 피라미드나 이집트의 전설적인 미술 작품 등의 내용을 소개한다.	초등 이상
	이집트 왕자와 세 가지 예언	비비안 쾨닉	루이즈 외젤	김종근	2005	비룡소	픽션	'이야기 루브르 박물관' 첫 번째 권. 운명의 여신 하토르에게 뱀에게 물리거나 악어에게 잡아먹히거나, 개에게 물려 죽는다는 예언을 들은 왕자의 이야기다.	유치 이상
	인도야 인도야 나마스테	소중애	남정훈	·	2006	어린른이	논픽션	흔히 많이 찾는 관광지뿐 아니라 인도 구석구석을 돌아다닌 경험을 사진 속에 담았다. 책 속에 델리, 캘커타 등 대도시와 낯선 이름의 시골까지 인도의 참모습을 담았다.	초등중 이상
	인디언 붓꽃의 전설	토미 드 파올라		김경태	2004	물구나무	픽션	인디언 부족의 용감한 전사가 아닌, 그들의 업적과 주술사의 예언을 그림으로 남겨야 하는 운명을 가진 아이. 작은 다람쥐가 노을빛을 하얀 사슴 가죽에 옮기기 위한 노력들과 그것이 인디언 붓꽃이 되었다는 전설에 대한 이야기다.	초등 이상

소주제	서명	글쓴이	그린이	옮긴이	연도	출판사	장르	줄거리 및 특징	대상 연령
다양성	인디언의 모든 것	미셸 피크말	마르셀리노 트루옹	이윤영	2003	삼성당아이	논픽션	인디언들의 삶을 살펴볼 수 있다. 다양한 부족, 천막생활, 동물과 인디언과의 관계, 그들의 신호, 오늘날의 인디언의 모습까지 상세히 알아본다.	초등중 이상
	인디언의 선물	마리 루이스 피츠패트릭		황의방	2011	두레 아이들	픽션	백인들에 의해 강제로 인디언 거주지로 이주하게 된 촉토족이 대기근으로 고통받는 아일랜드 사람들을 돕는 실화를 바탕으로 쓰여진 이야기다.	초등중 이상
	잉카	안네 바이스, 파스칼 에스테용, P. 샤보		최윤정	2001	계림 북스쿨	논픽션	세계에서 가장 거대한 산맥인 안데스 산맥에서 시작된 잉카의 모든 것을 생생하게 느낄 수 있도록 그림과 유물 사진들을 통해 보여 준다.	초등 이상
	줄무늬가 생겼어요	데이빗 섀논		조세현	2006	비룡소	픽션	아욱콩을 좋아하지만 다른 친구들의 시선이 신경 쓰여서 솔직하게 말하지 못하는 카밀라가 줄무늬병을 걸린 이야기다.	유아 이상
	집으로	이브 번팅	데이비드 디아즈	김미선	2005	열린 어린이	픽션	크리스마스를 맞이하여 주인공 카를로스와 가족이 국경을 넘어 고향 멕시코에 가는 것을 통해 고향의 의미를 생각하게 해 주는 책이다.	유치 이상
	책 읽기 좋아하는 할머니	존 윈치		조은수	2000	파랑새 어린이	픽션	오스트레일리아의 1년의 생활사를 엿보면서, 각 계절마다 책을 읽고 싶어 하는 할머니의 모습을 유머러스하게 보여 준다.	유아 이상

소주제	서명	글쓴이	그린이	옮긴이	연도	출판사	장르	줄거리 및 특징	대상 연령
다양성	천의 바람이 되어	아라이 만	사타케 미호	노경실	2005	새터	픽션	대자연의 신비 속에서 평화롭게 삶을 시작하고 마치는 인디언의 삶을 보여 주는 이야기다.	초등 이상
	크리스마스까지 아홉 밤	오로라 라바스티다	메리 홀 앳츠	최리을	2002	비룡소	픽션	눈이 오지 않는 멕시코의 크리스마스의 고유풍습인 '포사다'와 '피냐타'에 관련된 이야기를 들려주고 있다.	초등 이상
	키아바의 미소	칼 노락	루이 조스	곽노경	2001	미래 M&B	픽션	북극에서 사는 이뉴잇인 키아바가 직접 물고기를 잡고 웃는 물고기를 놓아 주며 일어나는 사건을 다루고 있다.	유아 이상
	태양으로 날아간 화살	푸에블로 인디언 설화	제럴드 멧더멋	김명숙	1996	시공주니어	전래	뉴멕시코의 푸에블로 인디언 설화로 태양신 아버지와 땅의 어머니 사이에서 태어난 소년의 성장 이야기다.	유아 이상
	티베트	피터 시스	피터 시스	엄혜숙	2005	마루벌	픽션	1950년대 아버지가 티베트에서 길을 잃었을 때 쓴 빛바랜 일기는 직접 손으로 쓴 글씨와 멋진 그림으로 가득하다. 중국의 티베트 침략, 티베트의 지도자 달라이 라마 등 역사적 사실과 새파란 호수에 사는 사람 얼굴의 물고기 전설, 거인 예티족 탄생에 대한 설화를 들려준다.	초등 이상
	파리에 간 샬롯	존 맥페일 나이트	멜리사 스위트	오숙은	2004	웅진주니어	논픽션	지베르니 마을에 살던 샬롯은 파리로 떠나게 된다. 노트르담 성당에서, 에펠탑, 샹젤리제 거리, 르누아르, 로댕까지 세계 제일의 예술 도시인 파리의 매력에 흠뻑 빠지게 된다. 19세기 말 낭만적인 파리의 풍경을 수채화로 그려 냈다.	초등중 이상

소주제	서명	글쓴이	그린이	옮긴이	연도	출판사	장르	줄거리 및 특징	대상 연령
다양성	판도라의 상자	비비안 쾨닉	루이즈 외젤	김종근	2005	비룡소	픽션	그리스 신화에서 가장 유명한 프로메테우스와 판도라의 이야기를 루브르 박물관에 소장된 유물과 함께 볼 수 있다.	유치 이상
	펭귄과 함께 쓰는 남극 일기	소피 웹		이충호	2005	사계절	논픽션	세계적 조류 화가인 저자가 두 달 동안 남극에서 펭귄을 관찰한 내용을 일기 형식으로 담았다.	초등 이상
	폭풍 신의 선물	폴 고블		이상희	2003	아이세움	논픽션	인디언들에게 내려오는 티피에 대한 전설을 다룬 책으로 '신성한 수달'은 그의 아들 '아침 깃털'과 함께 사냥을 나섰다가 갑자기 몰아닥친 폭풍 때문에 죽을 위기에 놓인다. 눈 속을 헤매다 발견한 거대한 티피. 그 안에는 폭풍신이 살고 있고 그것들이 인디언들을 도와주는 수호신이 된다.	초등저 이상
	프리즐 선생님의 신기한 역사 여행 1-가자, 고대 이집트로	조애너 콜	브루스 디건	장석봉	2004	비룡소	논픽션	사물의 모양을 본떠 만든 상형 문자뿐만 아니라 신관 문자, 민용 문자 등 세 가지 종류의 문자를 사용하기도 하고 거대한 피라미드를 만든 이집트인의 왕실의 모습, 이집트 사람들의 화장법과 의복 등 전반적인 생활을 볼 수 있다.	초등중 이상
	프리즐 선생님의 신기한 역사여행 2-아널드, 중세의 성을 지켜라	조애너 콜	브루스 디건	장석봉	2004	비룡소	논픽션	중세란 언제를 말하는지, 성은 어떤 모습으로 발전되어 왔는지 보여 주는 그림 등 시간과 공간을 전체적으로 아울러서 볼 수 있도록 돕는 설명이 있다.	초등중 이상

소주제	서명	글쓴이	그린이	옮긴이	연도	출판사	장르	줄거리 및 특징	대상 연령
다양성	프리즐 선생님의 신기한 역사 여행 3-황제가 사는 고대 중국으로	조애너 콜	브루스 디건	장석봉	2005	비룡소	논픽션	프리즐 선생님 일행은 용 모양의 탈을 썼다가 1000년 전의 중국으로 가게 된다. 친구들은 중국의 황제에게 흉년이 들어서 세금을 내는 것이 힘들다는 말을 전하러 가며 중국의 문화, 특징, 생활에 대해 알려 준다.	초등중 이상
	프리다	조안 윈터	아나 후앙	박미나	2002	문학동네 어린이	논픽션	멕시코의 여류화가 프리다의 일대기를 프리다 풍의 그림을 통해서 소개하고 있다.	초등 이상
	피라미드는 누가 만들었을까	메리디스 후퍼	로빈 헤이웨이-베리	남경태	2003	아이세움	논픽션	세소스트리스 왕의 피라미드를 통해 '누가 피라미드를 만들었을까?' 수수께끼를 풀어 나가는 그림책이다.	초등 이상
	피터의 편지	에즈라 잭 키츠		이진수	1996	비룡소	픽션	자신의 생일에 여자친구 에이미를 초대하기 위해 편지를 쓰고, 그 과정에서 생겨나는 이야기를 담고 있다.	유치 이상
	하늘에서 음식이 내린다면	쥬디 바레트	론 바레트	홍연미	2007	토토북	픽션	하늘에서 음식이 내린다면이란 기발한 상상을 시각적으로 보여 줄 뿐만 아니라 그 나라의 음식문화의 다양함을 볼 수 있다.	유아 이상
	할머니의 조각보	페트리샤 폴라코		이지유	2003	미래 M&B	픽션	러시아에서 미국으로 이민 온 유대인 가족이 4대 간의 삶을 조각보를 통해서 들려준다. 이민자 가족의 독특한 분위기를 전해 주고 있다.	초등 이상

소주제	서명	글쓴이	그린이	옮긴이	연도	출판사	장르	줄거리 및 특징	대상 연령
다양성	히어와서의 노래	헨리 워즈 워스 롱펠로우	수잔 제퍼스	부수영	1997	보림	전래	히어와서가 온갖 새들과 짐승들의 이름과 특징 그리고 그들의 말을 배우고 자연의 이치를 깨달으면서 성장하는 과정을 서시사로 그려 내고 있다.	초등 이상
	까마귀 소년	야시마 타로		윤구병	1996	비룡소	픽션	땅꼬마라고 따돌림 당하는 소년. 그러나 한 교사의 따뜻한 시선이 다양한 까마귀 소리를 낼 수 있는 능력을 가진 소년을 다시 돌아보게 한다. 일본의 학교 풍경을 볼 수 있으면서도 우리에게도 만연한 왕따 문제에 대해 동일감을 느끼게 한다.	유치 이상
비교	나라마다 시간이 달라요	믹 매닝		여선미	2002	그린북	논픽션	지구의 여러 나라마다 시간이 다르다는 것을 보여 주는 책이다.	유치 이상
	노란풍선의 세계여행	샤를로테 데마톤스	·	·	2005	마루벌	논픽션	글자 없는 그림책이다. 노란 풍선이 하늘에서 본 세계의 모습은 흥미롭게 보인다.	유치 이상
	동그란 지구의 하루	안노 미쓰마사 외 8명		김난주	2004	아이세움	논픽션	전 세계의 1월 1일을 다룬 책이다. 나라에 따라 말, 시간, 계절이 다르지만 사는 모습은 결국 같음을 보여 준다.	유치 이상
	미로 속 100만년의 역사	웬디 메드윅	스테판 콜린	신은영	2005	거인	논픽션	도시와 관련된 미로, 탐험가와 관련된 미로, 박물관과 관련된 미로, 신화와 관련된 미로, 자연사와 관련된 미로 등 다섯 가지 주제와 30가지 내용으로 구성되어 있다. 세계 여러 나라의 전래 이야기, 지리, 전설을 다룬다.	초등저 이상

소주제	서명	글쓴이	그린이	옮긴이	연도	출판사	장르	줄거리 및 특징	대상 연령
비교	세상을 잇는 다리	필레몬 스터지스	자일스 라로슈	김연수	2006	문학동네 어린이	논픽션	인류의 삶과 가치를 고스란히 담고 있는 다리를 통해 인류 문명을 공통적으로 느낄 수 있는 책이다.	유아 이상
	세계의 친구들 –꼬마 박사의 신기한 발견	아델 기불	셀린 기요, 필리프 미뇽	김양미	2003	아이세움	픽션	지구에 사는 60억 명의 사람들은 다른 말을 이야기하고, 다른 음식을 먹고, 다르게 생긴 집에서 산다. 세계 각국의 독특한 문화와 풍습, 기후와 생활 방식 등이 하나씩 펼쳐진다.	초등저 이상
	아이들을 위한 마르코폴로	재니스 허버트	·	승영조	2003	승산	논픽션	마르코 폴로의 여행 이야기를 통해 세계의 문화를 접하는 기회를 열어 준다.	초등중 이상
	아프리카에도 곰이 있을까요?	이치카와 사토미	이치카와 사토미	사과나무	2000	크레용 하우스	픽션	아프리카에 곰 인형을 가지고 여행을 온 여자 아이와 곰을 처음 보는 아프리카 소년과의 우정을 그린 이야기다.	유아 이상
	얘들아, 학교가자	안 부앵	상드린, 알랭 모레노(사진) 오렐리아 프롱티(그림)	선선	2006	푸른숲	픽션	전 세계 학교의 모습과 이를 통한 전 세계 어린이의 학교생활을 사진과 그림을 통해 소개한다.	초등 이상
	어린이 세계 지도책	·	브라이언 델프	강미라	2003	대교출판	논픽션	세계의 모습, 나라를 한 권의 책으로 경험할 수 있는 책이다.	초등 이상

소주제	서명	글쓴이	그린이	옮긴이	연도	출판사	장르	줄거리 및 특징	대상 연령
비교	어린이 세계 풍물 지리 백과	마르쿠스 뷔름리, 우테 프리젠	·	임정희	2005	대교출판	논픽션	세계 193개국의 다양한 문화와 역사를 지도와 풍부한 사진 자료와 함께 공부할 수 있도록 꾸민 학습백과다. 대륙별로 나라를 소개하고, 나라별 지도와 함께 국기, 화폐, 인구, 수도, 언어 등 풍부한 학습정보를 수록했다. 이밖에 음식, 특산물, 유적지, 문화재, 정치 제도, 놀이문화 등 다양한 분야를 총망라해 다룬다.	초등중 이상
	여러 나라 이야기	정지용		·	1999	마루벌	픽션	엄마가 외출하신 동안 그림 속으로 여행을 떠난다. 아메리카의 인디언 역사, 프랑스의 귀족 사회 풍습, 영국의 문학, 이집트의 영혼 불멸 신앙, 그리스 로마 신화, 아시아와 아프리카의 문화사적 특징 그리고 우리 역사 속의 인물인 이순신 장군까지 여러 나라의 문학, 정치, 문화 그리고 사상을 엿볼 수 있다.	유치 이상
	와! 신나는 세계여행	마들렌 라이델		한희진	2012	책내음	논픽션	달님을 타고 세계 곳곳을 여행하는 주인공 카지미어를 따라 터키의 건축물, 이집트의 피라미드와 나일 강, 중국의 만리장성, 알래스카의 에스키모, 멕시코의 투우, 네덜란드의 풍차 등 아시아, 아프리카, 북미와 중미, 유럽의 여러 가지 모습을 볼 수 있다.	유치 이상
	요리조리 맛있는 세계여행	최향랑		·	2004	창비	논픽션	요리법과 음식 이야기는 물론 다른 나라의 역사와 문화까지 한 그릇의 음식을 통해 파악하도록 했다.	초등저 이상

소주제	서명	글쓴이	그린이	옮긴이	연도	출판사	장르	줄거리 및 특징	대상 연령
비교	폭죽소리	리혜선	김근희, 이담	·	1996	길벗 어린이	픽션	농사 지을 씨앗과 바꿔 중국인 집에 팔려 온 조선 아이 옥희가 겪는 고통과 어머니에 대한 그리움을 담고 있는 책으로, 중국인의 풍속과 만주의 조선족의 생활상이 한데 어우려져 있다.	초등 이상
	혜원이 다빈이의 세계노래 그림책	김평숙	김태란, 원현진, 이규옥, 이종은	·	2005	랜덤하우스 코리아	논픽션	논픽션전 세계의 대표적인 민요를 어린이들이 부르기 쉽게 재편곡했다. 한글 노래 뒤에는 각 나라의 원어로 노래를 불렀다. 독일어, 이탈리아어, 에스파냐어, 영어, 중국어, 러시아어 등 민요를 본래의 언어로 감상하는 즐거움을 더하고, 자연스럽게 다른 나라의 문화와 언어를 접하게 된다.	유치 이상
수용	까만 나라 노란 추장	강무홍	한수임	·	2001	웅진 주니어	논픽션	아프리카에서에서 병충해에 강한 품종 개량과 병충해에 대한 혁신적인 방법을 고안하여 요루바족의 추장에게까지 추대 받는 영예를 얻은 한상기 박사의 이야기다.	유치 이상
	내 이름은 윤이에요	헬렌 레코비츠	가비 수위 앗코스카	박혜수	2003	배동바지	픽션	미국으로 이민 간 윤이가 새로운 문화에 적응하는 과정을 담았다. 윤이라는 이름은 자신의 정체성을 고민하는 상징적 매개체가 된다.	유치 이상
	내 이름이 담긴 병	최양숙	최양숙	이명희	2002	마루벌	픽션	한국에서 미국으로 전학 간 은혜, 낯선 타국 문화에서 자신의 정체성에 대한 고민과 갈등을 다룬다.	유아 이상

소주제	서명	글쓴이	그린이	옮긴이	연도	출판사	장르	줄거리 및 특징	대상 연령
수용	사람놀이	기무라 유이치	초 신타	한수연	2006	시공주니어	픽션	동물의 눈에서 본 사람의 세계다. 타문화 이해의 관점을 제시한다.	유치 이상
	이븐 바투타의 여행	제임스 럼포드		김경연	2003	풀빛	논픽션	모로코 출신의 여행가인 이븐 바투타가 세계를 여행하며 느낀 것을 보여 준다. 아시아, 아프리카, 유럽의 서로 다른 풍과 문화를 느끼게 한다.	초등
	인종 이야기를 해 볼까?	줄리어스 레스터	카렌 바버	조소정	2007	사계절 출판사	논픽션	인종은 다양하지만 서로 같은 사람이라는 주제를 다루고 있다.	초등 이상
	할아버지의 긴 여행	앨런 세이		엄혜숙	2003	마루벌	픽션	일본인이었던 할아버지가 미국에서 살다가 다시 일본으로 돌아오게 된다. 서로 다른 환경을 사랑하게 되는 할아버지의 그리움과 함께 두 나라를 경험할 수 있다.	초등 이상
문화 형성	20세기의 위대한 도전	갈리마르 라루스 출판사	·	김미선	2003	아이세움	픽션	1975년까지 20세기의 예술, 정치, 문화와 종교에 걸친 지식과 정보들을 다루고 있는 사전이다.	초등중 이상
	마들렌카	피터 시스		최윤정	2002	베틀북	픽션	마들렌카의 눈으로 통합된 세계문화. 이가 빠진다는 것은 어른이 된다는 표시로, 마들렌카는 자신의 성장의 징조를 기뻐하며 이웃에 전하러 다닌다. 문화적 다양성을 인간 공통의 문제로 묶어 낸다.	유치 이상

소주제	서명	글쓴이	그린이	옮긴이	연도	출판사	장르	줄거리 및 특징	대상 연령
문화 형성	믿음이 태어나는 성지	필레몬 스터지스	자일스 라로슈	김연수	2006	문학동네 어린이	논픽션	세계의 종교를 다룬 책이다. 인류의 역사와 함께 시작한 세계의 종교를 세계 문화적 관점에서 다룬 책이다.	유치 이상
	선사시대	소니아 골디	안네 바이스, 파스칼 에스테용, P. 샤보	최윤정	2001	계림 북스쿨	논픽션	생명이 살지 않던 46억 년 전부터 농사를 짓게 되기까지 선사시대의 변천을 전해주는 정보책이다.	초등 이상
	세계의 어린이 우리는 친구	유네스코 아시아 문화센터	·	·	1991	한림출판사	논픽션	세계문명퇴치의 해를 기념하여 살기 좋은 지구촌을 꿈꿀 수 있도록 유네스코와 공동으로 발행한 책이다. 세계 25개국의 어린이들이 자기 나라의 민속의상과 인사말 등 각국의 풍습을 소개하고 있다.	유치 이상
	소금, 세계사를 바꾸다	마크 쿨란스키	S. D 쉰들러	안효상	2007	웅진 주니어	논픽션	중요한 고비마다 전환점을 이루는 역할을 한 소금의 역사 외에도 요리, 문화 등 다양한 분야의 지식이 실려 있다.	초등 이상
	우리가 사는 지구	실비 보시에	파비안 테세드르	장석훈	2005	아이	논픽션	지구가 만들어진 과정과 땅과 바다에서 일어나는 각종 자연 현상에 관한 책으로 태양과 지구의 최초의 모습, 지구에 물이 생기게 된 과정, 땅 속에 들어있는 지구의 내용물, 지구에 생명체 출현, 세계의 기후, 자연재해, 환경보호 등에 대해서 알 수 있다. 전 지구적 차원에서 서술하고 있다.	유치 이상

소주제	서명	글쓴이	그린이	옮긴이	연도	출판사	장르	줄거리 및 특징	대상 연령
문화 형성	인류의 위대한 발명 문자박물관 (전 6권)	렌초 로시, 패트리샤 실바	알레산드로 발단치	노래하는 나무	2005	꿈터	논픽션	'인류의 위대한 발명 문자박물관' 시리즈는 문자의 탄생, 세계의 문자, 책과 인쇄의 역사, 디지털시대의 문자까지 문자의 역사를 훑어보고 현대 사회에는 문자가 어떻게 쓰이고 있으며 어떤 모습으로 발달하는가를 보여 준다.	초등중 이상
	정말 그런 인종이 있을까?	실비아 론칼리아	크리스티아나 체레티	채윤경	2001	서광사	논픽션	전 세계는 다양한 문화와 국가, 인종이 있지만 하나로 통하는 공통성이 있다. 그중에 하나가 '엄마와 아기!' 인류의 공통성을 다루었다.	초등 이상
	책과 인쇄의 역사	크리스치안 틸만	요아임 크나페	오석균	2002	계림북스쿨	논픽션	문자의 발전 역사를 통해 인류 문명의 공통성을 경험할 수 있게 한 책이다.	유치 이상
	천동설 이야기	안노 미쓰마사		예상열	2002	한림 출판사	논픽션	'천동설' 대신 '지동설'이 오늘의 상식이 되기까지 얼마나 많은 인식의 변화가 필요했는지를 보여 주는 책으로 지동설을 이해하는 것은 종교와 문화와 사회 속에서 사람들의 삶을 이해하는 것을 알게 해 준다.	초등 이상
문화간 비교	모자 쓰고 인사해요	국립 한경대학교 디자인 학부	이혜경	·	2006	보림	논픽션	우리나라, 몽골, 베트남, 러시아, 네덜란드, 영국, 브라질, 멕시코의 전통모자를 보여 주며, 각 국의 언어로 인사해 볼 수 있다.	유아 이상

2. 인권 그림책 목록

1) 인권 개념: 일반적 인권 개념, 차이와 차별의 개념

소주제	서명	글쓴이	그린이	역자	연도	출판사	장르	줄거리 및 특징	대상 연령
인권 개념	가정에서의 권리	에마 휴턴, 페니 클라크	·	승영조	2007	승산	논픽션	가정에서부터 지켜져야 할 아동 권리 및 가족들의 이야기를 담은 책이다.	초등저 이상
	거짓말 같은 이야기	강경수		·	2011	시공 주니어	픽션	세계의 다양한 어린이들의 상황을 통해 어린이 인권 침해 사례를 보여 주고 있다.	유치 이상
	나는 아이로서 누릴 권리가 있어요	알랭 세레	오렐리아 프롱티	이경혜	2010	고래 이야기	논픽션	아동권리선언의 내용을 쉬운 말과 그림으로 알려 주는 그림책이다.	유치 이상
	내가 라면을 먹을 때	하세가와 요시후미		장지현	2009	고래 이야기	픽션	2008년 일본그림책상 수상작으로 라면을 먹고 있는 순간 다른 나라의 아이들의 실상황을 보여 준다. 아동노동과 전쟁으로 죽어가는 아이들의 모습을 전하고 있다.	유치 이상
	내 탓이 아니야	레이프 크리스티안손	딕 스텐베리	김상열	2007	고래 이야기	픽션, 논픽션	왕따 문제에서부터 환경 인권까지 나와 어떤 연관성이 있는지 책임에 대해서 묻는 책이다. 픽션과 논픽션으로 이루어져 나와의 거리를 가깝게 해 준다.	초등 이상

소주제	서명	글쓴이	그린이	역자	연도	출판사	장르	줄거리 및 특징	대상 연령
인권 개념	노동자의 권리	캐서린 프라이어	·	승영조	2007	승산	논픽션	노동자가 어떤 사람인지, 노동자의 권리가 무엇인지를 알아보는 책이다.	초등중 이상
	빛의 아이들	앨런 세이		엄혜숙	2007	마루벌	픽션	전쟁으로 인해 수용소에 갇힌 아이들의 실태를 보여 주고 있는 그림책이다. 아동의 자유와 보호받을 권리를 가장 약한 아이들이 박탈당하고 있음을 보여 준다.	유치 이상
	사람은 누구나 평등해요	조 호에스 틀랜드	앙투안 부비에	권명희	2003	삼성당 아이	논픽션	인간에게는 누구에게나 똑같이 부여되는 인권에 대해 이야기하고 있다. 특별히 어린이의 인권에 대해 말하고 있다.	초등중 이상
	사상과 믿음의 자유	마이크 허스트	·	승영조	2006	승산	논픽션	이 책은 과거부터 현재까지 발생한 인권 관련 사건, 사고들의 진상을 쉽게 파악할 수 있도록 다양한 사진과 함께 쉽고 정확하게 이야기해 준다.	초등저 이상
	세상에서 가장 소중한 말	클로드 클레망	실비 몽물리넥스	장석훈	2003	배동바지	픽션	세계 최대의 인권운동 단체 '앰네스티'에서 추천하는 그림책이다. 책 속의 정의 · 약속 · 자유 · 존엄 · 평화의 말들을 먹은 새를 통해 상징적으로 전하고 있다.	초등저 이상
	세상 모든 아이들	멤 폭스	레슬리 스타웁	김기택	2011	비룡소	논픽션	인종, 성별, 국가, 민족, 종교에 상관없이 모든 인간은 평등하며, 인류애와 박애의 정신을 뿌리내릴 수 있음을 간결하게 전하고 있다.	유치 이상

소주제	서명	글쓴이	그린이	역자	연도	출판사	장르	줄거리 및 특징	대상 연령
인권 개념	안돼요 정말 안돼요	베르나데트 제르베 & 프란체스코 피토	·	양진희	2006	교학사	논픽션	아이들이 해서는 안 되는 행동도 있지만, 어른들이 아이들에게 해서는 안 되는 행동도 알려 주며, 아동학대의 개념을 설명해 주고 있다.	유치 이상
	얘들아, 학교 가자	안 부앵	오렐리아 프롱티	선선	2006	푸른숲	논픽션	각 나라별 특징적인 학교를 소개하며, 어떤 조건이든지 교육받아야 함을 이야기할 수 있다.	초등저 이상
	어린이 권리 선언	·	헬메 하이네 외 11인	노경실	2003	어린이 중앙	논픽션	어른과 다름없이 존중받을 권리, 자유와 존엄 속에서 성장할 권리, 배고픔과 질병으로부터 보호받은 권리, 국적을 가질 권리, 교육을 받은 권리 등 어린이들이 알아야 할 권리들을 정리했다.	유치 이상
	언론의 자유	필립 스틸	·	승영조	2007	승산	논픽션	세계에서 벌어진 언론 관련 사건을 소개하며, 언론이 무엇인지, 언론의 자유가 어떻게 유지될 수 있는지를 알려 주는 책이다.	초등저 이상
	우리는 모두 소중해요	국제 앰네스티	존 버닝햄 외	·	2008	사파리	논픽션	세계인권선언 채택 60주년을 맞아 국제앰네스티와 공동으로 출판하는 책으로 세계인권선언 30개 항목을 그림으로 설명하고 있다.	초등저 이상
	우리에겐 권리가 있어	알랭 시셰		김현경	2011	톡	논픽션	아동권리협약 20주년 기념으로 발간된 책으로 몇 가지 조항을 글과 그림으로 소개하고 있다.	유치 이상

소주제	서명	글쓴이	그린이	역자	연도	출판사	장르	줄거리 및 특징	대상 연령
인권 개념	우리들의 인권선언	기타 아키토	기하라 치하루	김선숙	2006	미래 M&B	논픽션	인권 교육책 시리즈의 하나로 자신의 소중함과 인권의 중요성을 알기 위한 인권선언의 내용을 소개하고 있다.	초등저 이상
	우리에게 사랑을 주세요		존 버닝햄 외	이명희	2011	마루벌	논픽션	유엔아동권리협약의 내용을 여러 작가들이 짧은 글과 그림으로 소개하는 그림책이다.	유치 이상
	이동의 자유	캐서린 브리들리	·	승영조	2007	승산	논픽션	자유라는 큰 주제 아래 난민, 거주 등의 자유와 함께 아동의 권리를 다루고 있다.	초등중 이상
	인권 역사 여행을 떠나요	미츠카와 나오미	기하라 치하루	김선숙	2006	미래 M&B	논픽션	인권의 기본 개념과 생활 속에서 만나는 다양한 인권 이야기를 아이들의 눈높이에 맞춰 종합적으로 다루고 있다.	초등저 이상
	인권이 뭐예요?	기타 아키토	기하라 치하루	김선숙	2006	미래 M&B	논픽션	소중한 나, 소중한 너 그리고 소중한 우리. 서로 존중할 수 있는 사회를 만들기 위해 기획된 인권 그림책 시리즈. 가장 먼저 어린이들에게 자신이 정말 소중한 존재임을 깨닫게 해 주는 이야기다.	초등저 이상
	잃어버린 진실 한 조각	더글라스 우드	존 J. 무스	최지현	2006	보물창고	픽션	세상에 떨어져 내린 '조각난 진실'을 통해 진정한 '진실'과 '평화'의 의미를 찾아 나서는 그림책이다. 인간들의 아집과 동물들의 지혜 등 의미심장한 상징과 명쾌한 교훈을 신비롭고 사유적인 그림으로 담아냈다.	초등저 이상

소주제	서명	글쓴이	그린이	역자	연도	출판사	장르	줄거리 및 특징	대상 연령
인권 개념	지구촌의 불평등	스테판 프라티니, 스테파니 르뒤		김이정	2010	그린북	논픽션	지구촌의 불평등을 세계의 자원, 교육, 건강, 경제 상황과 같은 문제들에 대해 그림을 통해 설명하고 있다.	초등 이상
	평등할 권리	모린 오코너	·	승영조	2006	승산	논픽션	나치즘과 공산주의가 전 세계에 가져온 불행, 보스니아의 내란과 같은 역사 속의 인권 문제뿐 아니라 가난과 차별, 장애인의 인권, 여성 차별 등 우리의 일상 속에서 끊임없이 발생하는 인권 문제 전반을 다뤘다.	초등저 이상
	폭력 싫어요	도미니끄 드 생 마르스	세르주 블로흐	김태희	2004	푸른숲	논픽션	'세계 어린이 인권 학교' 시리즈. 학대, 폭력, 차별, 성폭력 등 모두 네 가지 주제를 다루고 있다.	초등저 이상
	학대 싫어요!	도미니끄 드 생 마르스	세르주 블로흐	김태희	2004	푸른숲	논픽션	『학대 싫어요!』에서는 '인권 학교' 시리즈의 슬로건인 '싫어요' '안 돼요'라는 거부에 관해 이야기하고 있다.	초등저 이상
차별	넌 왕따가 아니야	도리스 레허		박민수	2007	웅진 주니어	픽션	거꾸로 볼 수밖에 없는 박쥐가 사막에 이주해 오면서 겪는 따돌림을 당하는 상황과 따돌림의 가해자와 피해자 그리고 주변인의 관계를 사실적으로 묘사했다.	유치 이상
	차별싫어요	플로랑스 뒤떼이	앙리 펠레르	김태희	2004	푸른숲	논픽션	세계 인권 학교 시리즈 중의 하나로 다양한 차별의 이유와 원인들에 대해서 말하고 있다.	초등저 이상

소주제	서명	글쓴이	그린이	역자	연도	출판사	장르	줄거리 및 특징	대상 연령
차이	거꾸로 박쥐	진 윌리스	토니 로스	최재숙	2007	국민서관	픽션	사막에 새로 이사 온 박쥐가 자신들과 다르게 행동하는 것에 대한 의문을 갖다가 박쥐처럼 세상을 볼 수 있음을 알게 배우게 된다는 이야기다.	유치 이상
	내 마음대로 할 거야!	마띠유 드 로리에	카트린 프로토	김태희	2006	푸른숲 주니어	픽션	차이, 폭력, 규칙, 부당함 등에서 비롯되는 일상의 문제들을 어떻게 바라보고, 또 어떻게 대처해야 하는지를 알려 주는 책이다.	초등저 이상
	내 말좀 들어주세요	윤영선	전금하	·	2007	문학동네 어린이	픽션	각각의 동물들이 서로 다름에 대한 차이를 대변하여 일인칭으로 이야기해 주는 책이다.	유치 이상
	우리가 사는 세상은	샐리 스미스	밴 부즈	김계옥	2003	달리	논픽션	우리가 사는 세상은 다양한 사람들이 살아가는 세상임을 다양한 차이를 통해 설명해 주고 있다.	초등저 이상
	좀 다르면 어때	이기규	윤정주	·	2011	웅진 주니어	픽션	생김새, 행동, 언어가 달라도 서로 존중하는 마음이 있다면, 서로 다르다는 것은 아무 문제가 되지 않음을 이야기를 통해 전하고 있다.	초등저 이상
	좀 다를 뿐이야	이와카와 나오키	가하라 치하루	김선숙	2006	미래M&B	논픽션	인권 그림책 시리즈 중 각 사람 간의 차이를 설명해 주고 있는 책이다.	초등저 이상
	차이	로라자페 외	레지 팔머 외	장석훈	2002	푸른숲	논픽션	나와 다른 사람들을 대하는 태도와 어떻게 다른지, 그리고 더불어 사는 방식에 대해 말하고 있다.	초등저 이상

소주제	서명	글쓴이	그린이	역자	연도	출판사	장르	줄거리 및 특징	대상 연령
차이	컬러풀월드	시시 와이넌스, 키스 토머스, 앨빈 러브 3세	멜로디 스트롱	김현좌	2010	세용출판	픽션	미국의 가스펠가수 시시와 이넌스의 〈Colorful World〉라는 노래 가사를 바탕으로 편견과 차별, 어려움을 딛고 일어서는 아이들의 모습을 보여 주고 있다.	초등저 이상

2) 차별에 관한 인권 이슈: 성 차별, 여성 차별, 인종 차별, 장애 차별

소주제	서명	글쓴이	그린이	역자	연도	출판사	장르	줄거리 및 특징	대상 연령
성 차별	그레이스는 놀라워	메리 호프만	캐롤라인 빈치	최순희	2005	시공주니어	픽션	인종시장이라 할 수 있는 현대의 유럽에서 인종과 성차별을 뛰어넘는 과정을 보여 주는 그림책이다.	유치 이상
	남자와 여자	그웨나에 불레 외	레지 팔머 외	장석훈	2003	푸른숲	논픽션	남자와 여자의 신체적·정서적 차이점을 말하면서 각 나라의 문화 속에서 남자와 여자의 서로 다른 성장 과정을 이야기한다. 또한 남녀 불평등이 어떻게 해소되고 변화되어 왔는지를 알려 준다.	유치 이상
	루비의 소원	시린 임 브리지스	소피 블랙올	이미영	2004	비룡소	픽션	캘리포니아에서 골드러시 붐이 있었던 시대를 배경으로, 자신의 꿈을 이루려고 노력하는 한 여자아이의 이야기가 펼쳐진다. 할아버지와 손녀 사이에 흐르는 따뜻한 애정과 '여자'라는 한계를 극복하려는 루비의 야무진 의지가 돋보인다.	유치 이상
	치마를 입어야지, 아멜리아 블루머!	섀너 코리	체슬리 맥라렌	김서정	2003	아이세움	픽션	여성의 인권을 위해 일했던 아멜리아 블루머의 이야기를 자유분방한 그림과 우스꽝스러운 이야기의 그림책으로 담아 내었다.	초등저 이상

소주제	서명	글쓴이	그린이	역자	연도	출판사	장르	줄거리 및 특징	대상 연령
여성 인권	그레이스는 놀라워	메리 호프만	캐롤라인 빈치	최순희	2005	시공 주니어	픽션	흑인이고 여자이기에 피터팬이 될 수 없다는 편견에 맞선 이야기다.	유아 이상
	루비의 소원	시린 임 브리지스	소피 블랙올	이미영	2004	비룡소	픽션	캘리포니아에서 골드러시 붐이 있었던 시대를 배경으로, 자신의 꿈을 이루려고 노력하는 한 여자아이의 이야기다.	유아 이상
	발명가 매티	에밀리 아놀드 맥컬리		김고연주	2007	비룡소	논픽션	여성의 사회 활동이 크게 제한되었던 150년 전 미국에서 '에디슨 여사'로 통했던 여성 발명가 매티 나이트가 여성에 대한 편견과 가난한 환경을 극복하고 어떻게 어엿한 발명가로 인정받았는지를 보여 준다.	초등저 이상
	아름다운 자유의 땅	데보라 홉킨스	레너드 젠킨스	이수영	2008	해와 나무	논픽션	피부색으로 인한 차별을 이겨내고, 세계적인 성악가로 성공한 흑인 여성 마리안 앤더슨의 전기다.	초등저 이상
	엘리너 루스벨트	바버러 쿠니		이상희	2006	아이세움	논픽션	평생 동안 가난한 사람과 혜택 받지 못한 사람들을 위해 싸웠던 엘리너 루스벨트의 일생을 담은 그림 동화책이다.	초등저 이상
	윌마 루돌프	캐슬린 크럴	데이비드 디아스	김재영	2007	미래아이	논픽션	온갖 장애를 이겨내고 세계 최초의 올림픽 여자 3관왕이 된 흑인 여성인 윌마 루돌프의 실제 이야기다.	초등저 이상
	치마를 입어야지, 아멜리아 블루머!	섀너 코리	체슬리 맥라렌	김서정	2003	아이세움	논픽션	1818년 뉴욕 호머에서 태어나 여성의 인권과 블루머룩을 창안하였던 아멜리아 블루머의 이야기를 담고 있다.	유치 이상

소주제	서명	글쓴이	그린이	역자	연도	출판사	장르	줄거리 및 특징	대상 연령
인종 차별	1964년 여름	데버러 와일즈	제롬 리가 히그	김미련	2006	느림보	픽션	사회기관 시설을 사용하는 데 차별을 받던 흑인 아이가 공민권법이 시행된 1964년의 어느 여름날의 좌절과 희망을 담담하게 그려내고 있다.	초등저 이상
	곰인형 오토	토미 웅거러		이현정	2001	비룡소	픽션	독일의 공장에서 태어난 곰 인형 오토가 2차 세계대전을 겪으면서 전쟁의 참혹함과 함께 피어나는 사랑을 경험하게 되는 이야기다.	유치 이상
	그레이스는 놀라워	메리 호프만	캐롤라인 빈치	최순희	2005	시공주니어	픽션	흑인이고 여자이기에 피터팬이 될 수 없다는 편견에 맞선 이야기다.	유아 이상
	넬슨 만델라	넬슨 만델라	윌리엄 윌슨	이경혜	2004	계림북스쿨	논픽션	장난꾸러기였던 만델라가 아프리카의 자유와 독립을 위한 투사가 된 이야기를 사진과 그림으로 말해 주고 있다.	초등중 이상
	마틴 루터 킹	도린 래퍼포트	브라이언 컬리어	서애경	2010	아이세움	논픽션	억압과 차별 속에 살아가는 흑인들을 위해 죽는 그날까지 사랑으로 무력에 맞서 싸운 인권 운동가, 마틴 루터 킹. 이 책은 마틴 루터 킹이 남긴 뜻 깊은 말을 중심으로 그의 생애를 엮은 그림책으로, 칼데콧 상, 코레타 스콧 킹 여사상을 수상하였으며, 뉴욕타임즈 선정 '올해의 그림책'을 수상한 작품이다.	유치 이상
	모세	캐럴 보스턴 위더포드	카디르 넬슨	김서정	2007	달리	논픽션	미국 노예 해방의 선구자 해리엇 터브먼이 노예 탈출을 돕던 '지하 철도' 조직의 길잡이로 활동한 내용을 담고 있다. 그녀는 동족들에게는 가나안 땅으로 인도하는 '모세'였다.	초등저 이상
	백장미	크리스토프 갈라즈	로베르토 인노센티	이숭명	2003	아이세움	픽션	2차 세계대전 당시 유대인이란 이유로 압송당하는 소년을 발견한 독일 소녀의 이야기다.	초등저 이상

소주제	서명	글쓴이	그린이	역자	연도	출판사	장르	줄거리 및 특징	대상 연령
인종 차별	사라, 버스를 타다	윌리엄 밀러	존 워드	박찬석	2004	사계절 출판사	픽션	흑인인권운동이 일어나게 된 로사 팍스의 실화를 바탕으로 한 이야기다. 실제 여성은 42세였지만, 어린이를 등장시켜 어린 독자들에게 보다 가깝게 이야기해 주고 있다.	유치 이상
	손대지 말아야 하는 사람들 불가촉천민	로랑스 캉텡, 카트린 레세르	·	정영리	2005	아이세움	논픽션	인도의 카스트제도에 가장 하층계급인 불가촉천민에 대한 소개와 사회적인 편견에도 불구하고 새롭게 도약하는 그들을 소개하고 있다.	초등중 이상
	아름다운 자유의 땅	데보라 홉킨스	레너드 젠킨스	이수영	2008	해와 나무	논픽션	피부색으로 인한 차별을 이겨내고, 세계적인 성악가로 성공한 흑인 여성 마리안 앤더슨의 전기다.	초등저 이상
	아이들을 사랑한 유대인의 영웅	데이빗 A. 아들러	빌 판즈워스	임후성	2007	미래아이	논픽션	2차 세계대전 당시, 나치에게 점령당한 폴란드의 바르샤바에서 의사이자 고아원 원장으로 수백 명의 아이를 돌보고 그 후 수용소에 끌려 갈 때도 자신은 자유의 몸이 될 수 있었음에도 불구하고 아이들과 함께 고아원으로 가서 생을 마친 야누시 코르착의 이야기를 담은 그림책이다.	초등중 이상
	아침별 저녁별	조 외슬랑	요한나 강	곽노경	2004	미래아이	픽션	2차 세계대전으로 절친한 친구와의 이별을 하게 된 한 소녀의 이야기를 담고 있다.	유치 이상
	안네 프랑크	조세핀 풀	안젤라 배럿	김민석	2005	아이세움	논픽션	나치 아래 비밀 장소에서 생활을 하던 안네 프랑크의 삶을 통해 유대인 탄압의 실태를 보여 준다.	초등중 이상
	엄마가 수놓은 길	재클린 우드슨	허드슨 탤봇	최순희	2007	웅진 주니어	픽션	할머니의 할머니를 통해 계속해서 내려오는 흑인 가정의 역사를 통해서 인종차별의 어제와 앞으로 내일을 이야기하고 있다.	초등저 이상

소주제	서명	글쓴이	그린이	역자	연도	출판사	장르	줄거리 및 특징	대상 연령
인종 차별	에리카 이야기	루스 반더 제	로베르토 인노센티	차미례	2005	마루벌	픽션	나치의 탄압에 의해 수용소로 가던 한 부부가 자신들의 아이를 살리기 위해 기차 밖으로 던지게 되고, 그 아이가 커서 자신의 삶을 잔잔하게 이야기하고 있다.	초등저 이상
	위대한 평화의 심부름꾼 간디	데미	데미	이길태	2006	동쪽나라	논픽션	세상을 변화시킨 위대한 인물 시리즈 중의 하나로 무저항운동을 통해서 인도의 독립과 카스트제도의 폐해를 알린 간디의 삶을 이야기하고 있다.	초등저 이상
	윌마 루돌프	캐슬린 크럴	데이비드 디아스	김재영	2007	미래아이	논픽션	온갖 장애를 이겨내고 세계 최초의 올림픽 여자 3관왕이 된 흑인 여성인 윌마 루돌프의 실제 이야기다.	초등저 이상
	일어나요, 로자	니키 지오바니	브라이언 콜리어	최순희	2006	웅진주니어	픽션	흑인인권운동의 시발이 되었던 로자의 이야기를 한다. 사회 전반의 다양한 입장의 변화를 그림을 통해서 이야기해 주고 있다.	유치 이상
	자유의 길	줄리어스 레스터	로드 브라운	김중철	2005	낮은산	픽션	흑인 노예를 아프리카에서 미대륙으로 이주해 오는 과정과 그들의 처참한 상황을 보여 주고 있다.	초등중 이상
	토끼들	존 마스든	숀 탠	엄혜숙	2004	주니어파랑새	픽션	자연과 문화파괴적인 이민사를 우화를 통해 보여 주는 책이다. 제국주의와 식민지배의 실태를 보여 준다.	유치 이상
	헨리의 자유상자	엘린 레빈	카디르 넬슨	김향이	2008	뜨인돌어린이	논픽션	흑인 노예 헨리 박스 브라운의 좁은 상자에서 숨과 희망을 틀어막고 버틴 27시간의 여정이 펼쳐진다.	초등저 이상

소주제	서명	글쓴이	그린이	역자	연도	출판사	장르	줄거리 및 특징	대상 연령
장애	깃털없는 기러기 보르카	존 버닝햄	존 버닝햄	엄혜숙	1996	비룡소	픽션	깃털 없이 태어난 기러기 보르카가 자신의 장애에 갇히기도 하지만, 결국 자신이 수용되는 다른 환경을 만나게 되는 이야기다.	유치 이상
	윌마 루돌프	캐슬린 크럴	데이비드 디아스	김재영	2007	미래아이	논픽션	온갖 장애를 이겨내고 세계 최초의 올림픽 여자 3관왕이 된 흑인 여성인 윌마 루돌프의 실제 이야기다.	초등저 이상

3) 사회 · 경제적 문제로 인한 인권 이슈: 기아, 난민, 노숙, 빈곤, 아동 노동

소주제	서명	글쓴이	그린이	역자	연도	출판사	장르	줄거리 및 특징	대상 연령
기아	곤다르의 따스한 빛	미나미 나나미	요 소메이	노경실	2004	주니어 김영사	픽션	1985년 이디오피아의 곤다르에서 한 달 동안 식량을 구하지 못했던 사람이 자신의 식량을 다른 마을의 사람에게 나누어 준 것을 통해 나눔의 정신을 알게 해 주는 책이다.	유치 이상
난민	My Freedom Trips	Frances Park & Ginger Park	Debra Reid Jenkins	·	1998	Boyds Mills Press	픽션	저자의 엄마에 기초한 사실동화로써 엄마를 뒤로 하고 Soo는 아빠와 함께 탈북한다. 그러나 Soo는 한국 전쟁 후 다시는 엄마를 보지 못하게 된다.	유치 이상
	Who belongs here	Margy Burns Knight	Anne Sibley O'Brien	·	1996	·	픽션	캄보디아 내전 후 난민이 되어 미국에 망명하였으나, 친구들의 따돌림 속에서 어려움을 이겨내고 일어나는 희망의 이야기다.	유치 이상
	노란 샌들 한 짝	카렌 린 윌리암스	둑 체이카	이현정	2007	맑은가람	픽션	아프간 난민촌에서 두 소녀의 우정과 함께 난민촌의 실태를 보여 준다.	유치 이상

소주제	서명	글쓴이	그린이	역자	연도	출판사	장르	줄거리 및 특징	대상 연령
난민	도착	숀탠	숀탠	·	2008	사계절	픽션	고향을 떠나 새로운 곳에 살아가는 이민과 망명객과 난민들의 이야기다. 글자가 전혀 없고 오직 841개의 그림으로 되었고 2007년 볼로냐 라가치 특별상 수상작이다.	초등중 이상
난민	아지의 머나먼 여행	사라 갈랜드	사라 갈랜드	임영신	2012	초록개구리	픽션	전쟁을 피해 고국을 떠나 낯선 나라에 난민으로 살아가는 아지의 이야기를 담고 있다.	초등저 이상
난민	아주 작은 용기를 가지고	일본UNHCR 협회 자원봉사자그림책 프로젝트팀	일본UNHCR 협회 자원봉사자그림책 프로젝트팀	이혜원	2006	반디 출판사	픽션	한 어린소녀가 새로운 환경에 적응하지 못하는 난민소녀를 만나 사랑과 희망을 키워가는 이야기다.	초등중 이상
난민	우리 얘길 들려줄게	시벨라 윌크스	·	윤길순	2005	디딤돌	논픽션	아프리카 케냐의 유엔 난민촌에 어린이들이 직접 쓴 글과 그림을 엮은 책이다. 전쟁의 희생자로서 그들이 겪은 생생한 현장의 모습을 담고 있다.	초등저 이상
난민	잃어버린 아이들	메리 윌리엄스	그레고리 크리스티	·	2006	사계절	픽션	수단 내전으로 부모와 집을 잃은 아이들이 배고픔과 질병의 고통 속에서도 새로운 희망과 안정된 정착을 위해 떠난다는 이야기다.	유아 이상
난민	지바는 보트를 타고 왔어요	리즈 롭트 하우스	로버트 잉펜	김현좌	2008	봄봄	픽션	보트를 타고 고향을 떠나는 아프가니스탄 소녀가 지난 시간을 회고하는 그림책이다.	유치 이상
난민	평화를 그리는 티베트 친구들	가브리엘 랩킨 엮음	·	배블링 북스	2008	초록 개구리	논픽션	티베트의 난민어린이들이 자신들의 난민생활을 그림으로 그린 것을 독일의 심리학자가 엮은 것이다.	유치 이상
난민	피난열차	헤미 발거시	크리스 K. 순피트	신상호	1996	동산사	픽션	군에 입대한 엄마를 쓸쓸히 기다리는 외손녀에게 한국전쟁의 상처와 자신의 기다림에 대해 말해 주는 외할머니의 이야기로 삶의 절망과 희망을 함께 풀어 내고 있다.	유치 이상

소주제	서명	글쓴이	그린이	역자	연도	출판사	장르	줄거리 및 특징	대상 연령
노숙	December	Eve Bunting	David Diaz	·	1997	Harcourt Brace	픽션	Simon과 그의 엄마는 판자집에서 살고 있으나 그들만의 특별한 크리스마스를 맞이한다. 뜻하지 않은 사건을 그날 만나고 새로운 일들이 벌어지게 된다.	초등저 이상
	Fly Away Home	Eve Bunting	Ronald Himler	·	1991	Clarion Books	픽션	아빠와 함께 공항에서 생활을 하고 있는 소년의 시각에서 본 노숙자의 삶의 이야기다.	초등저 이상
	Out of the Dump	Christine& L. Franklin	·	·	1995	Lothrop Lee & Shepard	논픽션	콰테말라시티의 쓰레기 더미 도시에 사는 어린이들의 사진 모음과 이야기다.	초등중 이상
	Uncle Willie and the Soup Kitchen	Dyanne Disalvo-Ryan		·	1991	Morrow	픽션	스프집에서 자원봉사를 하는 삼촌이 조카를 데려와 홈리스에 대한 사회적 인식을 새롭게 시킨다.	초등저 이상
	Way Home	Libby Hathorn	Gregory Rogers	·	1994	Crown	픽션	고단한 밤거리를 지나 비록 누추하기는 하나 집으로 향하는 노숙의 어린이가 길에서 고양이를 주워 함께 동행하는 이야기다. 가정과 집을 다시 생각나게 한다.	초등저 이상
	부러진 부리	너새니얼 래첸메이어	로버트 잉펜	이상희	2004	문학과 지성사	픽션	돌아가 편히 쉴 곳 없는 노숙자(떠돌이)와 부리가 부러져 먹이조차 먹을 수 없게 된 꼬마 참새. 베푸는 입장에서가 아니라 불행을 당한 자의 입장에서 바라보기 때문에 더욱 사실적이다.	유치 이상
	송이의 노란우산	이철환	유기훈	·	2007	대교	픽션	장사하는 엄마와 때가 꼬질꼬질한 인형뿐인 송이와 냄새나고 아무 데서나 자는 채소 할아버지와의 만남에 대한 이야기다.	유치 이상
빈곤	놀이터를 만들어 주세요	쿠르사		최성희	2003	동쪽나라	픽션	놀이터가 없는 빈민촌에 놀이터를 만들기 위한 아이들의 실제적인 노력과 방법들을 볼 수 있다.	초등저 이상

소주제	서명	글쓴이	그린이	역자	연도	출판사	장르	줄거리 및 특징	대상 연령
빈곤	보스니아의 성냥팔이 소녀	한스 크리스티안 안데르센	조르주 르무안	최내경	2006	마루벌	픽션	안데르센의 성냥팔이소녀 원문에, 내전을 겪고 있는 보스니아의 거리와 소녀를 등장시키며 지금도 그 이야기가 계속되고 있음을 보여 주는 이야기다.	초등저 이상
	엄마의 약속	재클린 우드슨	E.B. 루이스	서애경	2007	아이 세움	픽션	2차 세계대전 당시 다른 도시로 일을 하기 위해 떠난 엄마를 기다리는 소녀의 마음을 담고 있는 책이다.	유치 이상
	엄마의 의자	베라 윌리엄스		최순희	1999	시공 주니어	픽션	이주가정에 갑작스런 화재로 모든 것을 잃었지만, 가족들과 이웃의 도움을 하나씩 이겨내는 과정을 담고 있다.	유치 이상
	페페 가로등을 켜는 아이	일라이자 바톤	테드 르윈	서남희	2005	열린 어린이	픽션	이주 가정의 아이가 가로등 켜는 일을 맡게 되지만, 아버지는 탐탁치 않아 한다. 하지만 하찮은 일도 누군가에게 큰 의미가 될 수 있음을 이야기해 주고 있다.	초등저 이상
	하루	이브 번팅	로널드 힘러	이현숙	2006	보물 창고	픽션	이주노동자인 할아버지와 손자가 거짓말로 일을 따내지만, 잘못되면서 노동의 정직이 왜 필요한지를 알게 되는 이야기다.	초등저 이상
아동 노동	S.O.S. 위기의 아이들	도널드 그랜트		김주경	2010	주니어 중앙	픽션	인도(양탄자 짜는 아이), 우간다(전쟁을 피해 고향을 떠나는 아이), 페루(금 캐는 아이)에 대한 이야기를 담고 있다.	초등저 이상
	자이, 자유를 찾은 아이	폴 티에스	크리스토프 메를랭	김태희	2005	사계절	픽션	아동노동의 실태를 알리고 문제의 심각성을 환기하기 위해 국제사면위원회와 함께 만든 그림책이다. 담보노동의 실태를 환상적인 요소와 함께 보여 주고 있다.	초등저 이상

소주제	서명	글쓴이	그린이	역자	연도	출판사	장르	줄거리 및 특징	대상 연령
아동 노동	도망쳐 아자드!	에리카 팔		해밀뜰	2009	미래 M&B	픽션	아라비아의 고아 소년 '아자드'와 말하는 낙타 '아스퍼'의 이야기를 담은 그림책으로 낙타 경주장에서 기수로 일을 하다 도망치는 아자드의 이야기를 담고 있다.	유치 이상

3. 평화 그림책 목록

1) 평화와 마음: 평화 개념, 비평화의 원인과 마음, 평화 감수성

소주제	서명	글쓴이	그린이	역자	연도	출판사	장르	줄거리 및 특징	대상 연령
평화 개념	나는 평화가 좋아요	클로드 파베르	·	김주경	2010	대교 출판	논픽션	전쟁의 참상을 통해 평화의 개념과 의미를 역으로 보여 주고, 평화를 위해 힘쓴 인물들을 소개하며, 평화를 실천하기 위한 방법들을 구체적으로 소개한다.	초등 이상
	사람들은 왜 싸울까?	이와카와 나오키	모리 마사유키	김규태	2009	초록 개구리	논픽션	『평화를 배우는 교실』 시리즈 중 하나로, 평화란 무엇이며 이를 지키기 위해 어떻게 해야 하는지에 대한 그림책이다. 이 외에도 『우리는 평화를 사랑해요』 『전쟁은 왜 되풀이될까?』 『평화를 지킨 사람들』 등이 있다.	초등 이상
	평화는	로버트 잉펜	캐서린 스콜즈	송성희	2004	동산사	픽션	다양한 각도에서 평화의 개념을 조명하며, 평화의 당위성과 함께 평화를 위한 적극적인 움직임을 권하는 잔잔한 어조의 정보책이다.	초등 이상
	평화는요	토드 파		·	2006	예림당	픽션	토드 파에게 평화는 신발이 필요한 친구에게 신발을 주는 것, 잘못했을 때 미안하다고 사과하는 것이다. 이처럼 평화라는 추상적인 개념을 아이들의 일상에서 구체적으로 생각해 볼 수 있게 해 주는 그림책이다.	유치 이상

소주제	서명	글쓴이	그린이	역자	연도	출판사	장르	줄거리 및 특징	대상 연령
평화 개념	폭력-평화는 힘이 세다	로라 자페 외	레지팔러 외	장석훈	2002	푸른숲	논픽션	『세계 어린이와 함께 배우는 시민 학교』 시리즈 중 한 권으로 여러 사람과 더불어 살아가면서 다툼이 생겨나는 원인을 우리의 마음에서부터 찾는다. 그리고 전쟁은 왜 하게 되며, 평화를 지키기 위해 어떻게 해야 하는지에 대한 방법을 소개한다.	초등 이상
비평화의 원인과 마음	검은 마을 하얀 마을	류보러		최현경	2010	책읽는곰	픽션	검은 신을 섬기는 검은 마을 사람들과 하얀 신을 섬기는 하얀 마을 사람들은 서로를 적이라 생각하고 살아간다. 그러던 중 가뭄을 겪고 서로 힘을 모아 비를 내려 달라고 기도를 한다. 드디어 세찬 비가 내리자 검은 마을 사람들과 하얀 마을 사람들의 탄가루와 밀가루가 씻기며 사람들은 서로 같은 피부에 같은 모습을 한 사람들임을 깨닫게 된다.	유치 이상
	고릴라 왕과 대포	나마치 사부로	고바야시 유우지	·	1994	한림 출판사	픽션	이웃 나라 원숭이들이 인사를 하지 않는다는 이유로 자존심이 상한 고릴라 왕은 대포를 쏘아 공격하라고 명령한다. 하지만 다행히 신하 원숭이들 지혜를 발휘하여 평화가 유지된다.	유치 이상
	나는 나야	마리 루이스 피츠패트릭		이상희	2006	내인생의책	픽션	파란 머리 아이와 빨간 머리 아이가 서로를 인정하지 못하고 자신이 왕이라고 주장하는 바람에 세상의 모든 것들이 파괴되고 시들게 된다. 그제야 두 아이는 서로를 인정하고 비로소 작은 꽃 한 송이가 피어나게 된다.	초등 이상

소주제	서명	글쓴이	그린이	역자	연도	출판사	장르	줄거리 및 특징	대상 연령
비평화의 원인과 마음	다리	하인츠 야니쉬	헬가 반쉬	김서정	2011	주니어랜덤	픽션	좁은 다리 한 가운데서 커다란 곰과 거인이 마주쳤다. 조금도 양보할 수 없는 둘 사이에 팽팽한 긴장감이 감돈다. 그러나 달리 해결할 방법이 없음을 깨닫고 둘은 서로를 안고 조심스럽게 발을 돌려 문제를 해결하게 된다. 갈등을 유발하고 평화를 지켜내는 것은 모두 마음에서 비롯된다.	유치 이상
	더 커다란 대포를	후타미 마사나오	후타미 마사나오	김현주	2011	한림	픽션	대대로 전해지는 대포를 한번 사용해 보고 싶어 하는 임금이 있었다. 마침 강에서 분홍 물고기를 잡아먹는 여우를 발견하고 임금은 대포를 내민다. 그러자 여우들은 더 큰 대포를 가져와 내밀고, 다시 임금은 더욱 큰 대포를 가져온다. 임금과 여우는 번갈아가며 더 큰 대포를 가져오다 못해, 이제는 더 아름다운 대포를 가져와 경쟁한다.	유치 이상
	두 섬 이야기	요르크 슈타이너	요르크 뮐러	김라합	2003	비룡소	픽션	큰 섬사람들은 더 많은 땅과 금을 욕심내다가 오히려 작은 섬사람들의 배려와 도움으로 목숨을 구하게 된다. 사람의 마음에 공존하는 두 가지 마음, 즉 탐욕스런 마음과 평화를 사랑하는 마음을 두 섬 사람들을 통해 생각해 볼 수 있다.	초등 이상
	새똥과 전쟁	에릭 바튀	에릭 바튀	양진희	2001	교학사	픽션	사이좋게 지내던 빨간 나라와 파란 나라는 우연히 떨어진 '새똥'으로 인해 전쟁을 벌이게 된다. 그러나 전쟁이 절정으로 치닫고 있을 때, 두 나라 어른들이 마주하게 된 이들은 함께 어우러져 즐겁게 놀고 있는 두 나라의 아이들이었다. 전쟁은 좁고 어리석은 마음에서 비롯되지만, 사실은 누구나 평화를 원한다는 것을 잘 보여 준다.	유치 이상

소주제	서명	글쓴이	그린이	역자	연도	출판사	장르	줄거리 및 특징	대상 연령
비평화의 원인과 마음	샌드위치 바꿔 먹기	기라니아 알 압둘라, 켈리 디푸치오	트리샤 투사	신형건	2011	보물창고	픽션	단짝이었던 셀마와 릴리는 서로 다른 샌드위치를 싸오면서 서로의 샌드위치를 괴상하다고 여긴다. 결국 샌드위치에 따라 편이 갈려 학생들은 음식 싸움을 벌이고, 교장실에 불려간 셀마와 릴리는 서로의 샌드위치를 바꿔먹어 보기로 한다. 그런데 생각보다 샌드위치 맛이 너무 좋아 둘은 교장 선생님께 여러 나라의 음식을 나눠먹는 특별한 행사를 제안한다.	유치 이상
	세상에서 가장 행복한 전쟁	데션비드 맥키		민유리	2005	베틀북	픽션	전쟁에서 한 번도 져 본 적이 없는 장군이 마지막으로 작은 마을에 전쟁을 일으킨다. 하지만 싸울 마음이 없는 작은 마을 사람들은 오히려 군대를 따뜻하게 맞이해 주는데, 큰 마을 사람들은 작은 나라의 문화를 즐기며 행복을 느낀다.	유치 이상
	숫자 전쟁	후안 다리엔		박지영	2010	파란자전거	픽션	숫자 나라에서 가장 작다고 느낀 숫자 1은 빼기라는 무기를 가지고 숫자 세상에 전쟁을 벌인다. 1은 가장 큰 숫자가 되려고 하지만 숫자 0에게는 무기가 통하지 않는다.	초등 이상
	왜?	·	니콜라이 포포프	·	1997	현암사	픽션	꽃 한 송이를 사이에 두고 벌어지는 개구리와 쥐의 전투를 다룬 글 없는 그림책이다.	유아 이상

소주제	서명	글쓴이	그린이	역자	연도	출판사	장르	줄거리 및 특징	대상 연령
비평화의 원인과 마음	전쟁	아나이스 보즐라드	아나이스 보즐라드	최윤정	2001	비룡소	픽션	전쟁을 원치 않았던 파랑나라의 파비안 왕자는 우연히 결투에서 승리하게 된다. 이를 계기로 파비안 왕자는 빨강나라와 파랑나라의 평화를 위하여 노랑나라로 건너가게 된다.	유치 이상
	전쟁과 아우	이르멜라 벤드트	안토니 보라틴스키	유혜자	2009	현암사	픽션	성경 속 카인과 아벨의 이야기를 바탕으로 하여 '전쟁'이 생겨나고 사라지게 되기까지의 과정을 상징적으로 그려냈다.	초등 이상
	황금 사과	송희진	송희진	이경혜	2010	뜨인돌어린이	픽션	두 마을의 경계에서 자라난 나무에서 황금 사과가 열리기 시작한다. 그러자 사람들은 황금 사과를 더 많이 갖기 위해 경계하고 담을 쌓으며 서로 소통하지 못하게 된다.	유치 이상
평화 감수성	경극이 사라진 날	야오홍	야오홍	전수정	2011	사계절	픽션	어느 날 마을에 유명한 경극배우가 공연을 준비하기 위해 찾아온다. 마을 사람들은 그의 아름다운 목소리에 감동을 받는다. 그러나 경극 배우는 침략군을 위해 노래할 수 없다며 마을을 떠나간다. 그리고 그해 마을에서는 전쟁이 시작된다.	초등 이상
	꽃밭의 장군	재닛 차터스	마이클 포먼	김혜진	2011	뜨인돌어린이	픽션	조드퍼 장군의 꿈은 세상에서 가장 유명한 장군이 되는 것이었다. 그래서 날마다 부지런히 훈련하고 밤이면 전쟁에 관한 책을 읽으며 공부했다. 어느 날 장군은 갑자기 여우가 나타나는 바람에 말에서 떨어져 풀밭에 눕게 되었다. 그제야 장군은 꽃과 동물의 아름다움을 발견하게 되고 이후 장군의 삶은 180도 바뀌게 된다.	유치 이상

소주제	서명	글쓴이	그린이	역자	연도	출판사	장르	줄거리 및 특징	대상 연령
평화 감수성	달보다 멀리	크리스틴 해리스	헬렌 옹	심재중	2001	한마당	픽션	니코가 편지 친구 페니에게 보내는 편지글로, 아빠가 군인들에 의해 수용소에 갇히고 엄마와 니코가 난민을 위한 시설에 머물게 되면서 변화된 니코의 삶이 그려져 있다.	유치 이상
	대포 속에 들어간 오리	조이 카울리	로빈 벨튼	홍연미	2010	베틀북	픽션	대포 안에 오리가 둥지를 틀자, 장군은 대포를 사용할 수 없다. 시장의 제안에 장군은 오리가 알을 부활할 때까지 전쟁을 멈추기로 한다. 그때부터 전쟁 대신 마을을 정리하며 평화로운 나날을 보내게 된다.	초등 이상
	세상에서 가장 아름다운 나의 마을	고바야시 유타카		길지연	2003	미래아이	픽션	여느 마을과 다름없이 버찌와 살구가 열리는 아프가니스탄의 파구만 마을. 그러나 이 평온한 마을의 일상은 전쟁으로 인해 어느 날 갑자기 사라지고 만다. 이 그림책의 후속편으로 『우리 마을에 서커스가 왔어요』도 있다.	유치 이상
	세상에서 가장 아름다운 선물	마이클 모퍼고	마이클 포먼	김난령	2004	랜덤하우스 코리아	픽션	전쟁터에서의 크리스마스 날, 독일군 장교와 연합군 장교는 서로 마음을 열고 음식을 나누어 먹게 되는데, 이 이야기가 담긴 편지가 오랜 후에야 발견되어 장교의 부인에게 전해진다. 이 이야기는 1차 세계대전 당시에 실제로 있었던 크리스마스 휴전을 소재로 한 작품으로, 전쟁도 평화도 모두 우리의 마음에서 비롯됨을 보여 준다.	초등 이상

소주제	서명	글쓴이	그린이	역자	연도	출판사	장르	줄거리 및 특징	대상 연령
평화 감수성	아리수의 오리	한정아	한정아	·	2001	마루벌	픽션	백제와 신라가 지금의 한강인 '아리수'의 금물벌을 놓고 전쟁을 벌이게 된다. 그러나 알을 품고 있는 엄마 오리를 발견하여 전투가 중지되는데, 아기 오리가 알에서 깨어나길 기다리는 시간 동안 두 나라 군사들의 딱딱해진 마음도 풀려 평화가 찾아오게 된다.	유치 이상
	크리스마스가 가져다준 평화	존 매커천	헨리 쇠렌센	이수영	2008	해와나무	픽션	차디찬 전쟁 속에서도 따스한 크리스마스는 찾아와 병사들의 마음을 움직이게 된다. 독일군과 영국군은 서로 한 마음이 되어 캐럴을 부르다가 선물도 나누고 축구경기도 같이 하게 된다. 이 이야기는 제1차 세계대전 때의 실화를 바탕으로 하고 있다고 한다.	초등 이상

2) 비평화 이슈: 비평화가 가져오는 참상, 세계대전과 제국주의 침략, 한국전쟁과 분단, 독재와 사회갈등, 무기

소주제	서명	글쓴이	그린이	역자	연도	출판사	장르	줄거리 및 특징	대상 연령
비평화가 가져오는 참상	곰 인형 오토	토미 웅거러	토미 웅거러	이현정	2001	비룡소	픽션	다비드와 오스카의 단짝이었던 곰 인형 오토가 전쟁을 겪으면서 친구들과 헤어졌다가, 몇 십 년이 지난 후에 다 같이 극적으로 만나게 된다는 이야기다.	유치 이상
	보스니아의 성냥팔이 소녀	한스 크리스티안 안데르센	조르주르 무안	최내경	2006	마루벌	픽션	안데르센의 『성냥팔이 소녀』 이야기를 보스니아 내전의 배경에 접목시켜 보스니아의 현실과 전쟁의 참상을 보여 준다.	초등 이상

소주제	서명	글쓴이	그린이	역자	연도	출판사	장르	줄거리 및 특징	대상 연령
비평화가 가져오는 참상	시냇물 저쪽	엘즈비에타		홍성혜	2001	마루벌	픽션	금강이와 초롱이는 시냇물을 하나 사이에 둔 단짝 친구다. 하지만 전쟁이 일어나 더 이상 함께 놀 수 없게 된다.	유치 이상
	어느 날 밤 전쟁기념탑에서	페프		조현실	2002	주니어 파랑새	픽션	제1차 세계대전을 겪은 병사들과 장교가 전쟁기념탑에서 나와 자신들이 겪은 전쟁이 과연 가치 있는 일이었는지 확인하러 탐색을 한다는 이야기다.	초등 이상
	어머니의 감자밭	애니타 로벨		장은수	2003	비룡소	픽션	전쟁의 한 가운데에서도 묵묵히 감자밭을 가꾸던 어머니는 서로 상대편이 되어 전쟁을 일으킨 두 아들로 인해 쓰러지게 된다. 두 아들을 비롯한 군사들은 쓰러진 어머니를 보며 비로소 전쟁을 후회하며 평화를 간절히 원하게 된다.	초등 이상
	언제나 네 옆에 있을게	루스 반더 지	로널드 힘러	여우별	2009	맑은 가람	픽션	베트남 전쟁에서 엄마를 잃고 시력도 함께 잃은 어린 소녀 '킴'이 미국에 입양되어 성장한다는 이야기다. 이 이야기는 실화를 바탕으로 하고 있다.	초등 이상
	우리 마을에 전쟁이 났어요	파티마 샤라패딘	클로드 K. 뒤부아	여우별	2008	맑은 가람	픽션	어린 아이의 눈에 비친 전쟁의 공포와 아픔을 그린 그림책으로, 일상으로 깊숙이 들어온 전쟁의 모습을 구체적으로 그려내고 있다.	유치 이상
	티보와 토마 이야기	미셸 피크말	쥘리앵 비요도	배형은	2010	해솔	픽션	낚시를 즐기는 한 청년과 소녀를 사랑하는 다른 한 청년. 지극히 평범하고 평화롭게 살아가던 두 청년이 전쟁터에 끌려가면서 서로 총부리를 겨누게 된다는 비극적인 이야기를 담고 있다.	초등 이상

소주제	서명	글쓴이	그린이	역자	연도	출판사	장르	줄거리 및 특징	대상 연령
세계 대전과 제국 주의 침략	기억할게요	루스 밴더지, 메리언 스나이더	빌 판스워드	이현정	2007	맑은가람	픽션	일라이는 가족 여행에서 홀로코스트에 대해 알게 되고, 역사를 기억하는 것이 중요하다는 교훈을 얻게 된다. 이 이야기는 일라이 샌들러의 실화를 기초로 쓴 것이며, 영국 텔레비전 다큐멘터리에서 다루어져서 방송되기도 했다.	초등 이상
	꽃할머니	권윤덕		·	2010	사계절	논픽션	전쟁 중에 일본군 위안부로 몸과 마음에 깊은 상처를 받은 꽃할머니에 대한 이야기로, 증언을 바탕으로 한 실제 이야기를 엮어 냈다.	초등 이상
	끝나지 않은 겨울	강제숙	이담	·	2010	보리	픽션	이 그림책은 '나눔의 집'에 살면서 그림을 그려 위안부 증언 활동을 하신 김순덕 할머니와 1970년대 가장 먼저 일본군 위안부임을 밝히셨던 배봉기 할머니의 증언들을 바탕으로 하여 위안부로 고통을 받았던 할머니들의 이야기를 담고 있다.	초등 이상
	더 이상 나비들은 보지 못했다	프란타 바스 외		이혜리	2005	다빈치	논픽션	테레진 수용소에서 지냈던 유태인 아이들이 남긴 시와 그림들을 엮은 책이다.	초등 이상
	백장미	크리스토프 갈라즈	로베르토 인노첸티	이수명	2003	아이세움	픽션	전쟁을 잘 알지 못했던 로즈 블랑슈는 어느 날 한 유태인 아동이 차에서 내려 탈출하려는 것을 목격하게 된다. 그 차를 뒤따라갔다가 수용소를 발견하게 된 로즈 블랑슈는 그 뒤로 자신의 음식을 가져다가 수용소 아이들에게 나누어 주며 아픔을 나눈다.	초등 이상

소주제	서명	글쓴이	그린이	역자	연도	출판사	장르	줄거리 및 특징	대상 연령
세계 대전과 제국 주의 침략	아침 별 저녁 별	조 오에스틀람	요한나 강	곽노경	2004	미래아이	픽션	헬렌이 아홉 번째 생일 날 일어났던 일을 회상하며, 할머니가 된 지금 소중한 친구 리디아를 그리워한다는 이야기다.	초등 이상
	에리카 이야기	루스 반더 지	로베르토 인노첸티	차미례	2005	마루벌	픽션	수용소로 향하는 기차 안에서 유태인 부모가 아기만은 살아남길 바라는 간절한 마음으로 창문 밖으로 아기를 던진다. 다행히 아기는 다른 사람의 보살핌으로 무사히 자라나고 자신의 이야기를 담담히 들려준다.	유치 이상
	토끼들	존 마스든	숀 탠	엄혜숙	2004	물구나무	픽션	배를 타고 건너온 토끼들에게 점점 약탈당하는 모습을 담고 있는 이 그림책은 호주 출신 작가가 호주 대륙의 침략적인 이민 역사를 상징적으로 풀어 낸 것이다.	초등 이상
한국 전쟁과 분단	곰이와 오푼돌이 아저씨	권정생	이담	·	2007	보리	픽션	한국 전쟁에서 죽은 인민군 병사와 피난길에 폭격을 맞아 죽은 곰이가 함께 가족을 그리워하고 전쟁의 참혹함을 회상한다.	초등 이상
	비무장지대에 봄이 오면	이억배		·	2010	사계절	픽션	남과 북의 분단과 대치 상황으로 인해 만들어진 비무장지대는 모순적이게도 가장 평화로운 곳이다. 이 책은 비무장지대의 계절과 동물, 식물들과 함께 북녘 고향을 그리워하는 할아버지의 이야기를 담고 있다.	유치 이상

소주제	서명	글쓴이	그린이	역자	연도	출판사	장르	줄거리 및 특징	대상 연령
한국 전쟁과 분단	온양이	선안나	김영만	·	2010	샘터	픽션	한국 전쟁으로 고향을 떠나 피난길에 오른 한 가족의 이야기를 담고 있다. 삶의 터전과 수많은 사람의 목숨을 앗아가는 참혹한 전쟁의 모습을 보여 준다.	초등 이상
	울지 마, 꽃들아	최병관		·	2009	보림	논픽션	휴전선을 중심으로 남과 북의 각 2km 지역, 비무장지대. 작가는 비무장지대의 모습을 450일간 카메라에 담아 그중 50개의 사진을 골라 이 책을 엮었다. 사진으로 비무장지대의 풍경을 보며 남과 북의 분단 현실을 생각해 볼 수 있다.	초등 이상
	통일의 싹이 자라는 숲	전영재	박재철	·	2003	마루벌	논픽션	『희망의 땅 비무장지대』 시리즈의 1편으로, 남북 분단의 상징인 비무장지대에 살아가는 생물들에 대한 이야기다. 이외에 『멀리서 온 귀한 손님』과 『산양의 비밀』도 있다.	초등 이상
	피난 열차	헤미 발거시	크리스 K. 순피트	신상호	2004	동산사	픽션	외할머니가 기차를 바라보며 수미에게 한국 전쟁 당시의 아픔을 회상하며 전쟁을 겪은 가족의 이야기를 전해 준다.	초등 이상
독재와 사회 갈등	글짓기 시간	안토니오 스카르메타	알폰소 루아노	서애경	2003	아이세움	픽션	독재가 시작되면서 독재를 반대하는 사람들이 군인들에 끌려가기 시작한다. 군인들은 교실에 들어와 아이들에게 '집안 식구들이 밤마다 하는 일'이라는 제목으로 글을 쓰는 글짓기 시간을 갖는다. 일상을 진실대로 말할 수 없는 독재 시절의 아픔을 아이의 눈으로 그려내고 있다.	초등 이상

소주제	서명	글쓴이	그린이	역자	연도	출판사	장르	줄거리 및 특징	대상 연령
독재와 사회 갈등	아빠의 봄날	박상률	이담	·	2011	휴먼 어린이	픽션	1980년 5월 광주에서 일어났던 참사와 5 · 18 민주화운동에 대한 이야기다. 어느 날 갑자기 아빠를 잃은 아이를 통해 평화로운 일상을 앗아간 광주참사를 보여 준다.	초등 이상
	파란집	·	이승현	·	2010	보리	픽션	용산 참사 일주기를 맞이하여 이승현 작가가 글 없는 그림책을 만들었다. 당시 철거민들이 마지막으로 지냈던 망루를 파란집으로 상징화하였다.	초등 이상
무기	바람이 불 때에	레이먼드 브릭스		김경미	1995	시공 주니어	픽션	핵무기로 인해 사람의 삶과 세상이 어떻게 황폐해져 가는지, 어떻게 병들고 죽어 가는지를 카툰 형식으로 보여 주는 그림책이다.	초등 이상
	지뢰 대신에 꽃을 주세요 1	야나세 후사코	요 쇼메이	송승희 선곡유화	2004	청어람 미디어	논픽션	대표적인 살상 무기인 '지뢰'의 위험성과 지뢰로 인해 생겨 나는 사상자들, 지뢰를 왜 없애야만 하는지에 대한 정보가 담겨 있다. 후속편으로 『고마워요, 지뢰 대신에 꽃을 주세요』(2004)도 출간되었다.	유치 이상

3) 평화를 위한 노력: 평화에 대한 희망, 평화를 위한 실천, 평화를 사랑한 인물

소주제	서명	글쓴이	그린이	역자	연도	출판사	장르	줄거리 및 특징	대상 연령
평화에 대한 희망	나는 평화를 꿈꿔요	유니 세프	·	김영무	1994	비룡소	논픽션	전쟁으로 마음에 상처를 입은 옛 유고슬라비아 어린이들의 글과 그림을 담은 책이다. 그러나 단순히 아픔을 전하는 그림책이 아니라, 좀 더 적극적으로 세상의 모든 어린이들과 함께 평화로운 세계를 만들어 가고자 하는 바람을 담고 있다.	유치 이상
	내가 만난 꿈의 지도	유리 슐레비츠		김영선	2008	시공 주니어	픽션	전쟁이 모든 것을 앗아가 굶주려야 하는 때에 주인공의 아버지는 빵 대신 지도를 사온다. 아버지는 당장 배를 주릴지라도 아이들이 지도를 보며 희망을 찾기를 바랐기 때문이다.	유치 이상
	두 친구	틱낫한	보-딘 마이	권선아	2007	그린북	픽션	코코넛 스님은 베트남 전쟁 중에 흩어진 금속 파편을 모아 종을 만들고 매일 밤 종소리를 울린다. 쥐와 고양이가 평화롭게 공존한다면 사람들도 함께 평화롭게 살아갈 수 있을 것이라는 틱낫한 스님의 메시지가 담겨 있다.	초등 이상
	마음으로 듣는 노래	제임스 럼포드		김연수	2009	시공 주니어	픽션	알리는 축구도 좋아하고 음악을 크게 듣는 것도 좋아하지만 무엇보다도 글자 쓰는 서예시간을 좋아한다. 그런데 전쟁을 뜻하는 글자는 쓰기가 쉬운데, 평화를 뜻하는 글자는 쓰기가 어렵다.	초등 이상

소주제	서명	글쓴이	그린이	역자	연도	출판사	장르	줄거리 및 특징	대상 연령
평화에 대한 희망	평화랑 뽀뽀해요	한겨레신문사편집부 엮음		구수정	2003	한겨레출판	논픽션	한국-베트남 어린이 문예대회 수상작을 모은 것으로 미래의 평화를 그리고 있는 작품집이다.	초등 이상
	평화를 그리는 티베트 친구들	가브 리엘 랩킨		배블링 북스	2008	초록 개구리	논픽션	난민으로 살아가는 티베트 어린이들의 글과 그림을 엮은 책이다.	초등 이상
	평화를 부탁해	제레미 브룩스	주드 데일리	김경연	2010	노란상상	논픽션	종교와 나라, 세대를 초월하여 세계의 평화를 기원하는 열여덟 편의 기도를 모은 그림책이다.	초등 이상
평화를 위한 실천	권터 아저씨에게 택배가 왔어요!	엘리자베트 슈타인켈너	미하엘 로어	위정현	2010	계수나무	픽션	겨자마을에 이사 온 권터 아저씨가 평화를 깨뜨리자 마을 아이들은 아저씨를 따라다니며 아저씨가 하는 일을 지켜본다. 그리고 아저씨에게 택배를 보내 아저씨의 행동을 알려 주고 그것을 고칠 수 있도록 도와준다.	유치 이상
	글자 줍는 개미	마테오 테르자기	마르코 쥐르혀	오희	2008	미래아이	픽션	글자를 줍는 개미, 이나를 보고 친구들은 이상하다고 비웃는다. 어느 날 전쟁을 하러 떠나는 군인들 앞에 이나는 글자들을 배열하여 전쟁을 왜 하려고 하는지 묻는다.	유치 이상
	나비가 전해 준 희망	패트리샤 폴라코		최순희	2005	베틀북	픽션	모니크의 엄마는 위험을 무릅쓰고 집안에 유태인 가족을 몰래 숨겨 주지만 곧 이웃에게 들통이 나 그들을 기차역에 데려다 준다. 두 모녀가 평화를 위해 용기 있게 실천하는 모습이 감동적인 그림책이다.	초등 이상

소주제	서명	글쓴이	그린이	역자	연도	출판사	장르	줄거리 및 특징	대상 연령
평화를 위한 실천	내 친구 폴리, 세계 평화를 이룩하다	제임스 프로이모스	·	권기대	2010	베가북스	픽션	이 책은 오늘 꼭 세계 평화를 이루어야 한다는 일곱 살배기 폴리의 작지만 진심어린 행동을 통해 어린아이와 같은 겸손하고 진실한 마음이 진정한 평화를 가져다준다는 것을 보여 준다.	유치 이상
	도서관을 구한 사서	마크 앨런 스태머티		강은슬	2007	미래아이	픽션	도서관 관장인 알리아는 전쟁이 일어나자 도서관의 책들을 구하기 위해 애쓴다. 책을 사랑하는 마을 사람들도 관장을 함께 도와 많은 책을 구하게 되는데, 이라크 전쟁 때의 실화를 바탕으로 한 이 이야기는 평화를 사랑하는 사람들의 소박한 마음이 깊은 감동을 준다.	초등 이상
	세상에서 가장 큰 스케치북	박수현		·	2010	고인돌	픽션	팔레스타인 마을에 사는 하루와 미투는 단짝 친구다. 그런데 어느 날 마을 한 가운데에 장벽이 세워지고 사람들은 서로 헤어지게 된다. 시위를 할 수 없게 되자 하루는 장벽에 그림을 그리기 시작한다.	유치 이상
	시간의 종말을 위한 사중주곡	젠 브라이언트	베스 펙	이현정	2007	맑은가람	픽션	포로수용소에 갇힌 작곡가 메시앙은 절망 속에서도 끝까지 노력하여 아름다운 곡을 완성하게 된다. 그런데 메시앙이 곡을 완성할 수 있도록 용기를 준 이는 다름 아닌 독일군 장교였다. 2차 세계대전 중에 있었던 프랑스 작곡가 메시앙의 실화를 바탕으로 한 이야기다.	초등 이상

소주제	서명	글쓴이	그린이	역자	연도	출판사	장르	줄거리 및 특징	대상 연령
평화를 위한 실천	잃어버린 아이들	메리 윌리엄스	그레고리 크리스티	노성철	2006	사계절	픽션	이 책은 수단 내전으로 인해 어른들의 보살핌을 받지 못하고 난민이 되어 쫓겨 다니는 아이들과 함께 이들을 돕기 위해 도움의 손을 뻗는 톰 아저씨에 대한 이야기다. 평화를 위해 일하는 국제기구들이 있음을 알 수 있다.	초등 이상
	조각배 함대	루이스 보든	마이클 포먼	장미란	2004	문학과지성사	픽션	제2차 세계대전 때 프랑스의 케르크에 남겨진 병사들을 구출하기 위해 다양한 국적의 군함과 어선들이 서로 협력하여 기적을 이루어 낸 이야기로, 실제 있었던 사건을 바탕으로 재구성한 것이다.	초등 이상
	한 아이의 정원	마이클 포맨		김중철	2009	웅진 주니어	픽션	한 아이가 전쟁의 폐허 속에서 우연히 벽돌 틈에 자라난 초록 새싹을 발견한다. 그러나 무성하게 자라난 나무는 다시 군인의 손에 의해 뽑힌다. 다시 겨울이 지나고 봄이 찾아오자 초록 새싹이 다시 피어난다.	유치 이상
평화를 사랑한 인물	노란 별	카르멘 애그라 디디	헨리 쇠렌센	이수영	2007	해와나무	픽션	나치가 덴마크를 점령할 당시, 덴마크의 크리스티안 왕이 국민 모두에게 노란별을 달도록 격려하여 온 국민을 지킬 수 있게 되었다는 이야기로, 덴마크에 전해져 내려오는 실화를 바탕으로 하고 있다.	초등 이상
	아이들을 사랑한 유대인의 영웅	데이빗 A. 아들러	빌 판즈워스	임후성	2007	미래아이	논픽션	폴란드의 존경받는 지도자인 야누시 코르착의 생애를 담은 책으로, 죽음의 수용소로 보내지는 유태인 아이들의 곁을 끝까지 지키며 함께 죽음을 맞이한 내용을 다루고 있다.	초등 이상

소주제	서명	글쓴이	그린이	역자	연도	출판사	장르	줄거리 및 특징	대상 연령
평화를 사랑한 인물	안네 프랑크	조세핀 풀	안젤라 배럿	김민석	2005	아이세움	논픽션	이 그림책은 나치의 탄압을 피해 집 안에 숨어 살게 된 안네 프랑크와 가족들의 비극적인 삶을 그리고 있다.	초등 이상
	위대한 평화의 심부름꾼 간디	데미	데미	이길태	2006	동쪽나라	논픽션	비폭력적인 평화 운동으로 유명한 간디의 삶을 그린 그림책이다. 영국의 식민 지배로부터 인도의 독립을 위해 힘썼던 그를 사람들은 '위대한 영혼(마하트마)'이라고 부른다.	초등 이상

4. 환경 그림책 목록

1) 환경 개념

소주제	서명	글쓴이	그린이	역자	연도	출판사	장르	줄거리 및 특징	대상 연령
지구 환경	살아 있는 땅	엘레우노레 슈미트		김윤태	1997	비룡소	논픽션	땅의 생물들이 서로 유기적 관계를 갖고 있음을 보여 주는 책이다.	유치 이상
	(우리 모두의 지구) 물과 숲과 공기	몰리 뱅		최순희	2006	마루벌	논픽션	환경, 에너지, 자원이 모두 우리의 것임을 일깨워 주는 내용으로 자연은 개인의 소유가 아니며 함께 지켜 나가야 하는 자원임을 깨닫게 한다.	유치 이상
	지구가 100센티미터 공이라면	나가이 도모야	기노 도리코	김영주	2003	바다어린이	논픽션	지구에 대한 모든 지식을 한눈에 볼 수 있도록 구성하고 있으며, 단순한 형태의 그림이 독특하다.	유치 이상
	지구는 대단해	고하라 도모유키	마츠오카 다츠히데	신미원	2004	아이세움	논픽션	빅뱅에서 시작하여 지구가 오염된 오늘날까지 46억 년에 걸친 지구의 이야기로 화면가득 채운 그림이 인상적인 책이다.	초등저 이상
	지구는 우리 엄마예요	낸시루엔	네일 월드먼	이현주	2005	두레아이들	논픽션	지구를 엄마에 비유하여 시적으로 표현한 그림책이다.	초등저 이상
	지구 환경 보고서	이자벨 니콜라치	크리스틴 퐁숑	김이정	2010	그린북	논픽션	풍부한 사진 자료를 이용하여 지구환경의 현실을 그대로 보여 주어 지구에 대한 정보와 지구의 환경문제에 대해 생각해 볼 수 있는 책이다.	초등저 이상

소주제	서명	글쓴이	그린이	역자	연도	출판사	장르	줄거리 및 특징	대상 연령
생명의 소중함	살아 있는 모든 것은	브라이언 멜로니	로버트 잉펜	이명희	1999	마루벌	논픽션	이 세상 모든 생물의 탄생과 죽음에 대한 것을 알려 주며, 생태계의 순리를 알게 한다.	유치 이상
	올드 베어	케빈 행크스		석승환	2010	마루벌	픽션	늙은 곰 올드 베어가 겨울 잠을 자면서 젊은 시절 꿈을 꾼다. 꿈속에서 사계절의 변화를 설명하며 자연스럽게 자연환경의 변화를 보여 준다.	유아 이상
	우리의 소중한 약속	마가렛 덩클	로버트 잉펜	이명희	2003	마루벌	논픽션	자연보호란 어떤 것인지 사유할 수 있도록 글과 그림의 이중적인 언어로 표현하고 있다.	초등저 이상
	잃어버린 생명 멸종 동물	크리스티안 군치		윤소영	2005	시공 주니어	논픽션	영국 킹피셔 출판사의 My best book 시리즈 한국어판으로 자연과학, 세계사, 지구과학의 다양한 분야를 다루고 있다.	초등저 이상
자연 생태계	가로수 밑에 꽃다지가 피었어요	이태수		·	2004	우리교육	논픽션	도심 속에서 자연을 만날 수 있도록 세밀화로 다양한 꽃과 식물을 소개하고 있다.	유치 이상
	나무는 변신쟁이	나카사와 마사코		권남희	2011	비룡소	픽션	사계절에 따라 변하는 나무의 모습을 화려한 콜라주기법으로 표현한 그림책이다.	유아 이상
	나무하고 친구하기	퍼트리셔 로버	홀리 켈러	장석봉	1999	비룡소	논픽션	나무로 만든 물건, 나무가 사람에게 주는 것, 나무의 광합성 작용 등 나무에 대한 정보를 제공하고, 나무를 보호하는 방법도 소개한다.	유치 이상
	숲으로	호시노 미치오	호시노 미치오(사진)	·	2005	진선	논픽션	알래스카의 원시림을 그대로 사진으로 담은 책이다.	초등저 이상

소주제	서명	글쓴이	그린이	역자	연도	출판사	장르	줄거리 및 특징	대상 연령
자연 생태계	숲은 다시 울창해질 거야	데이비드 벨아미	질 도우	이재훈	2005	초록 개구리	논픽션	많은 생명이 함께 공존하는 자연을 훼손하게 되면서 자연의 소중함에 대해 깨닫게 해 주는 그림책이다.	초등저 이상
	숲은 어떻게 만들어지는가?	윌리엄 재스퍼슨	척 에카르트	이은주	2000	비룡소	논픽션	숲이 만들어지는 과정을 세밀한 그림으로 표현하고 있다.	초등저 이상
	숲의 속삭임	요 쇼메이		김은주	2001	정인출판	픽션	소년과 나무의 대화를 통해서 나무와 숲의 소중함을 알려 주고 있다.	초등저 이상
	죽은 나무가 다시 살아났어요	김동광	정순임	·	2011	아이세움	픽션	벼락에 두 동강 난 나무가 생명체를 어떻게 키워 내는지 보여 주는 아름다운 자연생태계를 보여 주는 책이다.	유치 이상
	흙	앙드리엔 수테르	에티엔 들레세르	최정선	1998	보림	논픽션	흙은 어디에 있을까, 무엇으로 이뤄졌을까, 왜 필요할까와 같은 질문에 답을 하는 형식으로 지식을 전달한다.	유치 이상
수질 환경	강은 다시 맑아질 거야	데이비드 벨아미	질 도우	이일형	2005	초록 개구리	논픽션	강에 사는 동식물의 모습을 세밀화로 소개하며 주변의 자연환경에 관심을 갖도록 하고 있다.	초등저 이상
	나도 강이 되어	사토미 기쿠오	우시지마 시즈코	고향옥	2011	해와나무	논픽션	곳곳을 흘러 다니는 물의 순환을 다룬 그림책이다.	유아 이상
	뗏목을 타고	짐 라마르크		이주희	2005	느림보	픽션	시골에 사는 할머니 집에서 여름을 보내게 된 소년이 주변 자연환경의 아름다움에 빠져드는 이야기다.	유치 이상
	송어는 나무로 만들어졌어요	에이프릴 플리세이르	케이트 엔들	황소연	2008	파란 자전거	논픽션	강물에 떨어진 나뭇잎이 자연의 일부로 다시 태어나는 과정을 그린 책으로 생태계를 보호하기 위해 우리가 무엇을 해야 하는지 실천을 유도하고 있다.	유치 이상

2) 환경 파괴

소주제	서명	글쓴이	그린이	역자	연도	출판사	장르	줄거리 및 특징	대상 연령
자연 환경 파괴	곰이 살 데가 없어졌어요	콜레트 엘렝스	끌로드 두보아	윤정임	1998	파랑새 어린이	논픽션	인간발달을 위해 생태계의 균형을 파괴하는 이야기다.	초등저 이상
	길가엔 다시 꽃이 필 거야	데이비드 벨아미	질 도우	이재훈	2005	초록 개구리	논픽션	숲속 길가에 있는 수많은 꽃과 동물들이 도시화로 인해 살 곳을 잃게 되는 과정을 그렸다.	유치 이상
	까만 산의 꿈	이인	김선규 (사진)	·	2002	재미북스	논픽션	1996년 3일간 계속된 고성산불에 관한 사실적인 사진으로 엮은 다큐멘터리 형식 책이다.	초등저 이상
	도도새는 왜 사라졌을까요?	앤드루 채먼		함께나누는 엄마 모임	2000	다섯수레	논픽션	멸종된 동물들이 무엇이고 왜 그렇게 되었는지 알려 주며, 인간의 잘못에 대해 생각하게 한다.	초등저 이상
	아마존 숲의 편지	잉그리드 비스마이어 벨링하젠		김현좌	2009	해솔	논픽션	아마존 숲에 어우러져 살아가는 동식물들이 개발로 인해 숲이 파괴되고, 동식물은 멸종 위기에 놓였다. 아마존 숲은 그것이 지구에 재앙을 초래할 것임을 경고하며 '공존'의 메시지를 전하고 있다.	유치 이상
	잭과 못된 나무	브라이언 와일드 스미스	리베카 와일드스미스	김선애	1996	시공 주니어	픽션	과학자 잭은 빨리 자라는 채소를 만드는 실험에 성공하여 나무가 오존층을 뚫고 우주까지 뻗어 나가자 지구의 자연환경이 위기를 맞는다. 브라이언 와일드스미스의 색채감이 돋보인다.	유치 이상

소주제	서명	글쓴이	그린이	역자	연도	출판사	장르	줄거리 및 특징	대상 연령
산업 개발	강물이 흘러가도록	제인 욜런	바버러 쿠니	이상희	2004	시공 주니어	픽션	큰 도시에 물을 대기 위해 물에 잠겨 버린 마을의 이야기로 시적인 글이 아름답다.	유치 이상
	난 곰인채로 있고 싶은데	J. 슈타이너	J. 뮐러	고영아	2000	비룡소	픽션	겨울잠에서 막 깨어난 곰은 자고 있던 사이에 세상이 산업화 되어 빠르게 변했음을 깨닫게 된다. 곰이 그러한 환경에 적응하기 위해 애쓰지만 결국 곰이 다시 자연으로 돌아가게 된다는 이야기다.	유치 이상
과학 발전	별이 된 시로	이노우에 유우카	요 쇼메이	장상영	2001	태동 출판사	픽션	과학 실험실의 개가 겪는 고통을 보여 주고 있는 그림책이다. 과학발전과 동물보호에 관한 쟁점을 다루고 있다.	유치 이상
사막화	대머리 사막	박경진		·	2004	도깨비	논픽션	지구의 숲이 사라지면서 사막화가 되어 가는 이야기다.	초등저 이상

3) 환경 보호

소주제	서명	글쓴이	그린이	역자	연도	출판사	장르	줄거리 및 특징	대상 연령
동물 보호	개구리 논으로 오세요	여정은	김명길	·	2004	천둥거인	픽션	올챙이가 개구리가 되기까지 관찰한 내용으로, 개구리 논을 만들어 개구리를 보호하는 실제 인물 이야기를 토대로 만들었다.	초등저 이상
	도도새와 카바리아나무와 스모호 추장	손춘익	송수정	·	2004	다림	픽션	남아메리카를 제멋대로 정복한 포르투갈 사람들이 카바리아 숲과 도도새에게 행한 파괴의 과정을 그린 이야기다.	초등저 이상
	로쿠베, 조금만 기다려	하이타니 겐지로	초 신타	햇살과 나무꾼	2006	양철북	픽션	구덩이에 빠진 로쿠베를 구하기 위해 애쓰는 아이들의 이야기로 동물에 대한 사랑을 담은 책이다.	유아 이상
	반짝 반짝 반디각시	유애로		·	2000	보림	픽션	천연기념물인 반딧불이가 살고 있던 물이 오염되면서 새로운 서식지를 찾아간다는 이야기다.	유아 이상
	아프리카의 기적	사쿠사 카루마사	요 쇼메이	양미화	2005	문학동네 어린이	픽션	밀렵꾼에게 엄마를 잃은 아프리카 코끼리 엘리너와 야생동물 보호소에서 아기 코끼리들을 돌보는 다프네의 실화를 바탕으로 쓴 그림책이다.	초등저 이상

소주제	서명	글쓴이	그린이	역자	연도	출판사	장르	줄거리 및 특징	대상 연령
동물 보호	야, 우리 기차에서 내려	존 버닝햄		박상희	1995	비룡소	픽션	기차를 좋아하는 아이가 꿈 속에서 환경오염에 피해를 입은 동물들을 만나 그 동물들을 차에 모두 태우고 여행한다는 이야기다.	유아 이상
	오웬과 음제	이사벨라 핫코프 · 크레이그 핫코트	피터 그레스트 (사진)	강진영	2006	미세기	논픽션	쓰나미 사건으로 인해 한 살배기 아기 하마와 130세의 바다코끼리 거북이 겪는 사랑과 우정 이야기로 사진이 곁들어져 있어 사건의 사실성을 높여 주고 있다.	초등저 이상
	제발 그냥 둬 줄래	이노우에 요코	히다 쿄코	유시주	2006	푸른 그림책	픽션	숲 가운데 새 집을 지으려는 훈이네 가족이 생명의 소중함을 알아가는 이야기로 자연을 파괴하는 것이 아니라 더불어 살아가는 것을 알게 한다.	유치 이상
	회색 늑대의 눈	조나단 런던	존 반 질	김세희	2000	비룡소	픽션	인간이 놓은 덫에 걸려 짝을 잃은 회색 늑대의 이야기다. 책 뒷부분에는 늑대를 보호하는 단체가 소개되어 있다.	유치 이상
자연 환경 보호	거인 사냥꾼을 조심하세요	콜린 맥노튼		전효선	1993	시공 주니어	픽션	숲이 파괴되면서 숲 속의 거인들이 사라져 간다는 이야기로 제목에 걸맞게 커다란 판형으로 되어 있어 숲의 다양한 생물을 찾아보는 재미가 있다.	유아 이상
	고래가 들려주는 무지개 전사호 이야기	로시오 마르티네스		김세희	2010	마루벌	픽션	수년간 고래와 바다에 대해 보고하기 위해 크고 작은 바다를 항해한 무지개전사호의 이야기다. 엄마 고래가 아기 고래가 무지개 전사호 이야기를 들려주면서 아기 고래가 환경보호에 대해 깨닫게 된다는 이야기다.	유치 이상

소주제	서명	글쓴이	그린이	역자	연도	출판사	장르	줄거리 및 특징	대상 연령
자연 환경 보호	마지막 거인	프랑수아 플라스	프랑수아 플라스	윤정임	2002	디자인 하우스	픽션	자연을 위해 인간은 무엇을 해야 하는지 생각하게 하는 책이다.	초등저
	우리가 자연을 보호해요	장르네 공베르	조엘드 레드미	곽노경	2006	주니어 김영사	논픽션	일상적인 자연환경을 소개하면서 우리의 작은 행동으로도 자연을 보호할 수 있다는 것을 보여 준다. 스티커를 활용해 실천의 방법을 익힐 수 있다.	유치 이상

4) 환경 참여행동

소주제	서명	글쓴이	그린이	역자	연도	출판사	장르	줄거리 및 특징	대상 연령
실천 행동	넌 어느 별에 살고 있니?	로렌 차일드	로렌 차일드	조은수	2004	국민서관	픽션	아이들이 동네나무를 지키기 위해 벌이는 환경보호 운동에 관한 이야기다. 이 책은 글의 위트와 독특한 글자 배열이 눈에 띈다.	유아 이상
	수도꼭지를 잠가요	장르네 공베르	조엘 드레드미	곽노경	2006	주니어 김영사	논픽션	물의 소중함과 물 절약 방법을 알려 주는 그림책으로 그림 안에 많은 읽을거리를 제공한다.	유치 이상
	안녕하세요 그린피스	사이먼 제임스	사이먼 제임스	유시주	2006	비룡소	논픽션	에밀리라는 소녀가 집 앞 연못에서 고래를 발견하게 되는데 세계적인 환경 단체 그린피스와 주고받는 편지들을 통해 고래의 생태와 환경 보호의 중요성을 알린다.	초등저 이상
	지구를 위한 한 시간	박주연	조미자	·	2011	한솔수북	논픽션	한 시간 동안 '지구촌 불 끄기 운동'을 했던 이야기로 지구를 위해 할 수 있었던 실제의 일을 소개한다.	유치 이상

소주제	서명	글쓴이	그린이	역자	연도	출판사	장르	줄거리 및 특징	대상 연령
수질 보호	어떻게 될까요	믹 매닝	브리타그랜스트룀	이연수	2000	그린북	논픽션	바다에 버려진 작은 유리병 하나가 환경에 어떤 영향을 주는지, 나의 사소한 행동이 환경 파괴에 어떤 영향을 미치는지 보여 주는 책이다.	유치 이상
	유유히 흐르는 강	린 체리		우순교	2007	킨더랜드	픽션	뉴잉글랜드 내슈아강의 역사를 말하는 책으로 강물이 훼손되자 강을 살리기 위해 마을 사람들이 복구해 나가는 과정을 담은 책이다.	초등저 이상
	피터의 바다	셜리 그린드레이	마이클 포어먼	이성실	2002	정인	픽션	피터의 바다가 유조선으로 인해 오염되면서 바다동물들이 피해를 입게 되었으나 함께 협력하여 깨끗한 바다로 만들었다는 이야기다.	유치 이상

5. 국제협력 그림책 목록

1) 국제협력의 필요성

소주제	서명	글쓴이	그린이	역자	연도	출판사	장르	줄거리 및 특징	대상 연령
국제 협력의 필요성	세계의 빈곤, 남반구와 북반구의 비밀	카리나 루아르	마리 드 몽티	나선희	2010	사계절	논픽션	경제 상황이나 사회 현상 속의 불평등을 최신의 통계 자료와 역사적 · 정치적 맥락 속에서 설명하여 세계 경제와 국제 관계를 총체적으로 파악하고 더불어 사는 마음을 가질 수 있다.	초등 이상
	주니어 아틀라스 세계는 지금	장 크리스토프 빅토르, 도미니크 푸샤르, 카트린느 바리슈니코프	·	한덕화	2011	책과 함께 어린이	논픽션	지리학의 기본 정의부터 각국의 입장이 나타난 다양한 세계 지도, 인구 문제, 빈익빈 부익부, 인권, 기후 변화, 자원 분쟁, 여러 국제기구, 인도주의적 활동까지 세계 곳곳에서 벌어지는 이슈들을 아동들의 눈높이에 맞춰 설명해 주고 있다.	초등 이상
	지구촌의 불평등	스테파니 르뒤, 스테판 프라티니	엘로디 발랑드스, 줄리앙 카스타니에	김이정	2010	그린북	논픽션	자원, 교육, 건강, 경제 상황 전반에 걸쳐 지구상에 만연해 있는 불평등에 대한 정보를 제공하고 문제인식을 통한 문제해결 노력의 필요성을 일깨운다.	유아 이상

2) 국제협력기구

소주제	서명	글쓴이	그린이	역자	연도	출판사	장르	줄거리 및 특징	대상 연령
정치적 협력	나는 평화가 좋아요	클로드 파베르	·	김주경	2007	대교출판	논픽션	평화를 실천하기 위한 방법으로서 국제기구의 설립과정과 역할 등을 구체적으로 설명하고 있다.	초등 이상
인도적 협력	고래가 들려주는 무지개 전사호 이야기	로시오 마르티네스	로시오 마르티네스	김세희	2010	마루벌	논픽션	그린피스 '환경을 사랑하는 책' 선정도서다. 엄마 고래가 어린 고래에게 '무지개 전사호'에 대해 이야기를 들려주고, 엄마 고래의 이야기를 들으며 어린 고래는 자연을 보호하는 마음을 갖게 된다는 이야기가 담겨 있다.	유치 이상
	고마워요, 지뢰 대신에 꽃을 주세요 2	야나세 후사코	요 쇼메이	송승희 외	2004	청어람 아이들	논픽션	1997년 국제 대인지뢰 금지 캠페인(ICBL)을 소개하고 있다.	유치 이상
	곤다르의 따스한 빛	미나미 나나미	요 쇼메이	노경실	2004	주니어 김영사	픽션	일본 국제 기아 대책기구의 교육개발 본부장이었던 에이수케가 1985년 에티오피아에서 구호활동 중 겪은 체험을 바탕으로 한 작품이다.	유치 이상
	나는 평화를 꿈꿔요	유니세프	·	김영무	1994	비룡소	논픽션	전쟁의 포화 속에 울고 있는 옛 유고슬라비아 어린이들의 글과 그림을 유니세프가 엮어 낸 그림책이다.	유치 이상
	바다로 돌아간 돌고래	버지니아 매케너	이언 앤드류	햇살과 나무꾼	2005	두레아이들	논픽션	환경보호단체 '본 프리 재단'의 설립배경과 돌고래 구호활동이 그려지고 있다.	유치 이상

소주제	서명	글쓴이	그린이	역자	연도	출판사	장르	줄거리 및 특징	대상 연령
인도적 협력	세계의 내 친구들	삼성 출판사 편집부	·	최재숙	2003	삼성 출판사	논픽션	유엔아동권리협약에 따른 아동의 권리를 세계 어린이들의 삶의 모습을 통해 보여 주고 있으며 유니세프(UNICEF)와 함께 만들었다.	유치 이상
	세상에서 가장 소중한 말	클로드 클레망	실비 몽물리넥스	장석훈	2003	배동바지	픽션	세계 최대의 인권운동 단체 '앰네스티'에서 추천하는 그림책으로 자유와 평등에 관해 말하고 있다.	초등저 이상
	아주 작은 용기를 가지고	일본UNHCR 협회 자원 봉사자 그림책 프로젝트팀	·	이혜원	2006	반디 출판사	픽션	한 어린소녀가 새로운 환경에 적응하지 못하는 난민소녀를 만나 사랑과 희망을 키워가는 이야기로 유엔 난민고등관 사무소(UNHCR)의 활동이 나타난다.	초등중 이상
	안녕하세요 그린피스	사이먼 제임스	사이먼 제임스	유시주	2006	비룡소	논픽션	에밀리와 그린피스 간에 주고 받은 편지글 형식으로 고래의 생태와 그린피스의 역할에 대해 알려 준다.	유아 이상
	우리 얘길 들려줄게	시벨라 윌크스	·	윤길순	2005	디딤돌	논픽션	아프리카 케냐의 유엔 난민촌에서 구호활동을 펼치는 유엔 난민고등관 사무소(UNHCR)의 활동이 나오며, 민간구호단체인 세이브더 칠드런(Save the Children)이 후원한 도서다.	초등저 이상
	인권 역사 여행을 떠나요	미츠카와 나오미	기하라 치하루	김선숙	2006	미래 M&B	논픽션	인권의 기본 개념과 생활 속에서 만나는 다양한 인권 이야기를 아이들의 눈높이에 맞춰 종합적으로 다루고 있다.	초등저 이상
	잃어버린 아이들	메리 윌리엄스	그레고리 크리스티	노성철	2006	사계절	픽션	수단난민을 구호하는 국제단체인 '국제구호위원회'의 역할과 '잃어버린 아이들을 위한 재단' 창설의 배경에 대해 그리고 있다.	유아 이상
	존 뮤어	토마스 로커	토마스 로커	이상희	2006	초록 개구리	논픽션	국립공원 개념을 처음 도입한 환경단체 '시에라클럽'의 창설자 존 뮤어의 전기다.	유치 이상

소주제	서명	글쓴이	그린이	역자	연도	출판사	장르	줄거리 및 특징	대상 연령
인도적 협력	지뢰 대신에 꽃을 주세요 1	야나세 후사코	요 쇼메이	송승희외	2004	청어람 미디어	논픽션	지은이 야나세 후사코가 25년간 활동한 난민을 돕는 모임(AAR)과 한국대인 지뢰 협의회(KCBL)에 대한 정보를 제공한다.	유치 이상

참고문헌

강순원 외 16명(2003). 세계화 시대의 국제이해교육. 유네스코아시아 · 태평양국제교육원 엮음. 경기: 도서출판 한울.

강순원(2005). 국제이해교육에서의 평화와 인권 문제. 국제이해교육연구, 1권, 1호, 14-27.

강은주(2003). 어린이에게 전쟁이란 무엇인가?. 한국어린이문학교육학회 제5차학술대회자료집, 1-27.

강은주(2003). 어린이의 전쟁에 관한 인식 조사연구. 어린이문학교육연구, 4권, 1호, 43-71.

고병헌(2003). 평화교육사상. 서울: 학지사.

교육과학기술부(2008). 종일반 특성화교육과정 운영을 위한 유아세계시민교육 활동자료. 서울: 교육과학기술부.

교육과학기술부(2009). 초등학교 교육과정 해설(III). 서울: 대한교과서주식회사.

교육과학기술부(2013). 2014 3~5세 연령별 누리과정 해설서. 서울: 교육과학기술부.

교육부(1998). 제6차 유치원 교육과정. 서울: 교육부.

교육인적자원부(2007a). 교사와 유아를 위한 유아사회교육 활동자료. 서울: 교육인적자원부.

교육인적자원부(2007b). 유아를 위한 세계 이해 및 다문화교육 활동자료. 서울: 교육인적자원부.

교육인적자원부(2007c). 유치원 교육과정 해설. 서울: 교육인적자원부.

국립국어연구원(1999). 표준국어대사전. 서울: 두산동아.

국제엠네스티 일본지부(2012). 나는 어린이노동자. 서울: 현암사.

김경희(2009). 다문화 아동문학의 현주소. 창비어린이 26, 가을호. 경기: 창작과 비평사.

김동창(2007). 도덕과 통일교육에서의 평화교육적 접근에 관한 연구. 한국교원대학교 대학원 석사학위 청구논문.

김병연(2011). 평화교육 교수학습체계에 관한 연구. 윤리철학교육, 15권, 55-78.

김신일 외(2001). 지구촌시대의 국제이해교육 프로그램. 한국국제교육학회자료집(http://www.kr.unescoapceiu.org/index.php?option:com-content & task=view & id=293 &Itemid=72).

김영옥(1997). 유아를 위한 다문화 교육의 개념 및 교수방법에 대한 이론적 고찰. 성신연구논문집, 35, 295-314.

김영옥(2002). 유아를 위한 다문화 교육: 반편견 세계이해교육의 현장 적용. 서울: 정민사.

김옥순, 김진호, 신인순, 안선영, 이경화, 이채식, 전성민, 조아미, 최상호, 최순종(2009). 다문화교육-이론과 실제. 서울: 학지사.

김용민(1999). 생태문학의 정의와 분류를 위한 하나의 시도. 독일언어문학, 12, 195-213.

김용찬(2003). 민주화 · 세계화 시대 민주시민교육의 방향. 초등사회과교육, 15집, 19-40.

김정화(2011). 유아 환경교육 프로그램에 대한 개관, 2011년도 유아교육교사연수 자료집, 숭의여자대학 유아교육연구소.

김창희(1998). 환경문제와 환경교육의 과제. 한국민주시민교육학회보, 3, 33-53.

김향원(2002). 학교에서의 세계시민교육을 위한 방안. 백록논총, 4(1), 73-79.

김현덕(2000). 국제이해교육의 개념과 방향(국제이해교육 발표 및 토론회 미공개 유인물).

김현덕(2007). 다문화교육과 국제이해교육의 관계정립을 위한 연구. 국제이해 교육, 제2호, 59-74.

김현덕, 문영주, 김현숙(2005). 교실에서의 국제이해교육. 서울: 교육과학사.

김현숙(2006). 세계문제가 나의 문제임을 인식하는 것, 세계 시민이 되는 첫걸음. 국제이해교육, 17호, 191-199.

김혜연(1997). 다문화 교육에 대한 일반적인 고찰. 제주관광전문대논문집, 3, 220-237.

남상준(1999). 환경교육의 원리와 실제. 서울: 원미사.

박보영(2004). 평화교육의 관점에서 본 통일교육. 미래교육연구, 17권, 2호, 55-70.

박찬옥(1998). 반편견 교육과정의 정의 및 필요성. 서울: 한국어린이육영회.

박희숙(2010). 유아의 환경소양 증진을 위한 가정연계 중심 환경교육 프로그램 개발 및 적용 효과, 유아교육연구, 30(3), 215-238.

변연지(2010). 2007 개정 초등 사회과 교육과정에 나타난 세계시민성교육 내용 분석. 서울교육대학교 대학원 석사학위 청구논문.

서정은(2000). 유아인권교육 프로그램 개발과 적용. 숙명여자대학교 대학원 석사학위 청구논문.

신창순(2004). 초등사회과 인권교육 프로그램의 개발에 관한 연구. 청주교육대학교 교육대학원 석사학위 청구논문.

심현주(2006). 세계화시대의 갈등. 인간연구, 10, 148-174.

유네스코한국위원회(2008). 유네스코와 문화다양성. 유네스코한국위원회.

유네스코 아시아·태평양 국제이해교육원(2003). 세계시민을 위한 국제이해교육. 서울: 유네스코 아시아·태평양 국제이해교육원.

유네스코(2000). 인권지침서. 유네스코한국위원회 역. 서울: 도서출판 사람생각.

유재경(2008). 유아 세계시민교육 프로그램 모델 개발 연구. 유아교육 보육행정연구, 12(4), 296-315.

이경민(2001). 사회과 수업에서 자료제시 유형에 따른 개념 학습의 효과에 관한 연구. 전주교육대학교 교육대학원 석사학위 청구논문.

이삼열, 강순원, 한경구(2003). 세계화시대의 국제이해교육. 아시아태평양국제교육연구원 엮음. 경기: 한울아카데미.

이숙재, 장영희, 김혜실, 김정화(1999). 유아의 인종 인식에 대한 연구. 유아교육연구, 19(1), 95-110.

인권운동사랑방 인권교육실(1999). 인권교육길잡이. 서울: 도서출판 사람생각.

인권운동사랑방(2001). 교사를 위한 인권교육 워크샵 자료집. 서울: 인권운동사랑방.

전희옥(2006). 학교 문화교육에서 세계시민 교육 내용요소 분석(초등학교 사회 교과서 분석을 중심으로). 사회과교육연구, 13(3), 123-146.

정두용, 신은숙, 정득진(2000). 세계시민교육을 위한 국제이해교육. 서울: 정민사.

정영근(2000). 세계화시대 상호문화교육의 목표와 과제-한국의 세계화 교육에 대한 반성적 고찰. 한독교육학연구, 6(1), 1-20.

주한수(2005). 초등학교 아동의 인권교육에 관한 교사인식 분석. 영남대학교 대학원 석사학위 청구논문.

지은림, 선광식(2007).세계시민의식 구성요인 탐색 및 관련변인 분석. 시민교육연구, 39(4), 115-134.

최관경(1995). 평화교육에 관한 연구. 초등교육연구, 6권, 195-218.

최남숙(2004). 환경교육과 환경보전행동. 서울: 교문사.

최돈형(2005). 지속 가능한 미래와 학교환경교육, 한국환경교육학회 학술대회자료집, 24-42.

최영분(2004). 지속 가능성 교육으로서 초등학교 환경교육 체계화 연구. 단국대학교 대학원 박사학위 청구논문.

한국교육연구소(2005). 인권교육 개념 및 방향 정립 모색 연구. 2005년도 국가인위원회 인권교육개념 모색연구 용역보고서.

한국해외원조단체협의회[편](2009). 세계시민의식 함양을 위한 국제개발협력교육-초중고생을 위한 국제협력교육 프로그램. 서울: 한국해외원조단체협의회.

한영숙(2006). 초등학생을 위한 인권교육 지도자료 개발 연구. 제주대학교 대학원 석사학위 청구논문.

한혜숙(1989). 아동의 전쟁과 평화에 대한 이해에 관한 연구. 이화여자대학교 대학원 석사학위 청구논문.

허영식(2000). 미래지향적 시민교육의 이론과 실제. 서울: 원미사.

허영식(2003). 세계시민의 개념에 관한 시론(세계시민교육의 이론적 기초). 한국 민주시민교육학회보, 8, 31-64.

현온강, 이완정, 김영명(2002). 유아환경교육: 활동프로그램. 서울: 동문사.

환경부 환경정책국 민간환경협력과, 한국환경교육학회(2002). 국가지속가능발전을 위한 환경교육추진 전략 개발연구. 경기: 환경부.

국가 기록원. 한국과 유엔. 유엔의 역사. http://theme.archives.go.kr/next/unKorea/developm

그린피스 홈페이지 http://www.greenpeace.org/

녹색연합 홈페이지 http://www.greenkorea.org/

네이버백과사전 http://100.naver.com/100.nhn?docid=22740 http://100.naver.com/100.nhn?docid=11108

두산 세계대백과사전 ENCYBER(http://www.encyber.com)

YTN뉴스(2009). WHO, 멕시코 칸쿤서 신종플루 대책회의. 2009년 7월 3일 보도. http://www.ytn.co.kr/_ln/0104_200907031003038594

YTN뉴스(2011). IAEA, 후쿠시마 원전에 조사단 파견. 2011년 4월 11일 보도. http://www.ytn.co.kr/_ln/0104_201104210039023130

옥스팜 http://www.oxfarm.org.uk

월드비전 홈페이지. 소년병 교육자료. http://www.worldvision.or.kr

위키백과. 비정부간 국제기구. http://ko.wikipedia.org/wiki/%EB%B9%84%EC%A0%95%EB%B6%80_%EA%B8%B0%EA%B5%AC

통계청(2013). e-나라지표 http://www.index.go.kr

파이낸셜뉴스(2008). 방재청, 中 지진현장에 119구조대 파견. 2008년 5월 16일 보도. http://www.fnnews.com/view?ra=Sent1201m_View&corp=fnnews&arcid=00000921313745&cDateYear=2008&cDateMonth=05&cDateDay=16

한국경제TV(2011). G20 국제공조로 금융위기 극복. 2010년 10월 7일 보도. http://www.wowtv.co.kr/newscenter/news/view.asp?bcode=T30001000&artid=A201010070224

환경운동연합 홈페이지 http://www.kfem.or.kr/

Banks, J. (1994). *Multiethnic education-theory and practice*(3rd ed.). Boston: Allyn and Bacon.

Banks, J. A. (2008). *An Introduction to Multicultural Education*(4th ed.). Pearson Education, Inc.

Beah, I. (2007). *A Long way gone.* 송은주 역(2007). 집으로 가는 길. 서울: 북스코프.

Beaty, J. J. (1997). *Building Bridges with Multicultural Picture Books for Children 3~5.* Upper Saddle River, NJ: Prentice Hall.

Bennett, C. I. (2007). *Comprehensive Multicultural Education Theory And Practice.* 김옥순 외 공역(2009). 다문화교육-이론과 실제. 서울: 학지사.

Bishop, R. S. (1992). Multicultural Literature for Children: MakingInformed Choices. in Violet J. Harris (Ed.) *Teaching Multicultural Literature in Grades K-8.*. Norwood, MA:Christopher-Gordon Publishers.

Chanda, N. (2007). *Bound Together.* 유인선 역. 세계화, 전 지구적 통합의 역사. 서울: 모티브북.

Cogan, J., & Derricot, R. (2000). *The challenge of Multimentional Citizenship for the 21st Century.* Citizenship for The 21st Century - An International Perspective on Education.

Coles, R. (1989). *The Call of Stories: Teaching and the Moral Imagination.* Boston: Houghton Mifflin.

Ende, M. (1979). *Die Unendliche Geschichte. gjtnrud dur*(2003). 끝없는 이야기. 파주: 비룡소.

Freeman, E. B. & Lehman, B. A. (2001). *Global Perspectives in Children's Literature.* Boston, MA.: Allyn and Bacon.

Gilliland, J. H. (1995). Living in Sami's and Ahmed's worlds: picture pooks explore children's lives in other countries. in Susan L. (Ed). *Battling Dragons: Issues and Controversy in Children's Literature.* Portsmouth, NH: Heinemann.

Gore, A. (2006). *An Inconvenient Truth.* 김명남 역(2006). 불편한 진실. 서울: 좋은생각.

Hade, D. D. (1997). Reading Children's Literature Multiculturally. in Beckett, S. L. (Ed.). *Reflections of Change: Children's Literature since 1945.* Westport, CO: Greenwood Press.

Harris, I., Morris, M., & Reagan, T. (2002). *Peace education(2nd ed).* 박정원 역(2011). 평화교육: 미래를 위한 교육, 세계를 위한 비전. 서울: 도서출판 오름.

Heater, D. (1990). *The Civic ideal in world history, politics, and education.* New York: Longman.

Kiefer, B. Z. (1995a). *The Potential of Picturebooks.* Englewood Cliffs, NJ: Prentice Halls.

Kiefer, B. Z. (1995b). The disturbing image in chidlren's picture books: fearful or fulfilling? in Susan L. (Ed). Battling Dragons: *issues and Controversy in Children's Literature.* Portsmouth, NH: Heinemann.

Jadhav, Narendra(2005). *untouchables.* 김수정 역(2007). 신도 버린 사람들. 서울: 김영사.

Jones, E. & Derman-Sparks, L.(1992). Meeting the challenge of diversity. *Young Children, 47*(2), 12-18.

Kinghorn J. R. (1979). *School Improvement Through Global Education: A Guide to Four Essential Themes.* The Charles F. Kettering Foundation.

Kniep, W. M. (1986). Social Studies Within A Global Education. *Social Education, 50*(7).

Lightfoot, S. L. (1983). The good high school: Portraits of character and culture. New York: Basic Books.

Margaret, P. K. & Karen, A. M. (2004). International Organizations: *The Politics and Processes of Global Governance.* 김계동, 김석우, 오경택 역(2007). 국제기구의 이해-글로벌 거버넌스의 정치와 과정. 서울: 명인문화사.

Merryfield, M. M. et al. (Eds.) (1997). *A framework for teacher education in global perspectives, Preparing teachers to teach global perspectives.* Handbook for teacher educators. CA.

Murdh, K. (1993). *Ideas for environmental education in the elementary classroom.* NH: Heinemann.

NCSS(1993). A vision of powerful teaching and learning in the social studies: Building social understanding and civic efficacy. *Social Education, 57,* 213-223.

Nodelman, P. (1996). *The Pleasures of Children's Literature.* 김서정 역(2001). 어린이문학의 즐거움. 서울: 시공사.

Peterson, B. (2004). *Cultural Intelligence.* 현대경제연구원 역(2006). 문화지능. 서울: 청림출판.

Rachel, C. (2001). *Silent spring.* 김은령 역(2002). 침묵의 봄. 서울: 에코리브르.

Steiner, S. F. (2001). *Promoting a Global Community through Multicultural Children's Literature.* Greenwood Villange, CO: Libraries Unlimited.

Tomlinson, J. (1999). *Globalization and Culture.* 김승현 역(2004). 세계화와 문화. 경기: 나남.

〈어린이책 목록〉

1964년 여름 / 데버러 와일즈 글, 제롬 리가히그 그림, 김미련 옮김 / 느림보 / 2006

강물이 흘러가도록 / 제인 욜런 · 바버러 쿠니 글, 바버러 쿠니 그림, 이상희 옮김 / 시공주니어 / 2004

거짓말 같은 이야기 / 강경수 글 · 그림 / 시공주니어 / 2011

경극이 사라진 날 / 야오홍 글 · 그림, 전수정 옮김 / 사계절출판사 / 2011

곤다르의 따스한 빛 / 미나니 나나미 글, 요 쇼메이 그림, 노경실 옮김 / 주니어김영사 / 2004

곰이 되고 싶어요 / 벤트 할러 글, 스케판 프라티니 그림 / 문학동네 / 2004

그레이스는 놀라워 / 메리 호프만 글, 캐롤라인 빈치 그림, 최순희 옮김 / 시공주니어 / 2005

글짓기 시간 / 안토니오 스카르메타 글, 알폰소 루아노 그림, 서애경 옮김 / 아이세움 / 2003

기억할게요 / 루스 반더 지 · 매리언 스나이더 글, 빌 판스워드 그림, 이현정 옮김 / 맑은가람 / 2007

꽃 할머니 / 권윤덕 글 · 그림 / 사계절출판사 / 2010

나는 나야! / 마리루이즈 피츠패트릭 글 · 그림, 이상희 옮김 / 내인생의책 / 2006

나는 평화가 좋아요 / 클로드 파베르 글 · 그림, 김주경 옮김 / 대교출판 / 2010

나는 평화를 꿈꿔요 / 유니세프 엮음, 김영무 옮김 / 비룡소 / 1994

나무는 좋다 / 재니스 메이 우드리 글, 마르크 시몽 그림, 강무홍 옮김 / 시공주니어 / 1997

나비가 전해준 희망 / 패트리샤 폴라코 글 · 그림, 최순희 옮김, 베틀북 / 2005

내 탓이 아니야 / 레이프 크리스티안손 글, 딕 스텐베리 그림, 김상열 옮김 / 고래이야기 / 2007

내가 라면을 먹을 때 / 하세가와 요시후미 글 · 그림, 장지현 옮김 / 고래이야기 / 2009

노란 샌들 한 짝 / 카렌 린 윌리암스 글, 둑 체이카 그림, 이현정 옮김 / 맑은가람 / 2007

논술쑥쑥어린이인권여행 시리즈 / 모린 오코너외 글 · 그림, 승영조 옮김 / 승산 / 2006

눈 오는 날 / 에즈라 잭 키츠 글 · 그림, 김소희 옮김 / 비룡소 / 1995

달보다 멀리 / 크리스틴 해리스 글, 헬렌 옹 그림, 심재중 옮김 / 한마당 / 2001

도도새와 카바리아나무와 스모호 추장 / 손춘익 글, 송수정 그림 / 다림 / 2004

도서관을 구한 사서 / 마크 앨런 스태머티 글 · 그림, 강은슬 옮김 / 미래아이 / 2007

두고 보자! 커다란 나무 / 사노 요코 글 · 그림, 이선아 역 / 시공주니어 / 2004

둥글둥글 지구촌 국제구호 이야기 / 이수한 글, 유남영 그림 / 풀빛 / 2010

뗏목을 타고 / 짐 라마르크 글 · 그림, 이주희 옮김 / 느림보 / 2005

루비의 소원 / 시린 임 브리지스 글, 소피 블랙올 그림, 이미영 옮김 / 비룡소 / 2004

마들린느와 쥬네비브 / 루드비히 베멀먼즈 글 · 그림, 이선아 역 / 시공주니어 / 1994

모로코의 이야기 꾼 / 테드 르윈 글 · 그림, 양령자 옮김 / 미래아이 / 2006

무기 팔지 마세요! / 위기철 글, 이희재 그림 / 청년사 / 2002

민들레를 사랑한 기니피그 아삭이 / 샬럿 미들턴 글 · 그림, 서정숙 옮김 / 내인생의책 / 2010

바다로 돌아간 돌고래 / 버지니아 매케너 저, 햇살과나무꾼 옮김 / 두레아이들 / 2012

바람이 불 때에 / 레이먼드 브릭스 글 · 그림, 김경미 옮김 / 시공주니어 / 1995

백장미 / 크리스토프 갈라즈 글, 로베르토 인노첸티 그림, 이수명 옮김 / 아이세움 / 2003

백조의 노래 / 존 패드릭 루이스 글, 크리스토퍼 워멜 그림, 김서정 옮김 / 마루벌 / 2007

별이 된 시로 / 이노우에 유우카 글, 요 쇼메이 그림, 장상영 옮김 / 태동출판사 / 2001

보스니아의 성냥팔이 소녀 / 한스 크리스티안 안데르센 글, 조르주 르무안 그림, 최내경 옮김 / 마루벌 / 2006

비무장지대에 봄이 오면 / 이억배 글 · 그림 / 사계절출판사 / 2010

사라, 버스를 타다 / 윌리엄 밀러 글, 존 워드 그림, 박찬석 옮김 / 사계절출판사 / 2004

사라지는 물고기 / 킴 미셸 토프트 글 · 그림, 윤나래 옮김 / 다섯수레 / 2006

사라진 마을 / 앤 그리팔코니 글, 카디르 넬슨 그림 / 미래아이 / 2006

세계가 만일 100명의 마을이라면 / 도넬라. H. 메도즈 글, 이경찬 그림 / 현실과 미래 / 2002

세계어린이인권학교시리즈 / 도미니끄 드 생 마르스 외 글 · 그림, 김태희 옮김 / 푸른숲주니어 / 2007

세계의 내 친구들 / 삼성출판사 편집부 엮음, 최재숙 옮김 / 삼성출판사 / 2003

세상에서 가장 아름다운 나의 마을 / 고바야시 유타카 글 · 그림, 길지연 옮김 / 미래아이 / 2003

세상에서 가장 행복한 전쟁 / 데이비드 맥키 글 · 그림, 민유리 옮김 / 베틀북 / 2005

송이의 노란 우산 / 이철환 글, 유기훈 그림 / 대교출판 / 2007

숲은 어떻게 만들어지는가? / 윌리엄 재스퍼슨 글, 척 에카르트 그림, 이은주 옮김 / 비룡소 / 2000

숲을 그냥 내버려 둬 / 다비드 모리송 글 · 그림, 이선아 옮김 / 크레용하우스 / 1998

시간의 종말을 위한 사중주곡 / 젠 브라이언트 글, 베스 팩 그림, 이현정 옮김 / 맑은가람 / 2007

시애틀 추장 / 수잔 제퍼스 글 · 그림, 최권행 옮김 / 한마당 / 2004

쓰레기 소탕 대작전 / 로렌 리디 글 · 그림, 이문희 옮김 / 미래아이 / 2004

아름다운 책 / 클로드 부종 글 · 그림, 최윤정 옮김 / 비룡소 / 2002

아프리카의 기적 / 사쿠사 카즈마사 글, 요 쇼메이 그림, 양미화 옮김 / 문학동네 / 2005

안네 프랑크 / 조세핀 풀 글, 안젤라 배럿 그림, 김민석 옮김 / 아이세움 / 2005

안녕하세요 그린피스 / 사이먼 제임스 글 · 그림, 유시주 옮김 / 비룡소 / 2006

애들아, 학교 가자 / 안 부앵 글, 오렐리아 프롱티 그림, 상드린 & 알랭 모레노 사진, 선선 옮김 / 푸른숲주니어 / 2006

어린이권리선언 / 기타무라 사토시 외 공저, 노경실 옮김 / 어린이중앙 / 2003

언제나 네 옆에 있을게 / 루스 반더 지 글, 로널드 힘러 그림, 여우별 옮김 / 맑은가람 / 2009

엄마가 미안해 / 이철환 글, 김형근 그림 / 미래아이 / 2008

엄마가 수놓은 길 / 재클린 우드슨 글, 허드슨 탤봇 그림, 최순희 옮김 / 웅진주니어 / 2007

엄마의 의자 / 베라 B. 윌리암스 글 · 그림, 최순희 옮김 / 시공주니어 / 1999

에리카 이야기 / 루스 반더 지 글, 로베르토 인노첸티 그림, 차미례 옮김 / 마루벌 / 2005

여름 산 아이 플루리나 / 셀리나 쇤츠 글, 알로이스 카리지에 그림, 이지연 역 / 아이세움 / 2002

온 세상 사람들 / 스파이어 글 · 그림, 이원경 옮김 / 비룡소 / 2009

왜? / 니콜라이 포포프 그림 / 현암사 / 1997

우리 모두의 지구 물과 숲과 공기 / 몰리 뱅 글 · 그림, 최순희 옮김 / 마루벌 / 2011

우리가 사는 세상은 / 샐리 스미스 글, 밴 부즈 그림, 김계옥 옮김 / 달리 / 2003

우리는 모두 소중해요 / 국제앰네스트 글, 존 버닝햄 외 그림, 김태희 옮김 / 사파리 / 2008

우리의 소중한 약속 / 마가렛 덩클 글, 로버트 잉펜 그림, 이명희 옮김 / 마루벌 / 2003

이건 꿈일 뿐이야 / 크리스 반 알스버그 글 · 그림, 천미나 옮김 / 베틀북 / 2006

일어나요 로자 / 니키 지오바니 글, 브라이언 컬리어 그림, 최순희 옮김 / 웅진주니어 / 2006

잃어버린 아이들 / 메리 윌리엄스 글, 그레고리 크리스 그림, 노성철 옮김 / 사계절 / 2006

자이, 자유를 찾은 아이 / 폴 티에스 글, 크리스토프 메를랭 그림, 김태희 옮김 / 사계절출판사 / 2005

잭과 못된 나무 / 브라이언 와일드스미스 글 · 그림, 김선애 옮김 / 시공주니어 / 1996

조각배 함대 / 루이스 보든 글, 마이클 포먼 그림, 장미란 옮김 / 문학과지성사 / 2004

존 뮤어 / 토마스 로커 글 · 그림, 이상희 옮김 / 초록개구리 / 2006

주니어아틀라스 세계는 지금 / 장 크리스토프 빅토르 · 도미니크 푸샤르 · 카트린느 바리슈니코프 글, 클레망 제르베 그림, 한덕화 옮김 / 책과함께어린이 / 2011

지구촌의 불평등 / 스테파니 르뒤 · 스테판 프라티니 글, 엘로디 발랑드라스 그림, 김이정 옮김 / 그린북 / 2010

지뢰 대신에 꽃을 주세요 / 야나세 후사코 글, 요 쇼메이 그림, 송승희 옮김 / 청어람미디어 / 2004

토끼들 / 존 마스든 글, 숀 탠 그림, 엄혜숙 옮김 / 물구나무(파랑새어린이) / 2004

평등할 권리 / 모린 오코너 글 · 그림, 승영조 옮김 / 승산, / 2006

평화 이야기 / 수잔 거베이 외 21인 글, 프레나이 레삭 외 21인 그림 / 나미북스 / 2010

평화는요 / 토드 파 글 · 그림 / 예림당 / 2006

평화란 어떤 걸까? / 하마다 케이코 글 · 그림, 박종진 옮김 / 사계절출판사 / 2011

피터의 바다 / 셜리 그린드레이 글, 마이클 폴먼 그림, 이성실 옮김 / 정인출판사 / 2002

하루 / 이브 번팅 글, 로널드 힘러 그림, 이현숙 옮김 / 보물창고 / 2006

DK First Dictionary / Betty Root 글 · 그림 / Dorling Kindersley / 1999

Fly away home / Eve Bunting 글, Ronald Himler 그림 / Reed Business Information / 1991

Sami and the Time of Trouble / Florence Parry Heide · Judith Heide Gilliland 글, Ted Lewin 그림 / Clarion Books / 1992

The Korean Cinderella / Shirley Climo 글, Ruth Heller 그림 / Harper Trophy / 1996

Trip back home / Janet Wong 글, Bo Jia 그림 / Harcort Children's Books / 2000

Uncle willie and the soup kitchen / Dyanne Disalvo-Ryan 글 · 그림 / Morrow Junior Books / 1991

찾아보기

인 명

내 용

저자소개

현은자

미국 미시간대학교 유아교육전공 박사

전 한국어린이문학교육학회 회장

한국기독교유아교육학회 회장

현 성균관대학교 사회과학대학 아동청소년학과 교수

국립어린이청소년도서관 외국자료 추천위원

성균관대학교 생활과학연구소 소장

〈주요 저 · 역서〉

기독교 세계관으로 아동문학 보기(학지사, 2002)

그림책의 그림읽기(공저, 마루벌, 2004)

내 아이가 꼭 읽어야 할 좋은 책 110: 유아 · 유치편(공저, 예영커뮤니케이션, 2005)

내 아이가 꼭 읽어야 할 좋은 책 150: 초등편(공저, 예영커뮤니케이션, 2005)

그림책의 이해(공저, 사계절 출판사, 2005)

그림책과 예술교육(공저, 학지사, 2007)

세계 그림책의 역사(공저, 학지사, 2008)

알버트 그린 박사의 기독교 세계관으로 가르치기(공역, Cup, 2009)

즐거운 그림책 쓰기(공저, 학지사, 2012)

김현경

성균관대학교 대학원 아동청소년학과 박사과정 수료

전 영국 케임브리지대학교 교육학과 PLACE 방문연구자

국제아동청소년도서협의회 한국위원회(KBBY) 사무국장

현 기독교아동문학연구회 연구원

경민대학교 강사

〈주요 저 · 역서〉

옛이야기와 에듀테인먼트 콘텐츠(공저, 제이앤씨, 2008)

긍정적 행동지원을 활용한 독서치료(공저, 양서원, 2011)

어린이 문학에 나타난 힘과 목소리, 주체성(공역, 교문사, 2012)

북북서로 진로를: 그림책으로 만나는 직업진로탐구서(공저, 나무늘보, 2013)

박현경

성균관대학교 대학원 아동청소년학과 박사과정 수료

현 상지창의성연구소 부소장

　남서울대학교 강사

　창원대학교 강사

〈주요 저서〉

내 아이가 꼭 읽어야 할 좋은 책 110: 유아 · 유치편(공저, 예영커뮤니케이션, 2005)

내 아이가 꼭 읽어야 할 좋은 책 150: 초등편(공저, 예영커뮤니케이션, 2005)

오정옥

성균관대학교 대학원 아동학전공 박사

2003년부터 어린이가 만든 그림책 전시회 기획 및 개최

전 경민대학교 독서스페셜리스트 교육원 강사

　성균관대학교 생활과학대학 부설 그림책 전문가과정 강사

현 성균관대학교 아동학과 겸임교수

　글로아이 원장

〈주요 저서〉

그림책과 예술교육(공저, 학지사, 2007)

〈주요 논문〉

자기조절 학습전략을 활용한 그림책 만들기 프로그램의 개발 및 적용 효과(2012)

윤현민

성균관대학교 대학원 아동학전공 박사

전 한국과학기술연구원(KIST) 로봇기반교육지원단 콘텐츠개발팀장

현 스마트러닝연구소 대표

　성균관대학교 사회과학대학 아동청소년학과 겸임교수

　정보통신산업진흥원(NIPA) 이러닝 품질인증 시스템 평가위원

〈주요 논문〉
유아교육용 서비스 로봇에 대한 교사의 수용과 유아-로봇 상호작용(2010)

조은숙

성균관대학교 대학원 아동청소년학과 박사과정 수료
전 일본 오사카국제아동문학관 연구생
　일본 바이카여자대학원 아동문학과 연구생
현 그림책 연구 · 기획실 요술조약돌 대표
　성균관대학교 생활과학대학 부설 그림책전문가 과정 강사

〈주요 저서〉
세계 그림책의 역사(공저, 학지사, 2008)

〈주요 논문〉
한국 그림책의 역사(2006)

최혜정

성균관대학교 대학원 아동학전공 박사
현 초이영어센터 소장
　한국몬테소리총연합회 이사
　대구미래대학교 유아교육과 조교수

〈주요 논문〉
유아영어교사의 자질과 양성 교과목에 관한 실태연구(2007)
그림책에 나타난 도서관 관련 내용분석(2009)
유아영어교재 평가 척도 개발 및 타당화(2012)

그림책을 활용한 세계시민교육

2013년 9월 10일 1판 1쇄 발행
2021년 2월 25일 1판 4쇄 발행

지은이 • 현은자 · 김현경 · 박현경 · 오정옥 · 윤현민 · 조은숙 · 최혜정
펴낸이 • 김 진 환
펴낸곳 • (주) 학지사
04031 서울특별시 마포구 양화로 15길 20 마인드월드빌딩 5층
대표전화 • 02) 330-5114 팩스 • 02) 324-2345
등록번호 • 제313-2006-000265호
홈페이지 • http://www.hakjisa.co.kr
페이스북 • https://www.facebook.com/hakjisabook

ISBN 978-89-997-0206-8 93370

정가 20,000원

이 도서의 국립중앙도서관 출판시도서목록(CIP)은 서지정보유통지원시스템 홈페이지(http://seoji.nl.go.kr)와 국가자료공동목록시스템(http://www.nl.go.kr/kolisnet)에서 이용하실 수 있습니다.
(CIP제어번호: CIP2013015768)